北京商务年鉴

（2016）

北京市商务委员会　编

中国商务出版社

图书在版编目(CIP)数据

北京商务年鉴. 2016 / 北京市商务委员会编. —北京：中国商务出版社，2016.10

ISBN 978-7-5103-1671-5

Ⅰ. ①北… Ⅱ. ①北… Ⅲ. ①商务—北京市—2016—年鉴 Ⅳ. ①F727.1-54

中国版本图书馆 CIP 数据核字(2016)第 255257 号

北京商务年鉴(2016)
BEIJING SHANGWU NIANJIAN (2016)
北京市商务委员会　编

出　　版： 中国商务出版社
地　　址： 北京市东城区安外东后巷 28 号　　**邮　　编：** 100710
责任部门： 经管与人文社科事业部（010-64255862 cctpress@163.com）
责任编辑： 王筱萌
直销客服： 010-64255862
传　　真： 010-64255862
总 发 行： 中国商务出版社发行部（010-64266193 64515150）
网购零售： 中国商务出版社淘宝店（010-64286917）
网　　址： http://www.cctpress.com
网　　店： http://cctpress.taobao.com
邮　　箱： cctp@cctpress.com
排　　版： 金奥都科技发展中心
印　　刷： 北京墨阁印刷有限公司
开　　本： 889 毫米× 1194 毫米　1/16
印　　张： 26.5　　**字　　数：** 564 千字
版　　次： 2016 年 11 月第 1 版　　**印　　次：** 2016 年 11 月第 1 次印刷
书　　号： ISBN 978-7-5103-1671-5
定　　价： 150.00 元

凡所购本版图书有印装质量问题，请与本社总编室联系。电话：010-64212247

《北京商务年鉴（2016）》编辑委员会

《北京商务年鉴（2016）》编辑部

编 辑 说 明

一、《北京商务年鉴（2016）》（以下简称《年鉴》）由北京市商务委员会《年鉴》编辑委员会编纂，是本市商务领域唯一的权威性、综合性年鉴。该书的前身——《北京商务概览》创刊于2003年，2004年分为外经贸卷和内贸卷。2005年将两卷合一，更名为《北京商务年鉴》，并由内部刊印改为公开出版发行。

二、《年鉴》全面、系统地记述了上年北京市商务领域的基本情况和取得的成就。封面年号“2016”表示本期《年鉴》于2016年出版，主要包括2015年1月1日至12月31日期间的工作成果、相关数据，并在重要文献中涉及2016年全市商务工作安排。

三、《年鉴》的内容由商务部门各单位和海关、出入境检验检疫局、天竺综保区等单位提供，内容广泛，资料详实，数据准确，逐年出版，具有宝贵的文献保存价值。

四、《年鉴》不仅能为政府机关领导决策提供参考依据，也可为国内外商务领域和其他各界人士提供相关的法规、政策和数据资料。

五、创刊以来，《年鉴》承蒙供稿单位的大力支持，受到有关人士的欢迎和鼓励，在此谨致谢意，并希望继续得到各界人士的关心和支持。

《北京商务年鉴》编辑委员会

二〇一六年八月

Editor's Notes

Ⅰ. *Beijing Commercial Yearbook* (2016) (hereinafter abbreviated as the *Yearbook*), compiled by the editorial committee of the *Yearbook* of Beijing Municipal Commission of Commerce, is the only authoritative and comprehensive yearbook in the commercial field in Beijing. The predecessor of the *Yearbook* is *Beijing Commercial Review* started publication in 2003. In 2004, the book was divided into two volume—Foreign Economy & Trade Volume and Domestic Trade Volume. In 2005, the two volumes were combined together as one book with the name *Beijing Commercial Yearbook*, which changed from a periodical for restricted circulation into a publicly published one.

Ⅱ. The *Yearbook* gives a comprehensive and systematic record of the basic situation and achievements in the commercial field in Beijing. "2016" in the cover means the *Yearbook* is published in 2016. The *Yearbook* mainly includes the achievements of work and related data from January 1 to December 31, 2015, and involves the commercial work arrangement of Beijing in 2016 in some important documents.

Ⅲ. The contents of the *Yearbook* come from various authorities of Commerce and other departments like the Customs, the Entry-Exit Inspection and Quarantine Bureau, and Beijing Tianzhu Free Trade Zone. With rich material, wide coverage and accurate data, the *Yearbook* is a valuable document.

Ⅳ. The *Yearbook* can not only provide reference for the leaders of government authorities to make decision but also provide the related materials of laws, regulations, policies and data for domestic and overseas personnel in the commercial field as well as other fields.

Ⅴ. We are deeply appreciative of the great support from the authorities providing articles, and the enthusiastic encouragement of the related personnel since the publication of the *Yearbook*. We hope we would be concerned and supported continuously in the future.

Editorial Committee of *Beijing Commercial Yearbook*

Aug. 2016

目　　录

第一部分　重要文献

第二部分　法规、文件选编

第三部分 主要业务

第四部分　海关、检验检疫

第五部分　开发区、各区商务

第六部分 统计资料

第七部分　大　事　记

第八部分　附　　录

CONTENTS

Part Ⅰ Important Documents

Part Ⅱ Selection of Rules, Regulations and Documents

Part Ⅲ Main Work

Part IV Customs, Inspection and Quarantine

Part Ⅴ Commercial Affairs of Development Area, and Districts

Part Ⅵ Statistical Data and Materials

Part Ⅶ Record of Major Events

Part Ⅷ Appendix

第一部分

重　要　文　献

程红副市长在2016年全市商务工作会议上的讲话

（2016年2月3日）

（根据录音整理稿）

一、关于过去五年工作

“十二五”时期，全市商务系统牢牢把握稳中求进的总基调，始终坚持稳增长、促改革、调结构、惠民生，各项工作任务全面完成，可以归纳为以下三个方面：

（一）健全三大体系，民生商务实现新发展

1. 农产品流通体系方面。出台实施了《北京市蔬菜零售网点建设管理办法》，确立了“市抓批发、区抓零售”的工作体制。在全国率先设立了农产品流通产业发展基金。

2. 便民商业服务体系方面。“一刻钟社区服务圈”已覆盖全市80%的城市社区，惠及1400多万市民，老百姓步行15分钟基本能够满足日常生活需求。

3. 应急供应保障体系方面。进一步完善了市场动态监测机制、产供销环节联动的日常供应机制、重要商品政府储备机制和应急响应机制，市场保障能力不断提升。

（二）聚焦三大重点领域，商务领域改革开放实现新突破

1. 聚焦京津冀协同发展。一是率先启动京津区域通关一体化改革，通关效率大幅提升，企业的时间和经济成本大幅下降。二是着力加强与周边区域的商务合作，有序疏解北京非首都功能，2015年全市共清退和拆除低端市场80个，升级改造70个。

2. 聚焦服务经济发展。2015年，经国务院批复同意，本市成为全国首个服务业扩大开放综合试点城市，在科学技术服务等六大领域开展综合试点，首批推出了33项开放创新措施并取得初步成效。2015年，六大领域实际利用外资同比增长62.5%，比全市实际利用外资高出18.7个百分点。

3. 聚焦和谐宜居环境建设。出台了《北京市提高生活性服务业品质行动计划》，在全国率先设立生活性服务业品质提升发展基金，加快推进生活性服务业实现规范化、连锁化、便利化、品牌化、特色化发展，工作重点由以往重增量扩张向重品质提升转变。

（三）产业升级明显加快，商务发展质量不断提升

1. 电子商务蓬勃发展。目前全市共有5个国家级电子商务示范基地、45家电子商务示范企业，数量居全国首位。B2C市场份额在全国居于首位，促进电子商务发展的政策也走在全国前列。2015年全市网上零售额超过两千亿元，在社会消费品零售总额中占比超过了19%。

2. 物流升级明显加快。本市积极推广应用物联网、货物快速分拣、移动物流信息

服务等先进技术，物流效率不断提升。果蔬、肉类等冷链物流取得突破性进展，冷链流通率比“十一五”末提高了3～5个百分点，对改善市民生活发挥了积极作用。

3. 商业连锁化、特色化特征更加突出。目前本市共有规模以上连锁企业243家，连锁门店超过1万家，比“十一五”末增长了22.9%。本市拥有“中华老字号”117个，27条市级特色商业街区，受到中外游客和本地消费者的广泛欢迎。

4. 口岸经济功能更加完善。“十二五”期间，本市设立了亦庄保税物流中心（B型），首都国际机场空港型整车进口口岸投入运行，在国内首批实施了旅客72小时过境免签政策、购物离境退税政策，平谷国际陆港成为全国首家国家海陆联运口岸，天竺综合保税区文化保税园正式开园。目前，本市已拥有首都国际机场空运口岸、北京西站铁路口岸、平谷国际陆港3个国家口岸以及丰台货运口岸、朝阳口岸2个口岸功能区，口岸体系日趋成熟。

5. 总部经济实力不断增强。本市陆续出台了支持总部经济发展的政策，建立了政府协调联动机制，设立了总部企业协会，在京总部企业经济实力和影响力进一步提升。截至2015年底，本市共有境外跨国公司在京总部企业268家，在京世界500强企业总部数量达52家，连续3年位居全球城市之首。

五年来，首都商务实现了跨越式发展。消费成为经济增长的主要拉动力量。2015年，全市社会消费品零售总额突破一万亿元，成为国内首个超过万亿元的城市，“十二五”时期年均增速超过10%。2011—2014年，最终消费支出对本市GDP增长的年均贡献率为74.4%。两类贸易结构不断优化。目前本市“双自主”企业总数突破1000家，其货物出口额占全市货物出口总额的16%，年均增长2个百分点。服务贸易快速发展，服务贸易出口占到对外贸易出口的40%，远超全国平均水平。保险、金融、电信等新兴领域出口占服务贸易出口总额的六成以上，发展势头强劲。双向投资蓬勃发展。2015年本市实际利用外资突破1000亿美元，占全国比重由6%升至10%。“走出去”势头良好，2015年境外直接投资额比2010年增长了11.5倍，在全国排名第三。成功举办三届京交会。累计共有154个国家和地区的近40万人次客商参与三届京交会，全球服务贸易20强国家和地区均有客商参会，国际影响逐渐增强。

“十二五”时期商务工作成绩来之不易，这是各区政府、各委办局积极配合、共同努力的结果，是全市商贸企业、相关协会创新发展、努力拼搏的结果，也是全市商务工作者扎实工作、甘于奉献的结果。在此，受安顺市长委托，我代表市政府，对大家的辛勤工作表示衷心感谢和崇高敬意。

二、关于“十三五”时期的商务发展

“十三五”时期，是我国全面建成小康社会的决胜阶段，也是北京落实首都城市战略定位、加快建设国际一流和谐宜居之都的关键阶段。全市商务系统要立足于京津冀协同发展战略和首都城市战略定位，充分认识、积极适应、主动引领经济发展新常态，以新的发展理念指导商务工作实践。

（一）树立新理念

全市商务工作要牢固树立和积极践行“创新、协调、绿色、开放、共享”的五大发展理念。例如，在商务中践行绿色发展理念，一是要积极倡导绿色消费。一方面，要畅通绿色产品流通渠道，商业企业要主动经营绿色产品，创新绿色产品销售模式；另一方面，政府要出台政策鼓励和扩大绿色消费。二是推进商贸流通企业节能降耗，今年要编制商场、超市低碳排放管理规范，建立绿色商场、超市评价体系。

（二）引领新常态

1. 靠创新引领新常态。近年来，本市消费结构发生了变化，主力商品由汽车转换为信息类商品消费，消费来源由原来的集团消费转变为大众消费，业态发展由传统业态向电子商务等新业态转变。要适应消费的新变化，紧紧依靠创新，通过模式创新、业态创新、产品创新和服务创新，重新构建消费增长新动力。

2. 靠改革开放引领新常态。服务业扩大开放涵盖很多领域，除了生产性服务业以外，医疗、养老、教育、旅游、互联网金融等方面都与百姓生活息息相关，要借助服务业扩大开放契机，以开放促改革、促发展。

3. 靠供给侧改革引领新常态。政府和企业要共同努力，适应消费发展新趋势，在业态创新、模式创新、服务创新和产品创新上多做文章。

（三）把握新机遇

1. 紧抓国家战略机遇。我们要紧紧抓住“一带一路”、京津冀协同发展等国家战略机遇，拓展新的发展空间，更好地配置资源。例如，要着力构建环京津1小时鲜活农产品流通圈等重点工作。

2. 充分发挥服务业扩大开放综合试点和京交会的平台作用。创新体制机制，把服务业扩大开放先行先试的机会转变为商务发展的优势。

3. 抓住实施本市“十三五”规划的机遇，基本实现“一刻钟社区服务圈”全覆盖，服务贸易额达到2000亿美元左右。

三、关于2016年工作要求

（一）落实首都城市战略定位，全面提升商务发展水平

1. 推动和谐宜居之都建设方面。一是加强“一刻钟社区服务圈”建设。2016年要新建和规范便民服务网点1500个，城六区实现全覆盖。二是提升生活性服务业品质。生活性服务业的核心要素是技能，要围绕提升技能抓好相关工作，健全完善行业标准，同时大力做好行业培训、技能比武，形成学技能、比服务、创品牌的热潮。三是继续抓好相关业态的疏解和提升，推进区域性专业市场的转移疏解和业态升级。

2. 服务国际交往中心建设方面。一是扎实做好服务业扩大开放综合试点工作。综合试点既是北京发展的先机，也是中央交给的一项重要任务，要在体制机制方面形成可复制、可推广的经验。二是高水平办好第四届京交会。京交会作为国家级服务贸易交易平台，市委市政府高度重视，要进一步充实内容，提升展会品质。三是要发挥好口岸功能。继续做好世界旅游发展大会、京交会等大型活动的机场迎送保障工作。此外，争取在首都国际机场口岸实施144小时过境免签政策，同时加快推进离境退税等相关工作。

3. 服务科技创新中心建设方面。本市“双自主”企业比重高于全国平均水平，要持续给予“管理优待、政策优惠”，提升“北京创造”和“北京智造”的国际影响力。积极适应消费需求，商业企业要多推荐、多销售高科技产品，特别是本市知名品牌产品。

（二）加强供给侧改革和产业升级，促消费保增长

2016年是“十三五”开局之年，全市确定的社会消费品零售额增长目标是6.5%左右，在推进工作过程中要注重三个结合：

1. 注重商品消费和服务消费相结合。目前服务消费已占市场消费总规模的45%，两方面促消费工作要共同抓好。

2. 注重供给结构优化和消费引导相结合。要坚持以需求为导向，不断开展经营创新、模式创新、业态创新、服务和产品创新。有关部门要通过出台促消费政策，积极引领健康、绿色、可持续的消费方向。

3. 注重回拉外流消费和扩大外来消费相结合。要大力支持跨境电子商务发展，加强商品组织，积极回拉外流消费。优化离境退税环境，继续评选优质服务商店，实施动态监管，完善评定和管理办法，以优质服务培育外来消费。

（三）深化服务业扩大开放综合试点，全面提升开放型经济水平

1. 服务贸易。2016年实现全市服务贸易额增长10%，达到1450亿美元。要将支持货物贸易发展的政策加快向服务贸易领域扩展和应用，进一步优化服务贸易发展环境，提升服务贸易企业的国际竞争力。

2. 双向投资。2016年本市实际利用外资要达到130亿美元以上，境外直接投资达到115亿美元，需要有关单位的共同努力。要实现开放型经济稳中求进的目标，核心要靠扩大开放。因此要进一步把服务业扩大开放综合试点工作引向深入，在落实好已推出的开放措施基础上，积极研究提出新的开放创新举措，并及时向社会公布。

3. 货物贸易。一是坚持做强特色产品，促进“双自主”企业产品出口持续增长，支持特色化、个性化出口企业发展。二是积极培育新型贸易服务中间商，为广大出口企业跨境出口提供全方位服务。

同志们，机遇和挑战考验着我们的意志和勇气，责任和使命召唤着我们的智慧和干劲，打好“十三五”开局第一仗具有特殊意义，大家要坚定信心，砥砺奋进，以严的要求、实的作风，认真贯彻落实市委、市政府各项决策部署，努力完成各项工作任务，为加快建设国际一流的和谐宜居之都贡献力量！

凝心聚力 开拓进取
努力实现“十三五”商务发展良好开局

——在2016年全市商务工作会议上的报告

北京市商务委员会主任　闫立刚

（2016年2月3日）

同志们：

今天召开全市商务工作会议，总结2015年和“十二五”期间商务工作，明确“十三五”发展重点，部署2016年重点任务。

一、2015年工作回顾

2015年，我们在市委、市政府领导下，主动适应经济发展新常态，牢牢把握首都城市战略定位，积极落实京津冀协同发展战略，商务运行符合预期，稳增长有新亮点，促改革有新突破，调结构有新进展，惠民生有新举措，较好地完成了全年各项任务。

全年实现市场消费总额1.86万亿元，增长8.7%。其中，社会消费品零售总额过万亿，达到10338亿元，增长7.3%；服务消费8308亿元，增长10.5%。货物贸易总额3195.9亿美元，下降23.1%，其中出口546.7亿美元，下降12.3%；进口2649.2亿美元，下降25%。服务贸易总额1302亿美元，增长10%以上。实际利用外资130亿美元，增长43.8%。境外直接投资额95.6亿美元，增长75%。首都机场旅客吞吐量8993.9万人次，增长4.4%；北京口岸出入境人员2329.7万人次，增长5.2%；北京口岸海关监管货物总量4274.3万吨，增长103.4%。

过去的一年，我们重点抓了以下四方面工作：

（一）推出重大改革创新举措，积极探索发展新路径

服务业扩大开放综合试点工作全面启动。经国务院批复，北京成为全国首个服务业扩大开放综合试点城市。本市与商务部建立部市合作机制，出台实施方案，细化形成141项任务。依据国务院决定，推出首批11项开放措施和22项改革创新措施。在国家部委全力支持和市相关部门通力配合下，科学技术、互联网和信息、文化教育、金融、商务和旅游、健康医疗等领域开放试点工作不断深入。取消外商投资飞机维修项目中方控股的限制后，已有中外企业签订合作协议。集成电路设计企业保税监管模式试点资质全面放开。海关减免税科研设备开放共享平台启用。首例以特许经营方式合作办医的协议在京签署。公安部推出支持北京创新发展20项出入境政策措施。境外投资备案制管理改革后，企业办理时间由原来核准制的15个工作日缩短至3个工作日。

提高生活性服务业品质工作全面展开。出台本市提高生活性服务业品质行动计划，确定推进规范化、连锁化、便利化、品牌化、特色化发展的25项工作任务。在市级层面统筹推进任务落地，完成生活性服务业发展基金设立，抓好标准规范体系建设的同时，各区狠抓落实，特别是任务繁重的城六区行动快、效果好。东城区发展东单菜市场悠惠生活馆等“一站式便民服务网点”，以综合服务菜市场为点、社区服务连锁店为线、社区联营菜店为面，实现服务直通。西城区加强布局规划和经营规范等体系研究，建成10个“百姓生活服务中心”。朝阳区引导培育龙头企业，加快O2O模式项目和品牌便利店连锁化发展。海淀区在推动社区商业中心建设改造的同时，积极探索“互联网＋社区商业”发展模式。丰台区推进传统商贸企业网上营销，打造线上线下结合的再生资源回收体系。石景山区通过线上线下平台集合知名品牌进社区，提供便利店、家政服务、代收代缴等综合便民服务。

（二）落实首都城市战略定位，着力转方式调结构

非首都功能疏解工作有序推进。认真落实京津冀协同发展战略和全市工作部署，坚持严控增量、疏解存量、保障民生，积极有序地推进产业疏解和调整。在2015版新增产业禁限目录中，明确了商务领域相关产业的15条管理措施。出台商品交易市场调整提升工作意见，各区清退、拆除低端市场80个，升级改造70个。组织京冀市场转移对接洽谈，持续推进动批、天意、大红门地区服装和小商品批发市场疏解。加快区域性物流功能疏解，腾退低端物流业态用地约66万平方米，亚马逊等电商企业在津冀建设仓储设施。引导服务外包企业加快转移中低端业务，京冀签约22个合作项目，15家企业在全国设立分支机构119个。北京华唐教育集团在曹妃甸和承德合作设立的服务外包基地分别建成和投入运营。

内贸流通现代化步伐加快。鼓励企业扩大直营连锁规模，新增便利店等加盟连锁备案企业83家。完善政策鼓励电子商务发展，初步形成龙头电商、骨干电商和专业化、特色化电商集群发展格局。举办“互联网＋跨界融合”为主题的电子商务大会，引导传统企业依托电子商务加快转型升级。支持老字号企业入驻电商平台，19家企业在京东商城开设旗舰店，232个老字号门店入驻百度外卖平台。中关村软件园、丰台园和石景山园入选第二批国家电子商务示范基地。电子发票试点工作持续推进，27家试点企业累计开具电子发票近1.5亿张。物流标准化试点成效明显，29家试点企业标准化托盘使用量快速增长，新增交接货免验收企业（门店）400余个，货物装卸、交接效率提高2倍以上，并有效带动了京津冀区域物流标准化建设。推广示范电动物流车500辆。

外贸发展环境进一步优化。积极开展京交会宣传推介、国际合作和招商招展工作。制订加快发展对外文化贸易实施意见。服务外包及软件出口合同登记下放各区。70家企业、38个项目被认定为国家文化出口重点企业和重点项目。为技术出口企业办理零税率退（免）税申请，合同额达18.5亿美元。完善地方引导性扶持措施，设立外经贸发展引导基金和外经贸担保服务平台。将统一投保短期出口信用险范围扩大到300万美元以下的小型出口企业，风险保障由3万美元提高到8万美元，赔付比率由60％提高

到80%，享受政策企业扩大到5700多家。

口岸经济体系持续完善。北京关区推行关检联合查验平台“三个一”，平谷口岸实现5个工作日内完成进口肉类产品检验检疫。通州口岸运营单位与天津港集团达成投资协议。北京电子口岸平台升级改造立项顺利完成。建立以跨境平台电商、物流服务、金融服务为特色的外贸综合服务平台，天竺综合保税区、亦庄保税物流中心等跨境电商产业园区发展加快，产业链上下游企业加速聚集。发挥德国帕希姆国际机场保税园等海外经贸园区的桥梁纽带作用，通过建立展览展示交易中心、海外仓，加速了国际营销网络体系建设。跨境电商邮政小包出口8770万件，纳入海关统计13.3亿美元，占全国跨境电商出口的四成以上。

高端服务业发展不断加快。2015年北京拥有世界500强企业总部52家，连续三年位列全球城市第一位。修订总部经济资金奖励补助政策，成立北京总部企业协会。完善总部企业重大项目投资发现机制和总部企业跟进服务机制，对接企业诉求落实配套服务。通过中介组织引进注册资本1亿元以上企业112家，新认定跨国公司在京地区总部2家，累计达155家。3937家总部企业完成一般公共预算收入同比增长18.7%，占全市的39.6%。发布引导支持品牌展会名录，七大主要场馆共举办国际展览187个、国内展览228个。优化商务服务业发展环境，支持10座商务楼宇和3个商务服务业集聚区公共服务平台升级改造。

（三）全力以赴稳增长，确保市场运行平稳

千方百计促消费。推出八个方面15条促消费政策措施，修订完善促进网络零售健康发展政策，实施节能减排促消费政策，实现社零额规模“过万亿”。加大模式创新、开放服务、传统转型等示范项目扶持力度，支持骨干电商企业开展“双十一”等特色促销，引导电子商务与传统销售渠道融合发展、线上线下互动。全年实现网上零售额2016.9亿元，增长40.2%，拉动社零额增长6个百分点。推进节能减排促消费，对购买电视机等9类节能减排商品的消费者给予8%～20%的政府补贴，年内销售节能减排商品12.6万台，销售额4.5亿元。举办新能源汽车促销活动，淘汰老旧机动车38.9万辆。出台跨境电子商务支持政策，对跨境电商企业、物流企业、第三方支付机构予以扶持。积极做好境外旅客购物离境退税政策动员推广，发展离境退税商店371户，全年销售1118单，销售额2341万元。持续开展北京国际美食汇、点击消费、进口商品购物节等活动，以及区县特色促销活动。房山区CSD商贸服务产业试验区建设成效明显，通州、顺义和昌平等区重点商业项目建设稳步推进，怀柔、门头沟、密云和延庆等区注重发挥区域资源优势，商旅结合促消费。

优化外贸结构促增长。服务贸易额达到外贸总规模的四分之一以上，金融保险、电信、计算机和信息、文化娱乐等服务贸易新兴领域出口占服务出口比重超过62%，金融服务、文化娱乐服务出口增长30%以上。对“双自主”企业投保短期信用险给予下调费率、优先满足承保限额、优先赔案等措施，“双自主”企业出口占货物出口额比重16.1%，比上年提高2.6个百分点，27家企业出口达5000万美元以上。本市与“一带一路”沿线国家双边贸易额达到1001.6亿美元，在进出口总额中占比超过三成。深化京津冀区域通关一体化改革，支持总部企业便捷通关。在全国率先启动出口退税企业分类管理，百余家一类企业可在2个工作日内完成退税，出口退税额占全市的60%以上。举办央地企业对接会、重点企业座谈会，帮助企业解决困难，拓展出口空间。发挥世界贸易网点联盟和驻华、驻外机构作用，国际贸易网络初步形成。

强化服务促进国际双向投资。积极推动经济技术开发区建设国际合作生态创新园。开展高新技术、商务服务等领域招商推介活动。进一步下放外资企业登记权限，在全市逐步实现“就近办理、跨区登记”的通办服务，600多户新设企业实现就近登记。推行商务审批、工商登记互认的外资企业合同章程格式化文本，全市新批外资企业格式化文本使用率86%。服务业实际入资123.2亿美元，增长55.4%，金融、科技等重点开放领域新批项目1068个，实际入资95.5亿美元。制定促进境外投资发展的实施方案，启动境外投资网上无纸化备案。加强对“一带一路”国家重点项目企业服务，推动央地企业“抱团”发展，促进本市企业参与沿线国家投资合作。目前，本市已在“一带一路”沿线27个国家有境外投资。

（四）提高民生商务发展水平，服务保障能力不断增强

强化生活必需品保障体系建设，丰富市民“菜篮子”。筹建农产品流通产业发展基金，推动新发地市场净菜进京业务发展，北京鲜活农产品流通中心项目开工建设。在推进蔬菜零售网点建设的同时，着力发展农产品电子商务市场，涌现出中粮我买网等国内知名的农产品电商企业。发挥区域协同优势，开展“坝上蔬菜”进京销售等活动，推进以“农超对接”、“农餐对接”为主的京冀两地产销对接。完善政府储备管理，增加储备规模，蔬菜储备总量应急供应天数达到5天，达到商务部等国家四部委对蔬菜政府储备的要求。拓展渠道，增加货源供应，第五次开展“十三省区市服务产区菜农服务首都市民蔬菜保供联合行动”，活动期间累计增加蔬菜供应总量约16.8万吨。肉菜流通追溯体系试点建设通过商务部中期评估，猪肉追溯覆盖11家生猪定点屠宰企业、7家肉类批发市场和22家连锁超市319个门店、99家规范化菜市场、106家肉品专卖店、4家连锁餐饮企业，蔬菜追溯在1家批发市场、2家连锁超市以及石景山区50家蔬菜零售市场进行试点。

加强便民商业体系建设，保障基本公共服务。新建和规范提升775个便民商业网点，基本实现便利店（超市）、早餐、蔬菜零售、洗染、美容美发、家政服务、代收代缴和再生资源回收等8项基本便民服务在城市社区全覆盖。引导家政、洗染等企业发展O2O业务模式，荣昌e袋洗等由线下发展到线上，京东到家等由线上发展到线下，“绿猫网”通过网上下单实现再生资源就近上门回收。大兴等区组织开展早餐示范工程。积极推进城市末端配送体系建设，便民配送网点达到260余个，智能快件箱200多组。继续开展商业服务业服务技能大赛活动，全市4万余家企业门店参与，参加人次达到35万。开展岗位技能培训，培训家政、洗染和美容美发等行业从业人员6.1万人。

强化市场监管，优化消费环境。保持打击侵权假冒的高压态势，全市行政执法部门办结案件4019件，捣毁制售假冒伪劣产品窝点255个，移送司法机关案件29件，主

动公开行政处罚案件信息3279件。持续加大行业监管执法力度，严格依法查处违法行为，实施行政处罚651件。完善促销监管，检查商业企业415家，现场纠正不规范促销行为15件。完成“12312”热线与“12345”热线平台整合，全年接收举报投诉2772件，其中受理预付卡类案件1509件，办结率100%。加强商业诚信体系建设，推出首批优质服务商店123家。开展家政服务业立法调研工作。认真落实行业安全生产监管责任和企业安全生产主体责任，出动执法人员1.9万人次，检查经营单位6800余家次，督促整改隐患问题3000余个，行业安全生产形势稳定。

2015年，我们努力克服经济下行压力，在推动结构调整、深化改革开放、服务市民生活等方面，探索新思路，谋划新举措，成绩来之不易，实现了“十二五”商务工作圆满收官。

回顾过去五年，我们不断加强党风廉政建设，坚决贯彻落实中央八项规定，务实开展群众路线教育实践活动，扎实推进“三严三实”专题教育，为首都商务事业提供了坚强保障。商务工作服务首都发展大局的能力不断提升，对全市经济社会发展贡献持续加大，发展质量更优，发展活力更强。

——消费成为经济增长主力军。2015年，市场消费总规模比2010年增长65%以上。其中，社会消费品零售总额在全国城市中率先突破万亿元大关，年均增长10.3%，服务消费年均增长超过10.5%。2014年最终消费率62.5%，消费对经济增长的贡献率达72.7%。

——对外贸易结构持续优化。“双自主”企业突破1000家，2015年“双自主”企业在货物出口中所占份额比2010年提高10.1个百分点。服务贸易快速发展，贸易规模约占全国的五分之一，2015年在全市对外贸易中占比超过27%，比2010年提高6个百分点以上。

——双向投资规模不断攀升。2015年，双向投资总规模达225.6亿美元，是2010年的3.2倍。其中，实际利用外资占全国份额由2010年的6%升至2015年的10%，全市累计实际利用外资突破1000亿美元；境外直接投资是2010年的12.5倍，由全国第八位跃升至第三位。

——发扬首创精神推动创新发展成效突出。成功创设、举办三届京交会，启动服务业扩大开放综合试点，北京开放发展进入新阶段。开展电子发票试点应用，内地首张电子发票在京开出。京津冀区域率先在全国实现通关一体化改革，京津冀商务协同发展全面展开，市场一体化建设加快推进。

——农产品流通、便民商业、市场供应保障“三大体系”建设全面深化。确立“市抓批发、区抓零售”工作体制，8项便民服务在城市社区基本实现全覆盖。全面建立生活必需品市场监测、政府储备和应急响应机制，有效应对了食盐抢购、“7·21”特大自然灾害等特殊时期的市场供应波动。圆满完成了党的十八大、全国“两会”、纪念抗战胜利70周年阅兵、北京田径世锦赛等重要会议和重大活动的供应服务保障。

——口岸经济发展全面加快。设立亦庄保税物流中心，首都机场汽车整车进口口岸投入运行，平谷国际陆港成为全国首家国家海陆联运口岸，天竺综合保税区文化保税园正式开园，丰台货运口岸整车货物和集装箱铁路国际联运功能恢复，72小时过境免签和24小时过境免检政策实施，口岸经济功能不断增强。

同志们，这些成绩的取得，归功于市委、市政府的坚强领导，以及各区、各相关部门的共同努力和大力支持，归功于全市商务战线广大企业、相关行业协会全体干部职工的奋力拼搏和开拓创新。在此，我谨代表北京市商务委员会，向各级领导、各单位和同志们表示衷心感谢！

二、“十三五”时期主要目标和任务

“十三五”时期，是我国全面建成小康社会的决胜阶段，也是北京落实首都城市战略定位、加快建设国际一流的和谐宜居之都的关键阶段，北京发展仍然处于可以大有作为的重要战略机遇期。我们要按照市委十一届八次全会部署，准确把握战略机遇期内涵的深刻变化，准确把握北京发展的阶段性特征，紧紧抓住和用好重大历史机遇，集中力量落实首都城市战略定位、推动京津冀协同发展，着力在优化结构、增强动力、补齐短板上取得更大成效，朝着建设国际一流的和谐宜居之都目标奋勇前进，不断开拓发展新境界。

“十三五”时期商务发展的总体思路是：牢固树立创新、协调、绿色、开放、共享的发展理念，牢牢把握首都城市战略定位，深入实施京津冀协同发展战略，以提升发展质量和效益为中心，以有序疏解非首都功能、推进服务业扩大开放综合试点、提高生活性服务业品质为重点，着力推动结构调整、转型升级，着力提高对外开放水平，为建设国际一流的和谐宜居之都提供有力支撑。

“十三五”时期商务发展主要预期目标是：2020年，市场消费总规模达到2.7万亿元左右，年均增长8%左右，其中社会消费品零售总额年均增长6.5%，服务消费年均增长9.5%左右；国际贸易总规模力争达到6000亿美元，其中货物贸易达到4000亿美元，服务贸易达到2000亿美元左右；国际双向投资总规模力争5年累计达到1000亿美元，其中实际利用外资达到500亿美元，境外直接投资达到500亿美元。

“十三五”时期商务发展的重点是：

——发挥消费促进增长的基础作用，加快培育形成新供给新动力。推动商品消费和服务消费融合发展，以消费升级引领产业升级，以制度创新、技术创新、产品创新满足并创造消费需求，持续促进和扩大居民消费。加大市场开放力度，推动国内市场向海外延伸，提升国际商品和服务引进水平，加快内外贸一体化发展。

——有序疏解商务领域非首都功能，加快区域市场一体化进程。四环路以内区域性的物流基地、专业市场调整退出。逐步实现关系城市运行和保障民生的蔬菜、粮油等农副产品批发市场经营方式转变和业态升级。建立健全有序疏解的需求发现和对接服务机制，促进区域商务合作。推动京津冀优势互补融合发展，建设统一开放的市场体系。

——提高生活性服务业品质，更好地满足人民群众对美好生活的新期待。坚持规范化、连锁化、便利化、品牌化、特色化发展方向，着力提高行业服务水平和质量效益，着力提高行业组织化、信息化程度，着力提高法治化营商环境建设水平。

——落实首都城市战略定位，提升服务保障能力。完善重大活动服务保障常态化机制，着力提升首都商务系统履行“四个服务”职责的能力。以京津冀协同发展规划纲要为指引，大力推进区域商务合作，建立京津冀生活必需品市场供应和应急保障联动机制，实现资源共享、信息共享、市场共享、保障互助、协同发展。

——以服务业扩大开放为引领，构建开放型经济新体制。通过放宽市场准入、改革监管模式、优化市场环境，努力形成与国际接轨的北京服务业扩大开放新格局。加快对外贸易转型升级，使资本、技术、知识密集型产品和服务居于主导地位，努力把北京建设成为全球领先的服务贸易枢纽城市，培育国际竞争新优势。

三、2016 年工作任务

2016 年，是“十三五”开局之年，开好头、起好步，意义重大。全市商务工作总的要求是：全面贯彻党的十八届五中全会和中央经济工作会议、中央城市工作会议精神，深入贯彻习近平总书记系列重要讲话精神，按照全国商务工作会议和市委市政府工作部署，坚持改革开放，坚持稳中求进工作总基调，坚持稳增长、调结构、惠民生、防风险，紧紧围绕服务业扩大开放综合试点和生活性服务业品质提升两条主线，着力加强供给侧结构性改革，疏功能、转方式、治环境、补短板、促协同，提高发展质量和效益，保持商务运行平稳，努力实现“十三五”良好开局。

2016 年商务工作的主要预期目标是：市场消费总额增长 7.5%以上，其中社会消费品零售总额增长 6.5%左右。货物贸易达到 3200 亿美元，服务贸易达到 1450 亿美元。实际利用外资 130 亿美元以上，境外直接投资达到 115 亿美元。新建或规范提升 1500 个以上各类便民商业网点。

为实现上述目标，要重点抓好以下工作：

（一）贯彻落实京津冀协同发展战略，推动区域商务协同发展

全面落实商务领域贯彻落实京津冀协同发展规划纲要的实施方案，以疏解非首都功能为重点，加强三地商务部门对接合作，有序推进，确保实效。

扎实做好非首都功能疏解。建立市场调整疏解常态化工作机制，加强部门协同，落实属地责任，强化工作对接和政策支持。严格执行新增产业禁限目录，继续推进动批、天意、大红门地区市场疏解转移，启动官园、万通、百荣世贸、雅宝路等市场调整升级，启动农产品批发市场布局调整和升级改造。疏解商品交易市场 90 个左右，升级改造 100 个左右。积极做好政策协调，推动呼叫中心、测试外包、基础信息技术运营维护和数据处理等服务外包业务继续向京外转移。

推动区域市场一体化。引导本市企业在津冀建设蔬菜、肉蛋等农副产品生产基地，鼓励三地企业共建冷链物流设施，鼓励本市企业在北京周边建设多功能物流节点和大型现代化仓储物流中心，完善首都生活必需品供应物流网络。实施京津冀产销直通工程，支持本市连锁企业、批发市场、超市和便利店与津冀农业生产基地及合作社产销合作。启动环京津 1 小时鲜活农产品物流圈示范项目建设。依托三地消除地区封锁打破行业垄断工作协调机制，定期交流信息，共同推进工作。加强打击侵权假冒工作协调联动机制，推动跨区域执法协作。

强化联动，促进资源共享。建立商务领域京津冀协同发展对接协作机制。探索京津口岸直通新模式，积极争取天津港和北京内陆口岸之间落地分拨、商封直转的新型转关

通关模式。探索三地产业链引资合作模式，推进“经济圈招商”和“产业链引资”，建立外资企业转移需求发现和对接服务机制。组织驻京总部型企业与河北省开发区对接洽谈会。加强三地“走出去”重大项目协调联动，组织企业与“一带一路”沿线重点国家举办首次投资合作项目洽谈会，“抱团”拓展国际市场。

（二）扎实推进供给侧结构性改革，培育内需增长新动力

充分发挥消费促进增长的基础作用，在全面深化内贸流通体制改革的同时，更加重视供给侧结构性改革，加快培育形成新供给新动力。

促进商品消费、服务消费融合发展。主动顺应消费升级大趋势，以扩大有效供给和品质提升满足新需求。着力拓展供给渠道、丰富供给方式，培育和壮大信息消费、时尚消费、品质消费，推动商品消费与服务消费共同发展。持续实施节能减排商品消费鼓励政策，扩大绿色消费。大力培育社区消费，挖掘新的增长点。继续办好各地商品网上大集、新能源汽车促销季等传统品牌活动，鼓励各区开展区域性特色促消费活动，活跃市场拉动消费。加强部门联动促消费，培育壮大文化体育、旅游休闲、养老健康消费，共同开展文化消费季、旅游消费月等活动。

引导线上线下融合发展、内贸外贸融合发展。支持“商业服务业＋互联网”创新发展，线上线下融合促转型升级。继续实施网络零售鼓励政策，引导传统商业企业发展网络零售，促进B2C电子商务发展；研究出台网络批发鼓励政策，引导传统批发企业发展网络批发，促进B2B电子商务发展。制定推进跨境电子商务创新发展的实施意见，培育一批“千百十亿”电商龙头企业，形成国内一流、国际领先的电商产业集群。发展保税商品展览展示，设立10个跨境直购体验店，组织开展跨境电商消费体验季，引导境外消费回流。加快推进天竺综合保税区等跨境电商产业园区发展，完善监管场所，创新监管模式和经营模式。发挥境外旅客购物离境退税等政策优势，培育国际消费市场，扩大外来消费。

推动城市居民消费、农村居民消费融合发展。统筹城乡现代流通网络建设，健全农村市场体系，降低农村流通成本。完善与农村消费水平相适应的现代商业设施，支持农村电商发展，促进城乡融合、双向互动，培育和扩大农村消费市场。着力构建“工业品下乡”与“农产品进城”双向互动的农产品流通体系。探索利用“万村千乡”网点作为配送节点，与龙头电商企业对接，提供商品配送服务。在农超对接基础上，积极推进农电对接的“互联网＋”新模式，促进“农产品进城”。

改善消费市场环境。持续加强商业诚信体系建设，严厉打击侵权假冒行为。加强单用途商业预付卡备案管理，加大对美容美发等重点行业发卡企业的检查和备案企业信息公示力度。引导大型零售企业和社会组织建立矛盾调解机制，及时化解交易纠纷，依法规范零供公平交易。完善促销活动监管信息平台，开展重要节日、重点时期促销活动专项检查，确保促销安全。实施商务综合行政执法体制改革试点，建立“双随机”抽查机制，全面履行好监管执法职责。加强行业安全生产工作的组织领导，落实安全生产监督管理责任，提升行业安全监督管理水平，确保商务行业生产安全。

（三）着力提高生活性服务业品质，让人民群众有更多获得感

坚持问题导向，贴近市民需求，突出创新引领，强化公共服务，全面推进落实提高生活性服务业品质行动计划确定的各项任务。

强化规范标准引领。研究建立生活性服务业监测评价体系，制定实施全市生活性服务业品质提升考核（评价）办法。完成便利店（超市）、早餐、蔬菜零售、洗染、美容美发、家政服务、再生资源回收、末端配送以及社区商业便民服务综合体的标准或行业规范的修订完善与制定工作，推进完善生活性服务业企业开业条件、分等定级等标准或行业规范。编制《商场超市低碳排放管理规范》和《绿色商场超市评价要求》两项地方标准。

推动行业提质增效。推出连锁品牌企业进社区推荐目录，鼓励连锁超市、便利店和老字号企业扩大直营连锁规模，培育20家连锁便利店示范店。通过行业跨界合作、服务功能搭载，建设10家社区商业便民服务综合体。加快发展“互联网＋”形态的便民商业服务新模式，鼓励龙头电商企业推广“一站式到家服务”等O2O便民服务。构建城市绿色物流体系，完善“最后一公里”配送网络，发展城乡统一配送、共同配送模式。新建或规范提升300个蔬菜零售网点、155个早餐网点、300个再生资源回收网点、200个家政服务网点、100个洗染店、100个美容美发店、150个末端配送网点、200家连锁便利店，培育3家调整升级示范市场。依托商业服务业技能大赛，广泛开展行业技能培训，提升从业人员技能和服务质量。培训从业人员10万人次，培育各类高端技术人才4000名以上。

培育典型，示范带动。建立健全生活性服务业品牌连锁企业资源库，新培育13家各类品牌连锁企业。开展北京品牌新品展示发布系列活动。支持外资零售店铺建设，积极引进国外名品，提高品牌丰富度。完善市级特色商业街评价办法及标准，建立动态监管评价机制。做好老字号文化遗产的保护和发展，加强宣传推介，促进与“北京礼物”深度合作，组织老字号企业入驻本地生活化服务电商平台。发挥生活性服务业发展基金作用，按照市场化运作组织项目投资，通过项目扶持、政府购买服务等多种方式，培育建设典型示范项目。

夯实供应保障基础。把牢日常供应、安全供应、应急供应三道防线，确保生活必需品市场供应稳定。继续开展春节蔬菜保供联合行动，加强与津冀环首都市区县对接，巩固合作，拓展渠道，提升供应保障能力。推进本市生活必需品等政府储备津冀货源基地建设，强化政府储备监管，确保“储得住、管得好、调得出、用得上”。继续完善肉菜流通追溯体系试点建设，将5家生猪定点屠宰企业分割猪肉和2家肉类批发市场外埠猪肉纳入猪肉追溯体系，将6家连锁超市370个门店、6家蔬菜直营直供企业配送中心和300个直营直供菜店、300个社区车载蔬菜直销点纳入蔬菜追溯体系。配合相关部门做好食用农产品的产地准出与市场准入衔接工作，强化商场超市准入管理，大型商场、连锁超市健全食用农产品准入制度，实施索证索票和自检全覆盖，做到产地有准出、产品可追溯、安全有检测、问题有处置。

（四）抓住服务业扩大开放综合试点契机，努力构建开放型经济新体制

坚持主动、渐进、可控原则，稳步扩大

试点范围，推进服务业有序开放，推动体制机制创新和配套支撑体系建设，实现更高层次、更高水平的开放发展。

推进服务业扩大开放综合试点。深入贯彻国务院批复精神，加快实施方案确定的措施落地。拓宽试点工作的深度和广度，在试点取得阶段性进展的基础上，对标高水平的国际贸易规则体系，滚动推出开放措施，进一步放宽重点领域外资准入限制，加快市场准入机制和监管模式改革创新，推动服务业有序对外开放。推进“开放北京”公共信息服务平台建设。提高试点工作协同性，探索事中事后监管新模式，为企业提供更加便捷高效的服务。开展试点工作绩效评估，梳理可复制、可推广的经验。

培育外贸增长新动能。贯彻落实国家政策，研究促进服务贸易创新发展措施，积极推动示范基地建设，健全促进体系，实施服务贸易竞争力提升工程。全力办好第四届京交会，着力打造有效落实国家战略、深化国际交流合作、促进全球服务贸易的重要平台。出台支持对外文化贸易发展资金政策，加强技术贸易区域管理。将服务外包公共服务平台支持范围扩大至所有服务贸易领域，支持服务贸易企业投保信用保险。按照“高端化、国际化”的发展要求，巩固全国服务外包领军城市地位。突出抓好降低外贸企业成本、拓宽融资渠道、提升贸易便利化等方面政策落实，稳定外贸规模。继续组织“走进大使馆”等活动，完善国际经贸合作网络。支持民营企业、中小企业外贸发展。加快推进外贸转型升级示范基地和出口汽车产品质量安全示范区建设，扩大“双自主”企业出口。积极参与“一带一路”建设，鼓励企业扩大对外投资，带动装备、技术、标准和服务“走出去”，扩大对外承包工程项下配套产品及设备出口。着眼于国际贸易“单一窗口”建设，全面启动北京电子口岸升级改造。

优化利用外资结构。加强服务业扩大开放重点领域引资工作，发挥外资在推动产业升级、结构优化、科技创新等方面的示范作用。抓住市行政副中心、新机场建设和筹办冬奥会等机遇，发掘利用外资新的增长点。做好央企并购项目引资服务。大力引进特色餐饮、零售等国际品牌，鼓励外资进入养老、健康等生活性服务业，支持外资参与传统商业转型升级、城市物流体系建设。完善外资企业投资经营信息报告制度和公示平台，落实参报企业“红名单”公示制度。

加快“走出去”步伐。通过建立企业境外投资合作信息服务平台、组织“一带一路”投资合作项目对接会等渠道，为企业搭建投资平台，提供商务信息。发挥外经贸发展引导基金和担保资金对重点项目的推动作用，积极探索建立社会化的“走出去”发展基金，围绕参与“一带一路”建设、推动非洲“三网一化”、扩大国际装备制造和产能合作等重大项目，加大金融支持力度，拓展“北京智造”、“北京服务”、“北京品牌”国际市场空间，增强本市企业跨国投资经营能力。加强风险管理的引导和服务，积极防范和应对企业境外投资及工程承包风险，进一步完善支持企业“走出去”的保险政策。扩大运输、医护、餐饮、IT、教育等技术型劳务输出规模。

（五）聚焦转方式调结构，不断提高发展质量和效益

坚持将商务发展与城市战略定位相适

应，坚持以提高质量效益为中心，促进产业高端化、要素集约化，激发商务发展新活力。

优化发展总部经济。总部经济是促进北京产业升级、推动发展方式转变的重要引擎。要充分发挥其引领带动作用，依托总部企业人才、资本、技术、管理等优势资源，增强全球配置资源能力和控制力，提高北京在全球价值链中的地位。以提升服务为重点，落实总部经济政策，健全“两个机制一个平台”，深入开展综合性集成服务和个性化需求服务，落实居留许可、外汇运营、进出口等配套服务与便利措施，引导在京总部企业开展实体化经营和战略提升。结合城市战略定位，调整优化总部经济集聚区，培育一批总部经济发展新区，积极吸引知名跨国公司区域总部及研发、运营、采购、结算中心等落户。依托中关村国家自主创新示范区建设，扶持科技创新型总部企业发展，打造技术创新总部集聚区。

高端发展商务服务业。推进商务服务领域对社会资本开放，鼓励外资投向节能环保、创业投资、知识产权服务等商务服务业。加强北京优秀商务服务品牌建设，推动本土企业在全球范围内提供对外投资、融资管理、工程建设等高端咨询和管理服务。优化会展业发展环境，完善部门协作机制和政策促进机制，引导会展业国际化、规模化、品牌化发展。发挥商务服务业各类机构平台作用，组建一批以法律、财税、知识产权、企业管理、调查咨询、投融资及资本营运专家为主体的“创业助手”工作室和线上服务平台，为各类创业者、孵化器提供服务。探索建立境外、京外“北京商务服务中心”，带动商务服务业企业“走出去”。支持商务服务业集聚区和楼宇经济发展，完善服务功能，提升服务水平。

提高流通信息化集约化水平。引导传统流通企业加快信息化改造，与电子商务企业的商流、资金流、信息流融合。鼓励物流业务流程和商业模式创新，推进物流信息共享互通、基础设施互联互通。扩大物流标准化试点范围，提高物流效率，降低流通成本。鼓励商业模式创新，支持发展连锁经营，鼓励线上线下融合发展。引导大型零售企业向综合服务商转型，支持中小零售企业发展便民服务功能。

推动贸易投资优化升级。加强贸易投资融合、货物服务融合发展研究，探索投资贸易互动、服务贸易与货物贸易协调发展新举措，努力实现优进优出。以服务业开放引领服务贸易发展，巩固保险、金融、电信、计算机和信息、文化娱乐等新兴领域出口，提升“北京服务”竞争力。发挥北京科技创新优势，狠抓“双自主”企业培育，加大“北京品牌”海外推介力度。发挥外资在引进高端人才和先进技术方面的作用，推动引资、引智、引技有机结合，促进首都科技创新中心建设。

（六）巩固拓展“三严三实”专题教育成果，推动商务事业持续健康发展

加强商务部门自身建设，持之以恒地改进作风。不断加强党风廉政建设，认真学习《中国共产党廉洁自律准则》和《中国共产党纪律处分条例》，强化纪律和规矩意识，把各项要求刻印在心上，自觉践行廉洁自律规范，营造风清气正的干事氛围。不断健全改进作风的长效机制，以严和实的精神做好各项工作，把解决群众困难体现在行动中，真抓实干，善谋善为。高标准落实各项任

务，坚持“抓早、抓细、抓久、抓了”，做到早安排、早落实、目标明、责任清，久久为功，抓出成效。

充分调动各方积极性，形成合力共促发展。加强工作统筹，强化与市相关部门的协调配合，支持各区创新开展工作，协同推进任务落实。注重发挥行业协会的桥梁纽带作用，为行业协会在制定推行标准规范、引导行业加强自律、开展业务交流和培训等方面提供更大的空间。坚持依法行政，提高政府效能，不断优化发展环境，创造条件推动企业创新发展，激励各类人才投身首都商务创新实践。

同志们，“十三五”时期商务发展的新征程已经开启。让我们在市委、市政府的坚强领导下，奋发有为、只争朝夕，努力开创全市商务发展新局面，为加快建设国际一流的和谐宜居之都做出新贡献！

第二部分

法规、文件选编

2015年国家制修订的部分法律、法规目录

序　号	名　　　称	文　　号
1	中华人民共和国立法法 2015.03.15	主席令第20号
2	中华人民共和国义务教育法 2015.04.24	主席令第25号
3	中华人民共和国电子签名法 2015.04.24	主席令第24号
4	中华人民共和国民用航空法 2015.04.24	主席令第26号
5	中华人民共和国公证法 2015.04.24	主席令第25号
6	中华人民共和国证券投资基金法 2015.04.24	主席令第23号
7	中华人民共和国就业促进法 2015.04.24	主席令第24号
8	中华人民共和国保险法 2015.04.24	主席令第26号
9	中华人民共和国税收征收管理法 2015.04.24	主席令第23号
10	中华人民共和国邮政法 2015.04.24	主席令第25号
11	中华人民共和国固体废弃物污染环境防治法 2015.04.24	主席令第23号
12	中华人民共和国老年人权益保障法 2015.04.24	主席令第24号
13	中华人民共和国电力法 2015.04.24	主席令第24号
14	中华人民共和国拍卖法 2015.04.24	主席令第24号
15	中华人民共和国城乡规划法 2015.04.24	主席令第23号
16	中华人民共和国文物保护法 2015.04.24	主席令第28号
17	中华人民共和国港口法 2015.04.24	主席令第23号
18	中华人民共和国广告法 2015.04.24	主席令第22号
19	中华人民共和国食品安全法 2015.04.24	主席令第21号
20	中华人民共和国计量法 2015.04.24	主席令第26号
21	中华人民共和国铁路法 2015.04.24	主席令第25号
22	中华人民共和国防洪法 2015.04.24	主席令第23号
23	中华人民共和国动物防疫法 2015.04.24	主席令第24号
24	全国人大常委会关于司法鉴定管理问题的决定 2015.04.24	主席令第25号
25	中华人民共和国烟草专卖法 2015.04.24	主席令第26号

（续）

序　号	名　　　　称	文　　号
26	中华人民共和国药品管理法 2015.04.24	主席令第 27 号
27	中华人民共和国枪支管理法 2015.04.24	主席令第 23 号
28	中华人民共和国畜牧法 2015.04.24	主席令第 26 号
29	中华人民共和国国家安全法 2015.07.01	主席令第 29 号
30	中华人民共和国地方各级人民代表大会和地方各级人民政府组织法 2015.08.29	主席令第 33 号
31	中华人民共和国商业银行法 2015.08.29	主席令第 34 号
32	中华人民共和国大气污染防治法 2015.08.29	主席令第 31 号
33	中华人民共和国全国人民代表大会和地方各级人民代表大会代表法 2015.08.29	主席令第 33 号
34	中华人民共和国全国人民代表大会和地方各级人民代表大会选举法 2015.08.29	主席令第 33 号
35	中华人民共和国促进科技成果转化法 2015.08.29	主席令第 32 号
36	中华人民共和国刑法 2015.08.29	主席令第 30 号
37	中华人民共和国种子法 2015.11.04	主席令第 35 号
38	中华人民共和国反恐怖主义法 2015.12.27	主席令第 36 号
39	中华人民共和国反家庭暴力法 2015.12.27	主席令第 37 号
40	中华人民共和国国家勋章和国家荣誉称号法 2015.12.27	主席令第 38 号
41	中华人民共和国教育法 2015.12.27	主席令第 39 号
42	中华人民共和国高等教育法 2015.12.27	主席令第 40 号
43	中华人民共和国人口与计划生育法 2015.12.27	主席令第 41 号
44	中华人民共和国政府采购法实施条例 2015.01.30	国务院令第 658 号
45	博物馆条例 2015.02.09	国务院令第 659 号
46	存款保险条例 2015.02.17	国务院令第 660 号
47	建设工程勘察设计管理条例 2015.06.12	国务院令第 662 号
48	中国公民往来台湾地区管理办法 2015.06.14	国务院令第 661 号
49	居住证暂行条例 2015.11.26	国务院令第 663 号
50	地图管理条例 2015.11.26	国务院令第 664 号

（供稿人：梅　焱）

2015年商务部规章、部分公告目录

序　号	名　　　称	文　　号
1	外商投资产业指导目录（2015年修订）2015.03.10	国家发展和改革委员会、商务部令第22号
2	对外援助项目实施企业资格认定办法（试行）2015.10.29	商务部令2015年第1号
3	商务部关于修改部分规章和规范性文件的决定2015.10.28	商务部令2015年第2号
4	对外援助成套项目管理办法（试行）2015.12.22	商务部令2015年第3号
5	对外援助物资项目管理办法（试行）2015.12.22	商务部令2015年第4号
6	对外技术援助项目管理办法（试行）2015.12.22	商务部令2015年第5号
7	商务部批准《媒体购物术语》等20项国内贸易行业标准的公告2015.01.06	海关总署商务部公告2015年第3号
8	港澳服务提供者在广东省投资备案管理办法（试行）2015.02.28	商务部公告2015年第7号
9	自由贸易试验区外商投资备案管理办法（试行）2015.04.08	商务部公告2015年第12号
10	核两用品及相关技术出口管制清单2015.05.13	商务部、国家原子能机构2015年第14号
11	关于修改《外商独资船务公司审批管理暂行办法》的决定2015.07.05	交通运输部、商务部令2015年第16号
12	商务部批准《熟制葵花籽和仁》等13项国内贸易行业标准的公告2015.05.22	商务部公告2015年第17号
13	两用物项和技术进出口许可证管理目录2015.06.30	商务部、海关总署公告2015年第21号
14	关于2016年食糖进口关税配额申请和分配细则的公告2015.10.08	商务部公告2015年第42号
15	2016年羊毛、毛条进口关税配额管理实施细则2015.10.28	商务部公告2015年第45号
16	2016年度铁合金出口许可申报条件和申报程序2015.10.28	商务部公告2015年第47号
17	2016年磷矿石出口配额申报条件、申报程序及分配原则2015.10.28	商务部公告2015年第48号
18	2016年钨、锑、白银出口国营贸易企业申报条件及申报程序2015.10.28	商务部公告2015年第49号
19	2016年铟、锡出口配额申报条件及申报程序2015.10.28	商务部公告2015年第50号

（续）

序　号	名　　称	文　　号
20	2016年化肥进口关税配额总量、分配原则及相关程序 2015.10.28	商务部公告2015年第51号
21	2016年原油非国营贸易进口允许量总量、申请条件和申请程序 2015.10.28	商务部公告2015年第52号
22	2016年农产品和工业品出口配额总量 2015.10.30	商务部公告2015年第53号
23	2016年成品油（燃料油）非国营贸易进口允许量申领条件、分配原则和相关程序 2015.11.04	商务部公告2015年第54号
24	关于2016年度镁砂、滑石出口配额招标资质的公告 2015.11.04	商务部公告2015年第55号
25	关于2016年度第一次甘草出口配额招标有关事项公告 2015.11.04	商务部公告2015年第56号
26	商务部批准《快餐企业经营规范》等23项国内贸易行业标准的公告 2015.11.09	商务部公告2015年第58号
27	关于加工贸易限制类商品目录的公告 2015.11.25	商务部、海关总署公告2015年第63号
28	公布2016年羊毛、毛条进口国别关税配额管理实施细则 2015.12.14	商务部、海关总署公告2015年第71号
29	2016年自动进口许可管理货物目录 2015.12.10	商务部、海关总署公告2015年第74号
30	2016年进口许可证管理货物目录 2015.12.29	商务部、海关总署、质检总局公告2015年第75号
31	2016年出口许可证管理货物目录 2015.12.29	商务部、海关总署公告2015年第76号
32	两用物项和技术进出口许可证管理目录 2015.12.31	商务部、海关总署公告2015年第77号
33	2016年进口许可证管理货物分级发证目录 2015.12.31	商务部公告2015年第78号
34	2016年出口许可证管理货物分级发证目录 2015.12.31	商务部公告2015年第79号

（供稿人：梅　焱）

2015年其他有关部门规章目录

序　号	名　　　称	文　　号
1	禁止非法生产销售使用窃听窃照专用器材和“伪基站”设备的规定 2015.01.06	国家工商行政管理总局、中华人民共和国公安部、国家质量监督检验检疫总局令第72号
2	关于禁止滥用知识产权排除、限制竞争行为的规定 2015.04.07	国家工商行政管理总局令第74号
3	关于废止《外商投资广告企业管理规定》的决定 2015.06.29	国家工商行政管理总局令第75号
4	企业经营范围登记管理规定 2015.08.27	国家工商行政管理总局令第76号
5	网络商品和服务集中促销活动管理暂行规定 2015.09.02	国家工商行政管理总局令第77号
6	工商行政管理机关执法监督规定 2015.09.15	国家工商行政管理总局令第78号
7	关于废止《流通环节食品安全监督管理办法》和《食品流通许可证管理办法》的决定 2015.11.10	国家工商行政管理总局令第79号
8	严重违法失信企业名单管理暂行办法 2015.12.30	国家工商行政管理总局令第83号
9	外商独资船务公司审批管理办法 2015.07.05	交通运输部令2015年第16号
10	中国银监会非银行金融机构行政许可事项实施办法 2015.06.05	中国银监会令2015年第6号
11	中国银监会信托公司行政许可事项实施办法 2015.06.05	中国银监会令2015年第5号
12	中国银监会外资银行行政许可事项实施办法 2015.06.05	中国银监会令2015年第4号
13	中国银监会农村中小金融机构行政许可事项实施办法 2015.06.05	中国银监会令2015年第3号
14	中国银监会中资商业银行行政许可事项实施办法 2015.06.05	中国银监会令2015年第2号
15	财政部关于废止部分规章和规范性文件的决定 2015.02.02	财政部令第77号
16	水电站大坝运行安全监督管理规定 2015.04.01	国家发展和改革委员会令第23号
17	国家物资储备管理规定 2015.04.03	国家发展和改革委员会、财政部令第24号

（续）

序　号	名　　　称	文　　号
18	基础设施和公用事业特许经营管理办法 2015.04.25	国家发展和改革委员会、财政部、住房和城乡建设部、交通运输部、水利部、中国人民银行令第 25 号
19	新建纯电动乘用车企业管理规定 2015.06.02	国家发展和改革委员会、工业和信息化部令第 27 号
20	电力建设工程施工安全监督管理办法 2015.08.18	国家发展和改革委员会令第 28 号
21	国家质量监督检验检疫总局 国家发展和改革委员会 商务部 海关总署关于废止《缺陷汽车产品召回管理规定》的决定 2015.11.27	国家质量监督检验检疫总局、国家发展和改革委员会、商务部、海关总署令 175 号
22	公共机构能源审计管理暂行办法 2015.12.31	国家发展和改革委员会、国家机关事务管理局令第 32 号
23	股票期权交易试点管理办法 2015.01.09	中国证券监督管理委员会令第 112 号
24	公司债券发行与交易管理办法 2015.01.15	中国证券监督管理委员会令第 113 号
25	行政和解金管理暂行办法 2015.02.28	中国证券监督管理委员会、财政部公告〔2015〕4 号
26	证券市场禁入规定 2015.05.18	中国证券监督管理委员会令第 115 号
27	证券公司融资融券业务管理办法 2015.07.01	中国证券监督管理委员会令第 117 号
28	中国证券监督管理委员会行政处罚听证规则 2015.11.02	中国证券监督管理委员会令第 119 号
29	货币市场基金监督管理办法 2015.12.17	中国证券监督管理委员会令第 120 号
30	首次公开发行股票并上市管理办法 2015.12.30	中国证券监督管理委员会令第 122 号
31	证券发行与承销管理办法 2015.12.30	中国证券监督管理委员会令第 121 号
32	首次公开发行股票并在创业板上市管理办法 2015.12.30	中国证券监督管理委员会令第 123 号

（供稿人：梅　焱）

2015 年国务院、商务部等有关部委和北京市相关文件目录（部分）

序　号	名　　　称	文　　号
1	国务院办公厅关于印发 2015 年食品安全重点工作安排的通知 2015.03.02	国办发〔2015〕10 号
2	国务院关于规范国务院部门行政审批行为改进行政审批有关工作的通知 2015.01.19	国发〔2015〕6 号
3	国务院关于加快发展服务贸易的若干意见 2015.01.28	国发〔2015〕8 号
4	国务院关于加快培育外贸竞争新优势的若干意见 2015.02.12	国发〔2015〕9 号
5	国务院关于取消和调整一批行政审批项目等事项的决定 2015.02.24	国发〔2015〕11 号
6	国务院关于改进口岸工作支持外贸发展的若干意见 2015.04.01	国发〔2015〕16 号
7	国务院关于印发水污染防治行动计划的通知 2015.04.02	国发〔2015〕17 号
8	国务院关于大力发展电子商务加快培育经济新动力的意见 2015.05.04	国发〔2015〕24 号
9	国务院关于北京市服务业扩大开放综合试点总体方案的批复 2015.05.05	国函〔2015〕81 号
10	国务院关于取消非行政许可审批事项的决定 2015.05.10	国发〔2015〕27 号
11	国务院关于推进国际产能和装备制造合作的指导意见 2015.05.13	国发〔2015〕30 号
12	国务院关于取消一批职业资格许可和认定事项的决定 2015.07.20	国发〔2015〕41 号
13	国务院关于促进融资担保行业加快发展的意见 2015.08.07	国发〔2015〕43 号
14	国务院关于改革药品医疗器械审评审批制度的意见 2015.08.09	国发〔2015〕44 号
15	国务院关于推进国内贸易流通现代化建设法治化营商环境的意见 2015.08.26	国发〔2015〕49 号
16	国务院关于国有企业发展混合所有制经济的意见 2015.09.23	国发〔2015〕54 号
17	国务院关于改革和完善国有资产管理体制的若干意见 2015.10.25	国发〔2015〕63 号
18	国务院关于加快实施自由贸易区战略的若干意见 2015.12.06	国发〔2015〕69 号
19	国务院关于口岸进境免税店政策和增设方案的批复 2015.12.19	国函〔2015〕221 号

（续）

序　号	名　　称	文　　号
20	国务院办公厅关于印发自由贸易试验区外商投资准入特别管理措施（负面清单）的通知 2015.04.08	国办发〔2015〕23 号
21	国务院办公厅关于印发自由贸易试验区外商投资国家安全审查试行办法的通知 2015.04.08	国办发〔2015〕24 号
22	商务部办公厅关于明确外商投资殡葬服务设施审批权限的通知 2015.04.07	商办资函〔2015〕123 号
23	国务院办公厅关于印发 2015 年全国打击侵犯知识产权和制售假冒伪劣商品工作要点的通知 2015.03.25	国办发〔2015〕17 号
24	国务院办公厅关于加强安全生产监管执法的通知 2015.04.02	国办发〔2015〕20 号
25	国务院办公厅关于清理规范国务院部门行政审批中介服务的通知 2015.04.27	国办发〔2015〕31 号
26	国务院办公厅关于印发国家城市轨道交通运营突发事件应急预案的通知 2015.04.30	国办发〔2015〕32 号
27	国务院办公厅印发关于促进社会办医加快发展若干政策措施的通知 2015.06.11	国办发〔2015〕45 号
28	国务院办公厅关于促进跨境电子商务健康快速发展的指导意见 2015.06.16	国办发〔2015〕46 号
29	国务院办公厅关于加快推进“三证合一”登记制度改革的意见 2015.06.23	国办发〔2015〕50 号
30	国务院办公厅关于运用大数据加强对市场主体服务和监管的若干意见 2015.06.24	国办发〔2015〕51 号
31	国务院办公厅关于促进进出口稳定增长的若干意见 2015.07.22	国办发〔2015〕55 号
32	国务院办公厅关于推广随机抽查规范事中事后监管的通知 2015.07.29	国办发〔2015〕58 号
33	国务院办公厅关于进一步促进旅游投资和消费的若干意见 2015.08.04	国办发〔2015〕62 号
34	国务院办公厅关于印发整合建立统一的公共资源交易平台工作方案的通知 2015.08.10	国办发〔2015〕63 号
35	国务院办公厅关于加快融资租赁业发展的指导意见 2015.08.31	国办发〔2015〕68 号
36	国务院办公厅关于促进金融租赁行业健康发展的指导意见 2015.09.01	国办发〔2015〕69 号
37	国务院办公厅关于推进线上线下互动加快商贸流通创新发展转型升级的意见 2015.09.18	国办发〔2015〕72 号

（续）

序　号	名　　称	文　　号
38	国务院办公厅关于加强互联网领域侵权假冒行为治理的意见 2015.10.26	国办发〔2015〕77号
39	国务院办公厅关于促进农村电子商务加快发展的指导意见 2015.10.31	国办发〔2015〕78号
40	国务院办公厅关于加强金融消费者权益保护工作的指导意见 2015.11.04	国办发〔2015〕81号
41	商务部关于做好取消鼓励类外商投资企业项目确认审批后续工作的通知 2015.04.13	商资函〔2015〕160号
42	商务部、外汇局关于进一步改进外商投资房地产备案工作的通知 2015.11.06	商资函〔2015〕895号
43	商务部办公厅关于印发《2015年电子商务工作要点》的通知 2015.04.03	商办电函〔2015〕116号
44	工商总局关于完善消费环节经营者首问和赔偿先付制度切实保护消费者合法权益的意见 2015.03.10	工商消字〔2015〕36号
45	工商总局关于深入推进依法行政的意见 2015.02.15	工商法字〔2015〕24号
46	工商总局办公厅关于依法整治利用网络交易平台擅自销售彩票行为的通知 2015.05.08	工商办字〔2015〕66号
47	工商总局关于扩大开放台湾居民在大陆申办个体工商户登记管理工作的意见 2015.12.28	工商个字〔2015〕224号
48	交通运输部关于做好外商投资企业经营国内水路运输审批下放有关工作的通知 2015.05.29	交水发〔2015〕86号
49	财政部、商务部关于废止外贸公共服务平台建设资金管理等有关文件的通知 2015.08.13	财行〔2015〕370号
50	汽车维修技术信息公开实施管理办法 2015.09.14	交运发〔2015〕146号
51	财政部、国家税务总局关于继续提高成品油消费税的通知 2015.01.12	财税〔2015〕11号
52	财政部、国家税务总局关于对电池、涂料征收进口环节消费税的通知 2015.01.29	财关税〔2015〕4号
53	财政部关于印发《地方政府一般债券发行管理暂行办法》的通知 2015.03.12	财库〔2015〕64号
54	国家发展和改革委员会、财政部、水利部关于鼓励和引导社会资本参与重大水利工程建设运营的实施意见 2015.03.17	发改农经〔2015〕488号
55	财政部关于公布取消5项行政审批项目的通知 2015.03.19	财法〔2015〕1号

（续）

序　号	名　　称	文　号
56	财政部、环境保护部关于推进水污染防治领域政府和社会资本合作的实施意见 2015.04.09	财建〔2015〕90号
57	财政部、国家税务总局关于实施稀土、钨、钼资源税从价计征改革的通知 2015.04.30	财税〔2015〕52号
58	财政部、国家税务总局关于调整卷烟消费税的通知 2015.05.07	财税〔2015〕60号
59	财政部、国家税务总局、工业和信息化部关于节约能源使用新能源车船车船税优惠政策的通知 2015.05.07	财税〔2015〕51号
60	财政部关于印发《节能减排补助资金管理暂行办法》的通知 2015.05.12	财建〔2015〕161号
61	财政部关于印发《会计师事务所从事中国内地企业境外上市审计业务暂行规定》的通知 2015.05.26	财会〔2015〕9号
62	财政部、国家税务总局关于高新技术企业职工教育经费税前扣除政策的通知 2015.06.09	财税〔2015〕63号
63	财政部、国家税务总局关于新型墙体材料增值税政策的通知 2015.06.12	财税〔2015〕73号
64	财政部、商务部关于2015年度外经贸发展专项资金申报工作的通知 2015.06.19	财行〔2015〕216号
65	商务部、发展改革委、财政部、银监会关于给予国家鼓励的进口商品信贷支持的补充通知 2015.08.31	商贸函〔2015〕600号
66	财政部、国家发展改革委、工业和信息化部、海关总署、国家税务总局、国家能源局关于调整重大技术装备进口税收政策有关目录及规定的通知 2015.12.01	财关税〔2015〕51号
67	国家发展改革委关于加强药品市场价格行为监管的通知 2015.05.04	发改价监〔2015〕930号
68	国家发展改革委关于印发委托投资咨询评估管理办法（2015年修订）的通知 2015.07.31	发改投资〔2015〕1761号
69	财政部、国家发展改革委关于取消有关水运涉企行政事业性收费项目的通知 2015.08.17	财税〔2015〕92号
70	国家发展改革委、财政部、工业和信息化部、交通运输部、商务部、海关总署、质检总局关于进一步清理和规范进出口环节收费的通知 2015.08.28	发改价格〔2015〕1963号
71	商务部、发展改革委、财政部、银监会关于给予国家鼓励的进口商品信贷支持的补充通知 2015.08.31	商贸函〔2015〕600号

（续）

序　号	名　　　称	文　　号
72	国家发展改革委关于推进企业发行外债备案登记制管理改革的通知 2015.09.14	发改外资〔2015〕2044 号
73	工业和信息化部、发展改革委、科技部关于加快石墨烯产业创新发展的若干意见 2015.11.20	工信部联原〔2015〕435 号
74	国家发展改革委关于降低燃煤发电上网电价和一般工商业用电价格的通知 2015.12.27	发改价格〔2015〕3105 号
75	中国证券监督管理委员会关于保本基金的指导意见 2015.07.31	中国证券监督管理委员会公告〔2015〕20 号
76	证券投资基金管理公司子公司管理暂行规定 2015.07.31	中国证券监督管理委员会公告〔2015〕20 号
77	北京市人民政府关于进一步优化企业兼并重组市场环境的实施意见 2015.03.10	京政发〔2015〕10 号
78	北京市人民政府关于印发《北京市对外协议管理工作暂行办法》的通知 2015.03.18	京政发〔2015〕13 号
79	北京市人民政府办公厅关于印发《北京市市场主体住所（经营场所）登记管理若干规定》的通知 2015.04.21	京政办发〔2015〕22 号
80	北京市人民政府关于加快发展现代保险服务业的实施意见 2015.08.19	京政发〔2015〕44 号
81	北京市人民政府关于调整《北京市碳排放权交易管理办法（试行）》重点排放单位范围的通知 2015.12.16	京政发〔2015〕65 号
82	北京市人民政府关于印发《北京市水污染防治工作方案》的通知 2015.12.22	京政发〔2015〕66 号

（供稿人：梅　焱）

2015年北京市部分地方性法规、规章目录

序号	名称	文号
1	北京市居家养老服务条例 2015.01.29	北京市人民代表大会公告第4号
2	北京市水土保持条例 2015.05.29	北京市人民代表大会常务委员会公告第12号
3	北京市建设工程质量条例 2015.09.25	北京市人民代表大会常务委员会公告〔14届〕第14号
4	北京市国家工作人员宪法宣誓组织办法 2015.11.27	北京市人民代表大会常务委员会公告〔14届〕第18号
5	北京市实施《中华人民共和国工会法》办法 2015.11.27	北京市人民代表大会常务委员会公告〔14届〕第16号
6	北京市统计条例 2015.11.27	北京市人民代表大会常务委员会公告〔14届〕第17号
7	北京市行政调解办法 2015.06.01	北京市人民政府令第264号
8	北京市人民政府关于废止《北京市事业单位登记管理办法》和《北京市城市自来水厂地下水源保护管理办法》的决定 2015.06.15	北京市人民政府令第265号

（供稿人：梅　焱）

2015年北京市商务委部分规范性文件目录

序 号	名 称	文 号
1	北京市商务委员会关于印发《商业零售和餐饮二级安全生产标准化企业建设工作方案》的通知	京商务安字〔2015〕25号
2	北京市商务委员会 北京市交通委员会 北京市公安局公安交通管理局关于征集2015年北京市电动物流车运营试点企业的通知	京商务物流字〔2015〕7号
3	北京市商务委员会 北京市财政局关于支持北京地区跨境电子商务发展的通知	京商务外运字〔2015〕26号
4	北京市商务委员会关于做好境外旅客购物离境退税商店有关工作的通知	京商务消促字〔2015〕7号
5	北京市商务委员会关于印发《北京市商务委员会关于贯彻落实"先照后证"制度改革加强事中事后监管的工作方案》的通知	京商务法贸字〔2015〕13号
6	北京市商务委员会 北京市财政局关于征集商业流通发展领域储备项目的通知	京商务财务字〔2015〕14号
7	北京市商务委员会 北京市财政局 北京市质量技术监督局关于做好北京市物流标准化试点工作有关事项的通知	京商务物流字〔2015〕6号
8	北京市商务委员会关于印发《2015年促进消费增长若干政策措施》的通知	京商务消促字〔2015〕6号
9	北京市商务委员会关于征集2015年中央内贸发展专项资金项目的通知	京商务财务字〔2015〕12号
10	北京市商务委员会关于做好本市拍卖企业审批有关工作的通知	京商务交字〔2015〕67号
11	北京市商务委员会关于全面下放我市服务外包及软件出口合同登记管理的通知	京商务服贸字〔2015〕5号
12	北京市商务委员会关于规范酒类流通随附单管理工作的通知	京商务消促字〔2015〕3号
13	北京市商务委员会关于开展物流标准化2015年试点项目申报工作的通知	京商务物流字〔2015〕1号

（供稿人：卓 娜、刘澜晶）

关于印发《商业零售和餐饮二级安全生产标准化企业建设工作方案》的通知

京商务安字〔2015〕25号

各区（县）商务委，北京助邦商务中心，各有关单位：

为贯彻落实《国务院安委会关于深入开展企业安全生产标准化建设的指导意见》（安委〔2011〕4号）、《北京市人民政府关于进一步加强企业安全生产工作的通知》（京政发〔2010〕40号）和《北京市关于进一步推进企业安全生产标准化建设工作的意见》（京政办发〔2013〕10号）等文件要求，在全市范围内开展商业零售和餐饮二级安全生产标准化企业建设工作，在2014年二级达标评审试点工作的基础上，北京市商务委员会制定了《北京市商业零售和餐饮安全生产标准化企业建设工作方案》，现印发给你们，请认真组织落实。

联系人：安全监管处 杨明晓

联系电话：87211712

北京市商业零售和餐饮二级安全生产标准化企业建设工作方案

为贯彻落实《国务院安委会关于深入开展企业安全生产标准化建设的指导意见》（安委〔2011〕4号）、《北京市人民政府关于进一步加强企业安全生产工作的通知》（京政发〔2010〕40号）和《北京市关于进一步推进企业安全生产标准化建设工作的意见》（京政办发〔2013〕10号）等文件要求，推进本市商业零售和餐饮二级安全生产标准化企业建设工作，制定本方案。

一、指导思想和目标

根据市安委会的总体部署，积极组织商业零售和餐饮企业对照评审标准进行自评和整改，评审（中介）单位进行现场评审和指导，评审组织单位进行复核和发牌，促使企业加强安全基础管理，规范生产经营行为，全面消除事故隐患，提升企业本质安全生产水平。

二、组织管理

为做好商业零售和餐饮二级安全生产标准化企业建设工作，成立北京市商务委员会安全生产标准化工作办公室（以下简称安全生产标准化工作办公室），办公室设在安全监管处，由处长宋军任办公室主任。成员单位包括各区（县）商务委。

委托北京助邦商务中心作为北京市商业零售和餐饮企业安全生产标准化二级达标评审组织单位。

三、工作分工

（一）安全生产标准化工作办公室。统筹组织全市商业零售和餐饮二级安全生产标准化企业建设工作，制定总体工作方案，建立完善评审工作机制和相关制度；对评审组织单位、评审单位工作情况进行抽查。

（二）评审组织单位。北京助邦商务中心作为北京市商业零售和餐饮企业安全生产标准化二级达标评审组织单位，协助安监处做好二级安全生产标准化企业建设工作，进行评审材料复核和现场抽查，对达标单位颁发牌匾和证书，统计上报达标单位情况等。

（三）评审单位。安全生产中介机构和集团公司作为评审单位，指导企业对照评审标准，健全安全管理制度文件，完善各种工作记录和管理档案，规范重点部位、经营作业场所、设施设备管理以及人的经营行为；严格依照评审标准和程序客观公正地开展对二级安全生产标准化企业建设情况的评审工作。

四、工作流程

商业零售和餐饮二级安全生产标准化建设主要工作内容包括：制定方案、明确评审标准、确定评审组织单位和评审单位、企业自评、评审单位评审、评审组织单位审核抽查、发牌公布、公告备案、企业持续改进等。

（一）制定工作方案

安监处制定商业零售和餐饮企业二级安全生产标准化建设工作总体方案，确定标准化建设目标及阶段工作任务。

（二）明确评审标准

使用市安委会编发的《北京市人员密集场所二级安全生产标准化评定标准》，作为商业零售和餐饮二级标准化企业评定标准。

（三）确定评审组织单位

委托北京助邦商务中心承担评审组织工作，在北京市商务委员会网站给予公布。

（四）确定评审单位

从事安全生产评价、安全生产咨询服务等的中介机构或者企业集团公司可提出申请并提交本单位基本情况介绍，由安全生产标准化工作办公室和评审组织单位认定后，在相关网站上给予公布。企业自主选择评审单位，为本企业进行评审。

（五）开展宣传培训

安全生产标准化工作办公室负责本行业领域企业主要负责人、安全管理人员等的培训工作。

（六）企业进行自评整改

企业对照标准开展全员培训，对标自查，进行隐患整改，健全制度文件，完善基础档案，规范经营场所管理，直至自评合格，形成自评报告。

（七）组织现场评审

企业向评审组织单位提出评审申请并提交自评报告，委托评审单位进行评审。评审单位进行现场评审，指出存在的问题并提出整改意见。企业完成整改后向评审单位或专家提出复评申请，经复审合格后，由评审单位向评审组织单位提交评审合格报告。

（八）审核抽查和审核公告

评审组织单位对评审报告进行审查，对被评审单位进行现场抽查，对审核合格的企业报安全生产标准化工作办公室，由安全生产标准化工作办公室予以公告；对审核不合格的，书面通知评审单位并说明理由，同时将情况记录在案。

（九）颁发证书、牌匾

经公告的企业，由评审组织单位颁发安全生产标准化牌匾和证书，在安全生产标准化工作办公室备案，并在北京商务委员会网站上给予公布。

（十）持续改进

被评为二级安全生产标准化的企业要始终保持安全生产达标状态，同时还应根据新出台的有关安全生产法规标准，不断进行更新、改进和提高，确保符合安全生产各项规定要求。

关于征集2015年北京市电动物流车运营试点企业的通知

京商务物流字〔2015〕7号

各有关企业：

根据《北京市2013－2017清洁空气行动计划》工作要求，推进电动物流车的推广使用。现公开征集2015年北京电动物流车运营试点企业，具体事项通知如下。

一、工作思路

按照“政府引导、企业主导、试点先行、规范管理”的原则，立足商贸物流领域，以保障首都城市运行和市民生活为目标，以减少物流领域汽车尾气排放、强化电动汽车城市配送体系管理为工作重点，稳步推动电动汽车在物流领域的使用。重点支持“规模化购买、一体化管理”的运营模式。

二、运营试点企业条件

1. 在北京登记注册的经营性企业；

2. 企业具备北京市道路运输经营许可资格，且参与此次试点项目的电动车取得道路运输证；

3. 为北京市城市货运保障“绿色车队”企业；

4. 自有电动物流车辆原则上不低于50辆（含），且为北京市电动物流车备案车型（车型查询请登录北京新能源产业协会网站，相关链接：http://www.abnea.org.cn/News/article/aid/4/bid/0/art_id/893.html），新购车辆必须在2015年11月30日前取得牌照和道路运输资格，具备运行条件；

5. 车辆须从事保障城市正常运行和生活必需品物资供应运输服务，具备向社会提供安全、规范、高质量的城市配送货运服务能力；

6. 具备车辆运行和物流信息实时监控、管理能力；

7. 在商贸或物流领域具备一定客户资源，具备整合上游生产企业和下游货运企业的能力，能体现对燃油货运车、电动三轮车的替代效应；

8. 能配合有关部门开展相关电动物流车运行的调研和数据查询工作。

三、申报材料

（一）项目实施方案。包括：

1. 现有生活必需品货运能力相关材料及情况说明；

2. 现有车辆情况说明；

3. 电动物流车拟购买情况、运营模式、替代燃油货运车及电动三轮车实施方案；

4. 对电动物流车实时监控、管理的说明（实施监控的手段等）；

5. 其他优势和情况说明。

（二）北京市电动物流车运营试点企业申报表（附件1）；

（三）申请北京市电动物流车运营试点企业承诺书（附件2）；

（四）企业法人证明文件复印件（营业

执照、组织机构代码证书、法定代表人身份证明等）；

（五）企业道路运输经营许可证原件及复印件；

（六）其他与项目相关的证明材料。

（注：所有材料及复印件均需加盖公章）

四、申报时间及方式

申报日期截止到8月31日。符合申报条件的企业请于2015年8月31日（星期一）17：00前，将纸质申报材料（一式两份，按顺序装订成册）报送北京市商务委员会物流发展处（北京市丰台区横道沟西街2号院6号楼411房间），逾期不予受理。同时，请申报企业另将：1. 项目实施方案；2. 北京电动物流车运营试点企业申报表的电子版发送到yubo@bjcoc.gov.cn。

五、工作要求

（一）申报企业要确保申报材料内容真实、准确、完整，实施方案按时保质完成，并做出书面承诺。确定为运营试点的企业，在车辆购买后，须提交电动物流车购买合同和车辆道路运输证原件及复印件。

（二）各主管部门将加强试点企业的后续指导和执行情况监管，定期对项目进行监督评估，确保项目实施效果。对纳入电动物流车运营试点的企业，将享受《关于购买纯电动专用车有关财政政策的通知》确定的补贴，并优先适度解决车辆通行权限问题。

（三）加强对试点企业实施动态管理。建立季度数据上报制度，试点企业需在2016年1月10日前报送2015年电动物流车运行数据，并之后每季度向北京市商务委员会报送运营材料和数据（附件3）。建立退出机制，每年对试点企业进行评估，对不再符合试点条件以及在运输服务、交通安全、应急保障等方面存在问题和违反承诺事项的企业，将取消其试点资格。

联系方式：

市商务委物流发展处

余　博　87211778

市交通委科技处

梁　超　57078913

市经信委咨询电话　57587662

北京市商务委员会

北京市交通委员会

北京市公安局公安交通管理局

2015年8月5日

附件1：北京电动物流车运营试点企业申报表

附件2：北京电动物流车运营试点企业承诺书

附件3：北京电动物流车运营试点企业运输情况季报表

附件 1：

北京市电动物流车运营试点企业申报表

（单位公章）

<table>
<tr><td>企业名称</td><td colspan="4"></td></tr>
<tr><td>企业地址</td><td colspan="4"></td></tr>
<tr><td>所属区县</td><td colspan="2"></td><td>是否绿色车队</td><td></td></tr>
<tr><td>经营范围</td><td colspan="2"></td><td>道路运输
经营许可证号</td><td></td></tr>
<tr><td>法人代表</td><td colspan="2"></td><td>企业负责人
联系电话</td><td></td></tr>
<tr><td>注册资金</td><td>________万元</td><td>工商执照号</td><td colspan="2"></td></tr>
<tr><td>联系人</td><td></td><td>联系电话</td><td colspan="2"></td></tr>
<tr><td>2014 年运输生活
必需品种类及吨数</td><td colspan="4"></td></tr>
<tr><td rowspan="4">现有燃油及电动
三轮车车辆数量</td><td colspan="4">燃油物流车合计______辆______吨，电动三轮车合计______辆______吨</td></tr>
<tr><td colspan="4">其中：厢式货车________辆累计________吨</td></tr>
<tr><td colspan="4">封闭货车________辆累计________吨</td></tr>
<tr><td colspan="4">电动三轮车________辆________吨</td></tr>
</table>

（续）

<table>
<tr><td rowspan="3">现有电动
物流车数量</td><td>电动物流车合计________ 辆累计________ 吨</td></tr>
<tr><td>其中：厢式货车________辆累计________ 吨</td></tr>
<tr><td>封闭货车________辆累计________ 吨</td></tr>
<tr><td rowspan="2">现有电动货运车
替代燃油车及
电动三轮车情况</td><td>其中：替代燃油车合计________ 辆累计__________吨</td></tr>
<tr><td>替代电动三轮车合计________辆累计________ 吨</td></tr>
<tr><td rowspan="3">拟购买电动物流车数量</td><td>拟购买电动物流车合计________ 辆累计________ 吨</td></tr>
<tr><td>其中：厢式货车_____ 辆累计________ 吨</td></tr>
<tr><td>封闭货车________辆累计__________ 吨</td></tr>
<tr><td rowspan="2">拟购买电动货运车
替代燃油车及电动
三轮车情况</td><td>其中：替代燃油车__________ 辆累计__________吨</td></tr>
<tr><td>替代电动三轮车合计________辆累计________吨</td></tr>
<tr><td>现有服务企业名单</td><td></td></tr>
</table>

（可续页）

现有电动车辆明细						
序号	车牌号	道路运输证号	核定载质量（吨）	车体结构	机动车登记日期	生产企业及车型
1						
2						
3						
4						
5						
6						
7						
8						
9						
10						
11						
12						
13						
14						
15						
16						
17						
18						
19						
20						

（可续页）

拟购买电动物流车明细						
序号	车型	生产企业	核定载质量（吨）	车体结构	拟购买时间	拟运输货物种类
1						
2						
3						
4						
5						
6						
7						
8						
9						
10						
11						
12						
13						
14						
15						
16						
17						
18						
19						
20						

电动物流车拟替代燃油车辆明细 （此表填写拟被替代的燃油车明细）						
序号	车牌号	道路运输证号	核定载质量（吨）	车体结构	生产企业及车型	运输货物种类
1						
2						
3						
4						
5						
6						
7						
8						
9						
10						
11						
12						
13						
14						
15						
16						
17						
18						
19						
20						

填表说明：1. 申请单位在右上角“（单位公章）”处加盖单位公章；

2. “经营范围”填写企业道路运输经营许可证上核定的经营范围；

3. 车体结构包括：厢式、封闭等；

4. 机动车登记日期按车辆行驶证上核定登记日期填写。

附件2：

申请北京市电动物流车运营试点企业
承　诺　书

我单位申请北京市电动物流车运营试点企业，并承诺以下事项：

一、我单位符合北京市电动物流车运营试点企业资格。

二、我单位填报的《北京市电动物流车运营试点企业申报表》和相关实施方案的情况属实。

三、我单位将按申报填写时间完成电动物流车的采购，并按项目实施方案开展运营。

四、我单位将向社会提供安全、规范、高质量的城市配送货运服务；遵守国家、市政府的法律、法规和政策规定，保证车况良好，外观清洁，形象统一。

五、我单位将配合有关部门开展相关电动车调研和数据查询工作，按时、如实按北京市商务委员会要求报送运营材料和数据。

六、运营过程中，如我单位违反相关法律法规、不再符合电动物流车运营试点条件、违反承诺事项的，我单位将退出试点企业资格、放弃获得的相应权限。对于出现过户、转籍的车辆，退出相应权限。

承诺单位负责人（签字）：

承诺单位（公章）：

年　　月　　日

附件 3.1：

北京市电动物流车运营试点企业运输情况季报表

20____年第____季度

企业名称：(单位公章)

序号	所属电动物流车辆情况		运次(辆次)		运量(吨)		本季用电量	主要承运货物	主要运输路线	主要运输范围	
	车牌号(本季新增车辆需注明)	吨位(吨)	本期	累计	本期	累计				五环路内所占比例(%)	五环路外所占比例(%)
合　计										————	————

负责人：　　　　填表人：　　　　联系电话：　　　　填报日期：　　年　　月　　日

附件 3.2：

北京市电动物流车新增情况

（新增车辆填写，本季无新增可不填）

20 ____年第____季度

本期新增电动物流车　　辆：

其中：共新增箱式货运车　　辆；封闭式货运车　　　辆。

累计今年新增电动物流车　　　辆。

本期新增电动物流车明细表

序号	车牌号	道路运输证号	核定载质量（吨）	车体结构	机动车登记日期	生产企业及车型
1						
2						
3						
4						
5						
6						
7						
8						
9						
10						
11						
12						
…						

附件 3.3：

北京市电动物流车运行替代情况

（新增车辆填写，本季无新增可不填）

20____年第____季度

本期淘汰燃油货运车和电动三轮车　　辆：						
其中：共淘汰箱式货运车　　辆；封闭式货运车车　　　辆；电动三轮车　　辆。						
今年累计淘汰燃油货运车和电动三轮车　　辆。						
本期淘汰燃油货车明细表						
序号	车牌号	道路运输证号	核定载质量(吨)	车体结构	机动车登记日期	生产企业及车型
1						
2						
3						
4						
5						
6						
7						
8						
9						
10						
…						

备注：附件 3.1、3.2、3.3 在确定为试点企业后按季度填写。

关于支持北京地区跨境电子商务发展的通知

京商务外运字〔2015〕26号

各区县商务委，有关单位：

为发挥首都区位资源优势，引导本市跨境电子商务加快发展，推进对外贸易转方式、调结构，北京市商务委员会、北京市财政局决定对北京地区跨境电子商务发展进行支持。具体通知如下：

一、支持条件

支持对象包括：跨境电子商务企业（包括自建跨境电子商务销售平台的电子商务进出口企业、利用第三方跨境电子商务平台开展电子商务进出口的企业、为电子商务进出口企业提供交易服务的跨境电子商务第三方平台）、物流企业、第三方支付机构企业及其他相关经营单位。应具备以下条件：

（一）在北京市行政区域内依法设立、具有独立承担民事责任的各类所有制法人企业（法人经营单位）；

（二）已经实现与北京跨境电子商务公共信息平台（以下简称“公共信息平台”）对接并有实际经营业绩（以公共信息平台统计数据为准），或为跨境电商企业提供现场通关服务，或为通关申报系统与公共信息平台提供对接服务；

（三）企业在进出口业务、电子商务业务、财务、税收、外汇管理、海关监管等方面无违法、违规记录。

二、支持方向与标准

（一）支持与公共信息平台对接的信息系统建设、升级改造等项目，每个申报单位（申报主体）依据评审后的金额给予一次性资金补助。

（二）支持跨境电子商务通关辅助系统建设，包括安检机、同屏比对系统、视频监控系统、查验设备、机检系统、监管场所专用围网、防火墙系统、辅助设备和管理信息系统等，每个申报单位（申报主体）依据评审后的总投资给予不超过50%资金支持，每个项目最高不超过300万元。

（三）支持进口商品展示交易中心（直购体验店）、智能口岸仓、出口集货仓和海外仓建设，包括货架（货柜）、视频监控系统、传送系统、物流专用盒、专用推车（叉车）、辅助设备和管理信息系统等，每个申报单位（申报主体）依据评审后的总投资给予不超过50%资金支持，每个项目不超过200万元。

三、申请申报审核程序

（一）企业（经营单位）向北京市商务委员会提交项目申报资料，包括：

1. 项目申报书（含项目实施、资金使用等情况报告）；

2. 企业法人营业执照；

3. 提供在公共信息平台上的注册号（不含为跨境电商企业提供现场通关辅助服务的企业）；

4. 项目已发生费用明细表；

5.2015 年跨境电子商务发展专项资金申报项目情况汇总表；

6. 费用支出发票复印件；

7. 项目申报单位承诺书。

（二）集中申报时间：2015 年 8 月 1 日至 8 月 20 日。

（三）北京市商务委员会外贸运行处、财务处负责组织专家组对申报项目进行评审，并公示。

（四）原始发票审核。资金拨付书面申请材料审核通过的项目单位按照北京市财政局及北京市商务委员会通知要求，参加由北京市财政局聘请的会计师事务所对企业申报项目资料所对应的原始发票的审核，结果由北京市财政局和北京市商务委员会最终审定。

（五）资金拨付。通过资金拨付申请及原始发票审核的项目在“专项资金管理系统”上进行为期七天的公示。

四、帐务处理

企业（经营单位）收到支持资金后，应按国家相关规定进行财务处理。

五、监督与检查

（一）获得资金支持的企业（经营单位）应接受政府有关部门的监督和检查。任何单位和个人不得以任何形式骗取、挪用和截留支持资金。对违反规定的，按照《财政违法行为处罚处分条例》（国务院令第 427 号）予以处理。

（二）区县商务部门和开发区、天竺综保区、中关村科技园区管委会主管部门要加强对支持项目的监督管理和跟踪服务。

联系人：

市商务委外贸运行处

柏际平　87211883；

市商务委财务处

张景云　87211638；

市财政局经建一处

齐　雯　88549650

北京市商务委员会

北京市财政局

2015 年 7 月 29 日

附件 1：项目申报书

附件 2：项目申报单位承诺书

附件 3：已发生费用明细表

附件 4：2015 年跨境电子商务发展专项资金申报项目情况汇总表

附件 1：

项目申报表

项目名称：	
项目单位：	
企业注册地：	
申报日期：	

项目信息表

<table>
<tr><td>项目名称</td><td colspan="3"></td></tr>
<tr><td>项目负责人</td><td></td><td>手机电话</td><td></td></tr>
<tr><td>单位地址</td><td></td><td>邮政编码</td><td></td></tr>
<tr><td>注册资本</td><td></td><td>办公电话</td><td></td></tr>
<tr><td>上年收入</td><td></td><td>企业规模</td><td></td></tr>
<tr><td>项目申请理由
及项目主要内容</td><td colspan="3"></td></tr>
<tr><td>项目经济效益</td><td colspan="3"></td></tr>
<tr><td>项目社会效益</td><td colspan="3"></td></tr>
<tr><td rowspan="4">阶段性目标</td><td>实施阶段</td><td>目标内容</td><td>起止时间（年月）</td></tr>
<tr><td>第一阶段</td><td></td><td></td></tr>
<tr><td>第二阶段</td><td></td><td></td></tr>
<tr><td>第三阶段</td><td></td><td></td></tr>
<tr><td colspan="4">项目组织实施条件</td></tr>
</table>

项目支出预算明细表

<table>
<tr><td colspan="2">项目名称</td><td colspan="2"></td></tr>
<tr><td rowspan="28">项目支出预算及测算依据</td><td rowspan="9">项目资金来源</td><td>来源项目</td><td>申报额（万元）</td></tr>
<tr><td></td><td></td></tr>
<tr><td>项目总投资</td><td></td></tr>
<tr><td>其中：自筹资金</td><td></td></tr>
<tr><td>银行贷款</td><td></td></tr>
<tr><td></td><td></td></tr>
<tr><td></td><td></td></tr>
<tr><td></td><td></td></tr>
<tr><td></td><td></td></tr>
<tr><td rowspan="18">项目支出明细预算</td><td>支出明细项目</td><td>金额（万元）</td></tr>
<tr><td>合计</td><td></td></tr>
<tr><td></td><td></td></tr>
<tr><td></td><td></td></tr>
<tr><td></td><td></td></tr>
<tr><td></td><td></td></tr>
<tr><td></td><td></td></tr>
<tr><td></td><td></td></tr>
<tr><td></td><td></td></tr>
<tr><td></td><td></td></tr>
<tr><td></td><td></td></tr>
<tr><td></td><td></td></tr>
<tr><td></td><td></td></tr>
<tr><td></td><td></td></tr>
<tr><td></td><td></td></tr>
<tr><td></td><td></td></tr>
<tr><td></td><td></td></tr>
<tr><td></td><td></td></tr>
<tr><td>预算依据及说明</td><td colspan="2"></td></tr>
</table>

项目可行性执行报告
一、基本状况   二、必要性与可行性   三、实施条件

附件 2：

项目申报单位承诺书

北京市商务委员会：

我单位将严格按照《北京市商务委员会关于征集2015年跨境电子商务发展专项资金项目的通知》的有关规定组织实施____项目，保证向市商务委及有关部门提供的资料真实、有效，项目建设各项手续齐全、合规，项目建设资金落实到位，项目按计划实施，确保项目建设效果。

我单位承诺保证不出现任何项目建设违法违规行为，如出现上述问题我单位将承担一切责任。

项目单位法人代表（签字）：________　　　　　　单位公章

年　月　日

附件3：

项目已发生费用明细表

填报单位：（公章）

序号	记账时间	会计凭证号	费用名称	金额（元）
1				
2				
3				
4				
5				
6				
7				
8				
9				
10				
11				
12				
13				
14				
15				
16				
17				
18				
19				
20				
	合计			

注：项目已发生费用明细按时间先后顺序填写

附件 4：

2015 年跨境电子商务发展专项资金申报项目情况汇总表

填报单位：（盖章）　　　　单位：万元

序号	项目单位	项目名称	计划投资			企业性质	企业注册资金	项目已投资	项目进度		项目负责人	办公电话	手机
			总额	自筹资金	银行贷款				开工时间	完工时间			
总　计													

填报人：　　　　审核人：

关于做好境外旅客购物离境退税商店有关工作的通知

京商务消促字〔2015〕7号

各有关单位：

为使境外旅客在京购物离境尽早享受退税优惠，拉动外来消费，我市拟于近期实施境外旅客购物离境退税政策。现将申请退税商店有关事项通知如下：

一、符合下列条件的本市商业企业，经北京市国家税务局备案后即可成为退税商店。

1. 具有增值税一般纳税人资格；

2. 纳税信用等级在B级以上；

3. 同意安装、使用离境退税管理系统，并保证系统应当具备的运行条件，能够及时、准确地向主管国税机关报送相关信息；

4. 已经安装并使用增值税发票系统升级版；

5. 同意单独设置退税物品销售明细账，并准确核算。

二、自本通知发布之日起，符合条件且有意向的企业，可到北京市国家税务局第三直属税务分局办税服务厅（地址：北京市西城区四平园7号楼）申请办理备案手续。办理备案手续须填写《境外旅客购物离境退税商店备案表》（下载网址：http://www.bjsat.gov.cn/bjsat/bsfw/tzgg/201506/t20150610_228654.html）。

有关离境退税政策的详细内容可参见《国家税务总局关于发布〈境外旅客购物离境退税管理办法（试行）〉的公告》。

特此通知。

联系人：消费促进处　彭　峰；

联系电话：87211923

北京市商务委员会

2015年6月15日

相关附件：

国家税务总局关于发布《境外旅客购物离境退税管理办法（试行）》的公告

附件1：境外旅客购物离境退税商店备案表

附件2：退税商店标识规范

附件3：境外旅客购物离境退税申请单

附件4：离境退税机构标识规范

附件5：境外旅客购物离境退税收款回执单

附件6：境外旅客购物离境退税结算申报表

国家税务总局关于发布《境外旅客购物离境退税管理办法（试行）》的公告

国家税务总局公告2015年第41号

为落实国务院关于实施境外旅客购物离境退税政策的决定，经商财政部、海关总署同意，国家税务总局制定了《境外旅客购物离境退税管理办法（试行）》，现予发布。请各省级人民政府依财政部、海关总署、国家税务总局有关规定，开展相关准备工作，制定实施方案，报财政部、海关总署和国家税务总局备案。

国家税务总局商海关总署确定的跨部门、跨地区的互连互通的离境退税信息管理系统发布之前，各省级人民政府如果自行组织力量开发软件或利用其他省开发的软件，能满足离境退税管理需要的，可先行试点使用，待离境退税信息管理系统发布后，再进行切换。

海南省实施本办法之日起，《国家税务总局关于发布〈境外旅客购物离境退税海南试点管理办法〉的公告》（国家税务总局公告2010年第28号）废止。

特此公告。

附件：1. 境外旅客购物离境退税商店备案表
2. 退税商店标识规范
3. 境外旅客购物离境退税申请单
4. 离境退税机构标识规范
5. 境外旅客购物离境退税收款回执单
6. 境外旅客购物离境退税结算申报表

国家税务总局

2015年6月2日

附件 1：

境外旅客购物离境退税商店备案表

备案时间：　　年　月　日

<table>
<tr><td>企业名称</td><td></td><td>纳税人识别号</td><td></td></tr>
<tr><td>经营地址</td><td></td><td>登记注册类型</td><td></td></tr>
<tr><td>纳税信用等级</td><td colspan="3"></td></tr>
<tr><td colspan="4">我公司具备《境外旅客购物离境退税管理办法（试行）》规定的退税商店条件，并承诺遵守《境外旅客购物离境退税管理办法（试行）》有关规定。

法人代表：　　　　（公司章）</td></tr>
<tr><td colspan="4">省国家税务局意见：</td></tr>
<tr><td colspan="4">初核人（主管国家税务局）：

复核人（省国家税务局主管处室）：

负责人（省国家税务局分管副局长）：

（印章）

年　月　日</td></tr>
</table>

注：本表一式 2 份。

附件2：

退税商店标识规范

退税商店标识由名称、颜色、规格等元素组成。

一、名称

退税商店标识中英文两种文字组成。文字标准如下：

（一）中文。标准字为“退税商店”，字体为方正大黑简体。

（二）英文。标准字为“TAX FREE”，字体为 TIMES NEW ROMAN.

二、颜色

（一）底色。标识底色为古蓝色：pantone 2945 c.

（二）文字色。标识名称文字色为 pantone 白色。

三、规格

标识规格标准为宽 20cm，长 30cm。

附件 3：

境外旅客购物离境退税申请单
REFUND APPLICATION FORM FOR OVERSEAS VISITORS

商店名称(章)：
Name of Retailer (Stamp)　　　　开单日期：　　年　月　日　　　　申请单编号 File NO. ____
商店代码 Code of Retailer：　　　Date of Application　Y.　M　D.

<table>
<tr><td colspan="2">姓名
Full Name of Applicant</td><td colspan="2"></td><td colspan="2">证件类型
Passport Type</td><td colspan="2"></td><td colspan="3">证件号码
Passport Number</td><td colspan="2"></td></tr>
<tr><td colspan="2">证件签发国/地区
Passport Issued by (Country/Region)</td><td colspan="2"></td><td colspan="2">入境时间
Date of Entry into China</td><td colspan="2"></td><td colspan="3">旅客签名：
Applicant's Signature</td><td colspan="2"></td></tr>
<tr><td colspan="13">商品明细　Items for Refund</td></tr>
<tr><td>序号
Number</td><td>购物发票号码
Invoice number</td><td>发票开具日期
Date of Invoice</td><td>商品名称
Name of Goods</td><td>商品类别
Category</td><td>数量
Quantity</td><td>计量单位
Unit</td><td>单价
Unit Price</td><td>金额
Amount Paid</td><td>税额
Tax</td><td>价税合计
Price including Tax</td><td>退税率
Refund Rate</td><td>申请退税额
Amount of Refund Applie</td><td>海关确认退税物品数量
Approved Quantity</td><td>备注
Remarks</td></tr>
<tr><td>1</td><td></td><td></td><td></td><td></td><td></td><td></td><td></td><td></td><td></td><td></td><td></td><td></td><td></td><td></td></tr>
<tr><td>2</td><td></td><td></td><td></td><td></td><td></td><td></td><td></td><td></td><td></td><td></td><td></td><td></td><td></td><td></td></tr>
<tr><td>3</td><td></td><td></td><td></td><td></td><td></td><td></td><td></td><td></td><td></td><td></td><td></td><td></td><td></td><td></td></tr>
<tr><td>4</td><td></td><td></td><td></td><td></td><td></td><td></td><td></td><td></td><td></td><td></td><td></td><td></td><td></td><td></td></tr>
<tr><td>5</td><td></td><td></td><td></td><td></td><td></td><td></td><td></td><td></td><td></td><td></td><td></td><td></td><td></td><td></td></tr>
<tr><td>6</td><td></td><td></td><td></td><td></td><td></td><td></td><td></td><td></td><td></td><td></td><td></td><td></td><td></td><td></td></tr>
</table>

（续）

<table>
<tr><td>7</td><td></td><td></td><td></td><td></td><td></td><td></td><td></td><td></td><td></td><td></td><td></td><td></td><td></td><td></td></tr>
<tr><td>8</td><td></td><td></td><td></td><td></td><td></td><td></td><td></td><td></td><td></td><td></td><td></td><td></td><td></td><td></td></tr>
<tr><td>9</td><td></td><td></td><td></td><td></td><td></td><td></td><td></td><td></td><td></td><td></td><td></td><td></td><td></td><td></td></tr>
<tr><td>10</td><td></td><td></td><td></td><td></td><td></td><td></td><td></td><td></td><td></td><td></td><td></td><td></td><td></td><td></td></tr>
<tr><td>合计
Total</td><td></td><td></td><td></td><td></td><td></td><td></td><td></td><td></td><td></td><td></td><td></td><td></td><td></td><td></td></tr>
<tr><td colspan="2">海关确认意见
Customs Approval</td><td colspan="13">经办人(Official)：　　签章(Stamp)：
日期　年　月　日
Date　Y.　M.　D.</td></tr>
<tr><td colspan="2">旅客退税申请
Overseas Visitors Application</td><td colspan="13">以下项目由旅客在申请退税申请时填写：
1. 退税方式(Means of Refund)：
现金(Cash)□　转账(Bank Transfer)□　开户行(Bank Name)：　银行账号(Account No.)：
2. 电话(Tel)：　旅客签名(Applicant's Signature)：
日期：　年　月　日
Date　Y.　M.　D.</td></tr>
</table>

附件 4：

离境退税机构标识规范

离境退税机构标识由名称、颜色、图案、规格等元素组成。

一、名称

离境退税机构标识中英文两种文字组成。文字标准如下：

（一）中文。退税代理机构标准字为“离境退税代理”，字体为方正大黑简体。

（二）英文。标准字为“TAX FREE”，字体为 TIMES NEW ROMAN.

二、颜色

（一）底色。标识底色为古蓝色：pantone 2945 c.

（二）文字色。标识名称文字色为 pantone 白色。

三、图案

退税代理机构图案为退税代理机构企业标识。

四、规格

标识规格标准为宽 20cm，长 40cm。

附件 5：

境外旅客购物离境退税收款回执单

Refund Receipt

编号：　　　　　　　　　　　　　　　　　　　　日期：　年　月　日
No.　　　　　　　　　　　　　　　　　　　　　　Date：　y.　m.　d.

退税代理机构： Tax refund agent	
电话： Tel.	
境外旅客（姓名）： Applicant's Name	
退税申请单号： Refund Application Form No.	
退税金额（人民币）： Amount of Refund	
退税手续费（人民币）： Percentage	
实收金额（人民币） Actual Amount Paid	
退税方式： Refund Mode 现金 Cash□　转账 Bank Transfer□	
境外旅客签字： Applicant's Signature	

注：此单一式两份，退税代理机构、境外旅客各一份。

附件 6：

境外旅客购物离境退税结算申报表

纳税人识别号： 申请日期： 年 月 日

退税代理机构名称： 金额单位：元至角分

序号	退税申请单号码	开单日期	销售发票号码	商品金额	退税率	应退税额	退税日期	实退税额	收款回执单编号
合计									

<table>
<tr><td rowspan="2">申报人声明：此表各栏填报内容是真实的、合法的，与实际情况相符。否则本企业愿意承担由此产生的相关责任。

企业填表人：

财务负责人：

企业负责人：

（公司印章）

年 月 日</td><td colspan="3">主管退税机关</td></tr>
<tr><td>受理人：

受理日期：</td><td>审核人：

审核日期：</td><td>核准人：

核准日期：</td></tr>
</table>

关于印发《北京市商务委员会关于贯彻落实“先照后证”制度改革加强事中事后监管的工作方案》的通知

京商务法贸字〔2015〕13号

各业务处室，各区（县）商务委：

按照市政府《关于做好“先照后证”改革衔接工作加强事中事后监管的实施意见》的要求，市商务委制定《北京市商务委员会关于贯彻落实“先照后证”制度改革加强事中事后监管的工作方案》，现印发给你们，请遵照执行。

（联系人：法制与公平贸易处 刘澜晶；联系电话：87211863）

附件

北京市商务委员会关于贯彻落实“先照后证”制度改革加强事中事后监管的工作方案

按照相关法律法规和国务院规定，有关许可审批事项已由前置许可改为后置许可。为贯彻落实“先照后证”制度改革，加强事中事后监管，按照市政府《关于做好“先照后证”改革衔接工作加强事中事后监管的实施意见》的要求和相关法律法规规定，结合我市商务工作实际，特制定本工作方案。

一、指导思想

根据市委、市政府关于深化商事制度改革，推动政府职能转变的总体部署，坚持解放思想、转变观念、开拓创新，按照“谁审批、谁监管，谁主管、谁监管”的原则，明确“先照后证”制度改革后续审批事项的监管职责，健全配套监管制度，加强相关部门协作，防止出现监管缺位，切实维护首都良好市场秩序。

二、监管事项及职责

北京市商务委员会是全市“石油成品油企业零售经营资质审批”、“石油成品油批发（仓储）经营资质审核”、“食盐定点生产、碘盐加工企业资质审批”等事项的许可审批部门，区（县）商务委员会是“设立旧机动车鉴定评估机构审批”的许可审批部门，北京市商务委员会和区（县）商务委员会负责有关行政审批项目的许可审批和后续监管，依法查处相关违法行为，具体负责监管以下事项，承担相应监管职责：

（一）许可审批和监管事项

1. 石油成品油企业零售经营资质审批；

2. 石油成品油批发（仓储）经营资质审核；

3. 食盐定点生产、碘盐加工企业资质审批；

4. 设立旧机动车鉴定评估机构审批。

（二）监管职责

——石油成品油企业零售经营资质审批、石油成品油批发（仓储）经营资质审核

1. 依法查处涂改、倒卖、出租、出借或者以其他形式非法转让成品油经营批准证书的行为；

2. 依法查处成品油专项用户违反规定，擅自将专项用油对系统外销售的行为；

3. 依法查处违反《成品油市场管理办法》规定的条件和程序，未经许可擅自新建、迁建和扩建加油站或油库的行为；

4. 依法查处成品油批发企业向不具有成品油经营资格的企业销售用于经营用途成品油的行为；

5. 依法查处成品油零售企业从不具有成品油批发经营资格的企业购进成品油的行为；

6. 协助商务部做好原油企业有关管理工作；

7. 法律、法规、规章规定的其他违法行为。

在监管过程中发现企业其他违法行为，但查处权限不属于我委管辖的，将及时移交有关部门处理，落实后续监管责任。

——食盐定点生产、碘盐加工企业资质审批

1. 依法查处未取得行政许可，擅自从事无证加工碘盐的违法行为，及许可有效期届满或者被依法吊销、撤销、注销后，继续从事该经营项目的违法行为；

2. 依法查处制盐企业不严格按照国家有关规定加强质量监督检测工作，不符合质量和卫生标准的产品流出企业的行为和生产加工或者销售不符合国家卫生标准的食用盐的行为；

3. 依法查处非食盐定点生产企业生产食盐的行为；

4. 依法查处生产加工食用盐及其制品不符合国家卫生标准，加碘食用盐没有小包装，碘含量不符合国家卫生标准的行为；

5. 依法查处碘盐的加工企业、批发企业，加工、批发不合格碘盐的行为；

6. 法律、法规、规章规定的其他违法行为。

——设立旧机动车鉴定评估机构审批

1. 区县商务主管部门负责旧机动车鉴定评估机构审批。市商务委负责指导和监督检查区县商务委审批工作流程。区县商务委依职责负责行政许可项目的审批和监管等工作，依法查处违法经营行为，并将监督检查情况和处理结果如实记录，将相关信息上传至全市统一的信用信息公示系统。

2. 在监管过程中发现旧机动车鉴定评估机构存在的违法行为不属于本机关管辖的，应当及时移送有管辖权的部门处理，落实后续监管责任。

三、监管依据

（一）法律法规

《中华人民共和国行政许可法》、《国务院对确需保留的行政审批项目设定行政许可

的决定》、《成品油市场管理办法》、《原油市场管理办法》、《食盐专营办法》、《食盐加碘消除碘缺乏危害管理条例》、《北京市盐业管理若干规定》、《北京市实施〈食盐加碘消除碘缺乏危害管理条例〉办法》、《二手车流通管理办法》。

（二）规范性文件

市政府办公厅《关于印发北京市商务委员会（北京市人民政府口岸办公室）主要职责内设机构和人员编制规定的通知》、市政府《关于做好“先照后证”改革衔接工作加强事中事后监管的实施意见》、北京市人民政府《关于取消和下放一批行政审批事项的通知》、北京市人民政府《关于取消和下放246项行政审批项目的通知》、《北京市工商行政管理局北京市公安局北京市商务委员会北京市国家税务局关于加强北京市二手车流通管理的规定》等。

四、监管机制和措施

（一）监管工作机制

——石油成品油企业零售经营资质审批、石油成品油批发（仓储）经营资质审核

1. 指导企业办理后续手续。企业在工商部门取得营业执照，我委通过“企业信息系统”收到相关信息后，主动与企业取得联系，适时约见企业，并做好以下三项工作：一是指导企业办理后续手续，向企业说明从事成品油经营的企业需要到哪些部门，办些哪些手续；二是书面告之企业在未取得“成品油零售经营批准证书”前不允许开展经营活动；三是组织企业签订“禁止无证经营履责承诺书”。

2. 建立监督检查机制。处室工作人员会同商务执法部门，每季对企业进行一次实地检查，了解企业后续手续办理进程，并重点查看企业是否存在违规经营行为。

3. 适合开展联合检查活动。依据检查情况，根据需要适时组织发改、国土、规划、建设、工商、环保、质监、安监等职能部门组织开展联合检查工作。

4. 建立联席会商机制。对企业在实际工作中存在的问题，根据需要向加油加气站管理办公室提议召开联席会议，协调解决具体问题。

5. 建立信息共享和协同监管机制。积极与政府相关职能部门沟通协调，相互协作加强对成品油市场管理。各部门结合自身职责，积极主动加强对成品油企业检查，发现企业违法行为不属于本部门监管范围的，及时向相关职能部门通报。努力实现部门之间相互配合，互通信息，齐抓共管，共同维护成品油市场秩序。

——食盐定点生产、碘盐加工企业资质审核

1. 指导企业按相关规定、程序办理生产、加工许可证。企业在工商部门取得营业执照，我委通过“企业信息系统”收到相关信息后，主动与企业取得联系，指导企业办理后续手续，向企业说明从事食盐定点生产、碘盐加工需要提交的材料；书面告之企业在未取得“食盐定点生产、碘盐加工许可证”前不得开展生产经营活动；与企业签订“禁止无证生产经营履责承诺书”。

2. 建立监督检查机制。处室工作人员会同商务执法部门，对企业进行实地检查，重点查看企业是否存在违规生产经营行为。

——设立旧机动车鉴定评估机构审批

1. 建立市区两级信息沟通机制。市商务委、区县商务委共同建立信息沟通机制，上下联动，贯彻落实“先照后证”制度改革

工作。

2. 做好“先照后证”改革衔接工作。商务、工商等行政管理部门积极做好设立旧机动车鉴定评估机构审批“先照后证”改革的政策咨询解读工作。区县商务委通过工商部门信息系统收到取得营业执照的主体企业相关信息后，指导主体企业办理后续手续，做好“先照后证”日常审批工作，落实属地监管责任。

3. 部门联动协同监管。工商、公安、商务、税务等行政管理部门互通信息、齐抓共管，按照各自职责，依法对二手车鉴定评估机构进行监督管理。

（二）监管措施和方式

1. 现场监督检查。监管部门应自收到工商部门推送的需审批的主体信息，或有关部门通报、告知的信息起 10 个工作日内，可以对有关主体进行现场检查，并将监管结果及时上传到共享平台，实现信息互通和监管有序衔接。

2. 行政约谈。经营者存在服务质量纠纷多，未及时采取措施消除的，监管部门可以对其法定代表人或者主要负责人进行行政约谈。

3. 检查自查报告。对经营单位进行检查，发现存在隐患的，监管部门可以责令经营单位整改并提交自查整改报告。

4. 预警警示。监管部门应通过发布预警信息、加强宣传教育、普及法律法规，提高经营者守法经营和消费者自我保护意识。

五、信用监管和部门协同机制

（一）信用监管机制

1. 建立和完善工商登记与许可审批的信息传递机制。依托“北京市企业信用信息网”建立全市统一的市场主体登记审批信息共享平台（下称“共享平台”），实现与工商部门间的信息双向实时传递和无障碍交换。在收到工商部门系统提醒等方式的通知之日起 10 个工作日内，从共享平台下载需要审批的主体信息，在许可审批信息形成之日起 15 个工作日内，通过“北京市企业信用信息网”（市政府政务外网网址：http：//172.24.30.56/）公示该信息（操作说明参见附件）。

储备调控处负责“石油成品油企业零售经营资质审批”、“石油成品油批发（仓储）经营资质审核”、“食盐定点生产、碘盐加工企业资质审批”等事项的信息传递工作，区（县）商务委员会负责“设立旧机动车鉴定评估机构审批”事项的信息传递工作，服务交易处负责指导、协调区（县）商务委员会“设立旧机动车鉴定评估机构审批”事项的信息传递工作。许可审批部门要加快信息系统建设及与共享平台的对接，逐步通过系统对接实现许可监管信息的自动传递。

2. 建立信息共享和信用约束工作机制。要按照“守信激励、失信惩戒”原则，将市场主体的信用信息作为实施行政管理的重要参考。对被列入经营异常名录、严重违法企业名单或受到行政处罚的企业在许可审批、从业任职资格、资质审核、工程招投标、政府采购、授予荣誉等方面依法予以限制或禁止，加大对失信企业的联合惩戒力度，使失信者“一处违法，处处受限”。

（二）部门协同机制

各级各部门应当建立健全监督制度，主动核查、及时处理无证经营行为；发现企业违法行为不属于本部门监管范围的，应当及时通报或者移送有关主管部门处理。在监管中发现市场主体涉嫌构成犯罪，依法应当追究刑事责任的，要及时移送公安机关查处。对属地政府牵头组织的查处无证无照经营工作，必须积极落实，加大部门协同力度，依法查处违法行为，并采取后续跟进监管措施。

六、保障机制

（一）高度重视。此项工作已经纳入市级行政机关绩效管理，对各相关部门推送、接收、公示信息等情况进行考评。各单位要高度重视商事制度改革后续监管工作，要健全实施方案，落实监管措施，及时研究解决改革过程中出现的各种困难和问题，确保监管工作落到实处、稳妥推进。

（二）提高服务效能。各级各部门要适应商事制度改革要求，进一步优化审批流程，减少审批环节，同时加强业务培训，提高服务效能，为商事制度改革提供保障。

（三）畅通举报渠道。任何组织或者个人有权向本部门举报未经许可擅自经营的违法行为，各单位应当及时受理举报和投诉。

（四）加强宣传引导。坚持教育与处罚相结合的原则，加强宣传疏导，履行告知义务，在处罚无证市场主体时，应当及时告知其办理行政审批事项，引导其守法经营。

今后凡按照法律、行政法规和国务院决定确定的由工商登记前置审批改为后置审批的事项，其登记审批程序和监管工作，均按本方案执行，不再另行规定。

北京市商务委员会

2015 年 7 月 7 日

关于征集商业流通发展领域储备项目的通知

京商务财务字〔2015〕14号

各区县商务委、财政局，各有关单位：

根据《北京市商业流通发展专项资金管理暂行办法》、《北京市支持中小企业发展专项资金管理暂行办法》等规定，结合全市重点商务工作，现组织征集商业流通发展领域储备项目，具体通知如下：

一、商业专项资金支持范围

项目征集主要面向商业流通发展领域内符合首都城市战略定位且符合以下支持方向的项目：促消费、稳增长，推动保障民生的项目；促进生活性服务业品质提升，推动商业便民利民的项目；促进产业转型升级，推动"高精尖"经济结构构建的项目。统筹使用商业流通发展专项资金和中小企业发展专项资金，优先支持符合政策的公共平台建设和典型示范项目。具体支持内容参见附件一。

二、申报条件

（一）在北京市登记注册、独立核算的企业、机构、经济组织等单位；

（二）项目申报单位经营状况良好，财务管理制度健全；

（三）项目申报单位近三年无违法违规记录；

（四）申报项目能够按申报计划实施；

（五）为避免重复支持，对于已获得或确定将获得其他政府资金支持的项目原则上不得参加申报。

三、项目申报材料

（一）项目申报书（含项目可行性报告）；

（二）市级商业专项资金申报项目情况表；

（三）项目已发生费用明细表；

（四）项目申报单位承诺书；

（五）项目单位法人证明文件复印件（营业执照、组织机构代码证书、法定代表人身份证明等）；

（六）项目单位近两年财务报表（资产负债表、损益表、现金流量表）；

（七）申请贷款贴息的项目，需出具项目单位与有关金融机构签订的贷款合同、银行贷款进账单、利息凭证等材料复印件；

（八）其他与项目相关的证明材料。

项目申请材料一式两份，应按顺序装订成册，并加盖单位公章。

四、项目申报程序

（一）市属商业企业向市属商业总公司（集团）提交申报材料，经初审合格后，由市属商业总公司（集团）将符合条件的项目汇总报市商务委。

（二）其他项目申报单位向注册地区县商务委提交申报材料，经区县商务委、财政局初审合格后，由区县商务委将符合条件的项目汇总报市商务委。

五、时间安排

项目集中申报截止时间为2015年8月

20日，各区县商务委、市属商业企业集团应于2015年8月31日前汇总上报材料并填报《2015年市商业专项资金申报项目情况汇总表》。

六、工作要求

（一）各项目申报单位应确保申报材料真实、准确、完整，保证项目各项建设手续合规、建设资金及时落实到位、项目按时保质完成，并向市商务委做出书面承诺。

（二）各初审单位应积极组织项目申报，切实做好指导与审核，严格把关，按照规定时间和程序做好相关工作。

（三）各初审单位应加强对已支持项目的后续指导和跟踪监管，确保项目实施效果，充分发挥财政资金使用效益。

（四）项目申报单位原则上应将获得的专项资金列入“营业外收入”科目核算，相关法规另有规定的从其规定。

北京市商务委员会
北京市财政局
2015年7月24日

附件1：资金支持政策指南
附件2：项目申报书
附件3：申报项目情况表
附件4：已发生费用明细表
附件5：项目申报单位承诺书
附件6：贷款及付息情况表
附件7：申报项目汇总表

附件 1：

资金支持政策指南

一、农产品流通体系建设项目。支持全市规划布局内的农产品批发市场基础设施建设和监控、信息、电子结算、检测检疫、废弃物污水环保处理等中心建设及加工、冷藏、配送中心的升级改造。重点蔬菜零售企业配送中心的升级改造。

二、农超对接项目。支持本市大型连锁超市深化农超对接，新建或改建生鲜配送中心、果蔬分拣平台，配置农残检测设备或生鲜卖场冷储设施，制作合作的农业合作组织、农产品品牌标识和农业生产基地标牌等。项目通过以奖代补方式给予相应资金支持，每个项目最高可获得 200 万资金支持。有关超市应符合下列条件：上述生鲜配送中心等基础建设资金投入不少于 200 万元；超市通过直采扩大农超对接果蔬农产品规模，实现全年同比增幅 15%，价格比未开展农超对接低 15%左右；免除长期合作的农业合作组织（骨干龙头企业）、农产品采购基地的农产品进店费；缩短直采农产品帐期，控制在 10 个工作日之内；超市主要卖场悬挂 2 家以上合作的农业合作组织（骨干龙头企业）、农产品采购基地品牌标识。

三、商务楼宇、商务服务业集聚区公共服务平台升级改造和培育发展项目。支持商务楼宇和商务服务业集聚区公共平台、公共设施、公共环境等升级改造。

四、总部经济集聚区培育和公共服务平台建设项目。突出区域特色，培育和打造一批总部经济集聚区。支持总部经济集聚区公共服务设施改造升级、公共服务平台及公共信息系统建设的相关项目，提升服务能力、服务水平和服务品质。

五、商业设施升级改造项目。支持特色商业街（区）的升级改造、大中型商业设施停车引导系统升级改造、大中型商业设施无障碍设施升级改造，改善经营环境，提高服务质量。

六、商业流通领域信息化环境建设及电子商务项目。支持大型零售和餐饮企业搭建 WIFI 基础设施、应用位置信息、大数据开展客户管理和个性服务等信息化改造提升类示范项目；鼓励传统商贸流通企业发展电子商务，通过自建网上商城、开设网购体验专区、入驻第三方平台等，提升流通效率，拓展线上渠道；支持电子商务企业创新服务模式，整合优势资源，布设线下体验店、便利店自提点、智能自提柜等，推广“网订店取”、“网订店送”、“个性化定制”等服务，引导线上线下互动消费；鼓励商贸流通企业应用电子发票，支持企业对接北京市电子发票公共服务平台进行系统改造和技术研发；支持面向中小商贸流通企业开展供应链优化、交易撮合、物流协同、可信交易服务等电子商务综合服务的示范平台建设；支持农产品电子商务公共服务平台、农村便民网点搭载电子商务服务设施、电子商务企业完善农村消费环境等电子商务进农村综合示范项目。

七、现代物流发展项目。支持城市运行保障物流、城市末端便民配送网络建设、冷链物流、现代物流新模式、物流技术应用、物流信息化标准化建设等示范类、升级类项目。

八、促进二手车流通项目。支持二手车交易市场、二手车经营主体建立和完善二手车交易服务和管理信息系统创新商业模式等促进二手车流通项目；支持报废汽车回收拆解企业引进现代拆解设备，进行技术改造、提升装备及信息化水平。

九、再生资源回收体系项目。支持与城市垃圾分类结合的再生资源回收前端、分拣中心、信息化平台、清洁能源运输车辆等再生资源回收体系建设项目。

十、鼓励商业、服务业企业开展节能减排、绿色低碳和污染控制项目。支持企业开展照明、暖通空调、电梯、冷冻冷藏等能耗设施设备的节能、节水、减排技术改造及新能源利用项目；鼓励企业采用信息化、自动化等先进技术和手段，提高节能低碳管理水平；鼓励企业实施清洁能源改造项目，减少环境污染。

十一、社区商业建设项目。支持发展社区商业便民服务连锁门店，鼓励连锁企业进行自有品牌开发，开展配送中心建设，提升供应链管理水平；支持品牌连锁企业在社区新开设店铺；支持社区商业便民服务综合体建设；鼓励“互联网＋”形态的社区商业服务模式创新，支持服务居民日常生活的社区电子商务应用，支持电子商务企业与社区商业实体店线上线下融合项目等。

十二、老字号传承发展项目。支持老字号企业建立传承人工作室、博物馆、非遗展厅，培养老字号传统技艺传承人才；进行工艺技术改造、研发新产品，加强原料基地和食品安全建设；进行产品包装设计，提高产品质量和工艺技术水平，环保节能改造；鼓励老字号利用连锁、电子商务等现代流通方式转型升级，支持企业进行商标注册等知识产权保护。

十三、促进餐饮业发展项目。支持大众连锁餐饮企业新建或改造主食加工配送中心，主要支持方向是主食加工配送中心的建设改造、设备投入、信息系统升级等；支持大众连锁餐饮企业在社区新建连锁店铺或新设主食售卖窗口，主要支持方向是新建连锁店铺或新设主食售卖窗口的建设、设备投入、信息系统升级等；支持主食加工企业在社区新增主食售卖网点，主要支持方向是新增主食售卖网点的建设、设备投入、信息系统升级等；支持餐饮企业采取互联网、移动信息技术等方式，在社区、商务楼宇建设智慧型餐饮自提柜等设施，主要支持方向是智慧型餐饮自提柜的平台建设、设备投入等。

十四、促进生活性服务业发展项目。支持生活性服务业规范化、连锁化、便利化、品牌化、特色化发展项目。支持行业组织制定、修订行业规范标准，开展贯标活动和行业宣传活动；行业协会制定修订企业开业条件、经营管理规范、岗位服务规范、企业分等定级等规范标准，开展贯标活动和行业宣传。支持行业公共服务平台建设项目。支持行业组织开展从业人员岗位服务技能培训；对行业协会和有资质的培训、教育机构组织开展从业人员岗位服务技能培训，综合考量行业协会及培训、教育机构的资质、条件、项目实施等情况择优支持。支持中华传统技艺技能大师工作室建设和大师带徒传承项目；支持北京市 2009—2011 年认定的 60 名中华传统技艺技能大师建设大师工作室或以技艺传承为目的进行的带徒授艺项目；对大师工作室符合支持条件的建设投入予以支持，对大师带徒传承项目予以资金支持。支持行业组织开展公益便民服务活动。支持生活性服务企业运用移动互联网、云计算、物联网等新一代信息技术创新商业模式。

十五、商业品牌提升项目。支持中小商贸企业创意设计与品牌提升，研发设计新产品新包装；进行企业标识 logo 新的创意设计；企业店铺形象 VI 升级设计；拓展国内外市场开展展示、推介活动。支持为中小商贸企业提供品牌研发、注册认证等专业化服务项目，打造品牌信息公共服务平台。

业务咨询电话：

农产品流通体系建设项目、商业品牌提升项目、商业设施升级改造项目：87211872

农超对接项目：87211822

商务楼宇、商务服务业集聚区公共服务平台升级改造和培育发展项目：87211899

总部经济集聚区培育和公共服务平台建设项目：87211909

商业流通领域信息化环境建设及电子商务项目：87211821

现代物流发展项目：87211775

促进汽车流通项目：87211831

再生资源回收体系项目：87211841

鼓励商业流通领域及餐饮业开展节能减排、绿色低碳和污染控制项目：87211659

社区商业建设项目、老字号传承发展项目：87211820

促进餐饮业发展项目：87211690

促进生活性服务业发展项目：87211852

附件 2：

项目申报表

项目名称：	
项目单位：	
企业注册地：	
申报日期：	

项目信息表

<table>
<tr><td>项目名称</td><td colspan="3"></td></tr>
<tr><td>项目负责人</td><td></td><td>手机电话</td><td></td></tr>
<tr><td>单位地址</td><td></td><td>邮政编码</td><td></td></tr>
<tr><td>注册资本</td><td></td><td>办公电话</td><td></td></tr>
<tr><td>上年收入</td><td></td><td>企业规模</td><td></td></tr>
<tr><td>项目申请理由
及项目主要内容</td><td colspan="3"></td></tr>
<tr><td>项目经济效益</td><td colspan="3"></td></tr>
<tr><td>项目社会效益</td><td colspan="3"></td></tr>
<tr><td rowspan="4">阶段性目标</td><td>实施阶段</td><td>目标内容</td><td>起止时间（年月）</td></tr>
<tr><td>第一阶段</td><td></td><td></td></tr>
<tr><td>第二阶段</td><td></td><td></td></tr>
<tr><td>第三阶段</td><td></td><td></td></tr>
<tr><td colspan="4">项目组织实施条件</td></tr>
</table>

项目支出预算明细表

<table>
<tr><td colspan="2">项目名称</td><td colspan="2"></td></tr>
<tr><td rowspan="27">项目支出预算及测算依据</td><td rowspan="9">项目资金来源</td><td>来源项目</td><td>申报额（万元）</td></tr>
<tr><td></td><td></td></tr>
<tr><td>项目总投资</td><td></td></tr>
<tr><td>其中：自筹资金</td><td></td></tr>
<tr><td>银行贷款</td><td></td></tr>
<tr><td></td><td></td></tr>
<tr><td></td><td></td></tr>
<tr><td></td><td></td></tr>
<tr><td></td><td></td></tr>
<tr><td rowspan="17">项目支出明细预算</td><td>支出明细项目</td><td>金额（万元）</td></tr>
<tr><td>合计</td><td></td></tr>
<tr><td></td><td></td></tr>
<tr><td></td><td></td></tr>
<tr><td></td><td></td></tr>
<tr><td></td><td></td></tr>
<tr><td></td><td></td></tr>
<tr><td></td><td></td></tr>
<tr><td></td><td></td></tr>
<tr><td></td><td></td></tr>
<tr><td></td><td></td></tr>
<tr><td></td><td></td></tr>
<tr><td></td><td></td></tr>
<tr><td></td><td></td></tr>
<tr><td></td><td></td></tr>
<tr><td></td><td></td></tr>
<tr><td></td><td></td></tr>
<tr><td>预算依据及说明</td><td colspan="2"></td></tr>
</table>

项 目 可 行 性 执 行 报 告
一、基本状况   二、必要性与可行性   三、实施条件

附件3：

2015年市商业专项资金申报项目情况表

填报单位：（公章） 单位：万元

<table>
<tr><td>企业性质</td><td colspan="4"></td></tr>
<tr><td>注册资本</td><td colspan="4"></td></tr>
<tr><td>上年度销售额</td><td colspan="4"></td></tr>
<tr><td>企业职工人数</td><td colspan="4"></td></tr>
<tr><td>企业类型</td><td>中小企业</td><td></td><td>非中小企业</td><td></td></tr>
<tr><td>申请资金类型</td><td>中小企业
发展资金</td><td></td><td>商业流通
发展资金</td><td></td></tr>
<tr><td>项目计划投资总额</td><td colspan="4"></td></tr>
<tr><td>其中：自筹资金</td><td colspan="4"></td></tr>
<tr><td>银行贷款</td><td colspan="4"></td></tr>
<tr><td>项目进度</td><td>开工时间</td><td></td><td>完工时间</td><td></td></tr>
<tr><td>项目已投资及建设情况</td><td colspan="4"></td></tr>
<tr><td>项目负责人</td><td colspan="4"></td></tr>
<tr><td>办公电话</td><td colspan="4"></td></tr>
<tr><td>手机</td><td colspan="4"></td></tr>
</table>

填报人： 联系电话： 审核人：

附件 4：

项目已发生费用明细表

填报单位：（公章）

序号	记账时间	会计凭证号	费用名称	金额（元）
1				
2				
3				
4				
5				
6				
7				
8				
9				
10				
11				
12				
13				
14				
15				
16				
17				
18				
19				
20				
	合计			

注：项目已发生费用明细按时间先后顺序填写

附件5：

项目申报单位承诺书

北京市商务委员会：

我单位将严格按照《北京市商业流通发展专项资金管理暂行办法》、《北京市支持中小企业发展专项资金管理暂行办法》及相关配套管理办法的有关规定组织实施____项目，保证向市商务委及有关部门提供的资料真实、有效，项目建设各项手续齐全、合规，项目建设资金落实到位，项目按计划实施，确保项目建设效果。

我单位承诺保证不出现任何项目建设违法违规行为，如出现上述问题我单位将承担一切责任。

项目单位法人代表（签字）：________　　　　单位公章

年　月　日

附件 6：

项目贷款及付息情况表

填报单位：(公章)　　　　单位：元

序号	贷款银行	贷款用途	贷款起止日期	贷款合同号	贷款金额	贷款利率	付息时间	实际付息额	息单号
贷款一	1								
	2								
	3								
	4								
贷款二	1								
	2								
	3								
	4								
……									
		合计							

附件7：

2015年市商业专项资金申报项目情况汇总表

填报单位：(盖章)　　　　　　　　　　　　单位：万元

序号	项目单位	项目名称	计划投资			企业性质	企业注册资金	项目已投资	项目进度		项目负责人	办公电话	手机	项目主要内容	项目主要支出预算
			总额	自筹资金	银行贷款				开工时间	完工时间					
一	市商业流通发展资金项目														
二	市支持中小企业发展专项资金项目														
总计															

填报人：　　　　　　　　审核人：

备注：此表由区县商务委、财政局，市属商业企业集团填报。

关于做好北京市物流标准化试点工作有关事项的通知

京商务物流字〔2015〕6号

各有关单位：

按照国务院《物流业发展中长期规划（2014—2020年）》（国发〔2014〕42号）文件要求，根据财政部办公厅、商务部办公厅、国家标准委办公室《关于开展物流标准化试点有关问题的通知》（财办建〔2014〕64号）有关规定，为支持发展我市现代物流业，加快提高物流配送效率，降低物流成本，充分发挥标准化工作对促进物流业健康发展的重要作用，做好我市物流标准化试点工作，现将有关事项通知如下。

一、试点原则

物流标准化试点扶持资金（以下简称试点资金）按照“集中财力、统一安排、统一管理”的原则进行管理，突出重点、专款专用、讲求实效。试点资金用于支持北京市物流标准化试点工作，推动物流业标准化进程，促进物流配送商业模式变革，提高物流效率和诚信水平，带动京津冀物流业协同发展。

二、试点资金支持范围

（一）试点资金的支持范围包括以下几方面：

1. 支持标准化托盘、周转箱循环共用体系建设。

支持对非标准托盘，按照国家标准《联运通用平托盘主要尺寸及公差》、《联运通用平托盘性能要求和试验选择》进行标准化更新，增加标准托盘使用量，优先推广1.2m×1.0m托盘。鼓励企业使用和更新标准化托盘、周转箱等标准化物流设备。支持物流标准化设备服务商扩大标准化托盘、周转箱等物流标准化设备池，为标准化托盘、周转箱循环共用提供支撑。此项资金支持仅适用于物流标准化设备服务商。

2. 支持提升仓储配送设施设备标准化水平。

支持与标准化托盘配套的通用仓库、配送中心、零售门店的配送设施设备更新改造，包括货架、叉车、笼车、月台、管理信息系统改造等；支持与标准化周转箱相配套的超市卖场货架更新改造；支持建设改造标准化城市公共物流基础设施等。

3. 支持提升标准化物流设备专业服务水平。

支持服务于物流标准化工作的公共信息服务平台建设；支持物流标准化设备服务商扩大租赁业务，加强对标准化设备的管理、升级改造和市场开拓，包括服务网点建设、服务功能和水平提升、管理信息系统升级改造等。

4. 支持物流一贯化运输体系建设。

鼓励物流企业带标准化托盘运输，支持对不适合标准化托盘、周转箱、笼车一贯化运输的物流车辆进行更新改造；支持供应链上下游企业货物交接现场免验收，支持货物交接场所及监控系统建设和改造升级。

（二）试点资金支持重点为北京市域范围内实施的项目，可适度兼顾京津冀区域范围内实施的项目。

（三）试点资金年度支持重点内容或项目申报指南由北京市商务委员会根据物流标准化试点年度重点工作制定并对社会公布。

三、试点资金使用方式及标准

（一）试点资金支持方式。采取以奖代补、贷款贴息等方式支持，扶持项目原则上只采用一种支持方式。

（二）试点资金支持标准。采取“以奖代补”方式的，对单个项目奖励额不超过项目总投资的30%，最高额度原则上不超过1000万元；采取“贷款贴息”方式的，贴息率不超过当期银行贷款基准利率、贴息额不超过同期实际发生的利息额，对项目支持最高额度原则上不超过1000万元。

（三）试点资金使用方向。主要用于项目建设、设备购置安装、信息系统开发等项目建设实施直接相关的支出，不得用于道路建设、公用设施建设、征地拆迁、客车购置以及人员经费、设施维护等经常性开支。

四、试点资金申报要求

（一）项目申报企业须在北京市登记注册，且为独立法人单位，依法经营，经营状况良好，财务管理制度健全。试点企业类别为：第三方物流（快递）服务企业、商贸批发企业、快速消费品生产企业、连锁零售（网络零售）企业；物流标准化设备服务商、物流信息服务商、专业组织（协会）等。

（二）项目企业在申报项目时，需提供项目申报书、项目支出预算明细表、项目可行性报告等相关资料。有自筹经费来源的，需提供出资证明及其他相关财务资料。申报材料的内容必须真实、准确、完整。项目需具备较好的试点效应和可行性，能产生较好的经济效益和社会效益。

有下列情形之一的，不得参加项目申报：

1. 在享受各级政府财政资助中有严重违约行为的；

2. 因涉嫌违法行为正在被有关部门调查或侦查的；

3. 参加项目申报前两年内，在经营活动中有重大违法记录的；

4. 同一项目已享受政府相关专项资金支持的。

（三）项目申报企业应承诺在试点期间向市财政局、市商务委、市质监局报送每年度企业试点项目推进情况。包括：企业经营情况、标准化托盘年使用数量、由托盘标准化带来的物流成本和效率变化情况等信息。

五、项目管理

（一）项目采取公开征集方式组织，由市商务委制定并公布年度项目申报指南。

（二）聘请行业专家对申报企业资质和项目方案进行论证、筛选，并在北京市商务委员会网站公示（公示期为7日），公示后由市财政局、市商务委和市质监局共同确定物流标准化试点企业、项目和资金额度，报财政部、商务部和国家标准委备案。

（三）试点企业实施动态管理。试点企业和项目每年征集一次，试点企业在试点期内可连续申报试点项目，试点资金支持项目实行项目奖惩和黑名单制度。相关企业不按规定使用财政资金或未按要求推进工作，试点项目未按期完成或出现违规行为，特别是虚报、冒领、截留、挪用、挤占试点扶持资金的以及蓄意提供假发票、假证明文件、假资质文件等虚假材料的企业，经查属实的，将按照《财政违法行为处罚处分条例》（国务院令第427号）等相关法律法规进行处理处罚，停止资金拨付并保留追回资金的权利，同时将违法企业列入项目黑名单，取消试点企业资格，并收回全部或部分试点扶持资金。

（四）项目完成竣工验收后，试点企业向市商务委提出验收申请，由市商务委委托中介机构对项目进行评审。对于通过评审的项目，市商务委、市财政局、市监督局对项目进行验收。通过验收的项目，按国库管理制度相关规定办理资金拨付手续。

（五）试点企业收到专项资金后，需按国家相关规定进行账务处理，并按照国家和北京市预算、财务管理制度的有关规定严格项目资金管理，接受国家及市级有关部门的监督检查和审计。

六、工作职责

（一）市财政局负责专项资金管理工作。负责会同相关部门按要求编制年度项目支持计划和资金预算呈报财政部，并办理资金拨付。

（二）市商务委负责相关业务管理工作。负责研究确定资金的支持方向；负责组织申报项目，进行项目业务审核，负责项目评审的管理工作。

（三）市质监局负责地方标准制定和标准实施的指导工作。

（四）市财政局、市商务委、市质监局共同负责对专项资金的使用情况和项目执行情况进行监督检查和绩效评价。

北京市商务委员会

北京市财政局

北京市质量技术监督局

2015年6月15日

关于印发《2015 年促进消费增长若干政策措施》的通知

京商务消促字〔2015〕6 号

各区县商务委，各相关单位：

今年以来，本市消费增长呈现稳中趋缓态势，促消费、稳增长面临较大压力。为深入贯彻落实党的十八大、十八届三中、四中全会和市委十一届三次、四次、五次全会精神，适应经济发展新常态，促进消费持续稳定增长，巩固消费、投资协调拉动的经济格局，经市政府同意，我委将会同市政府相关部门组织实施《北京市商务委员会 2015 年促进消费增长若干政策措施》。现印发给你们，请高度重视，结合本地区实际，认真贯彻落实各项政策措施，创新工作方式方法，迎难而上，出实招，求实效，全力以赴促进消费增长，努力为首都经济持续健康发展做出贡献。

特此通知。

联系人：消费促进处 万薇薇

联系电话：87211690

附件

2015 年促进消费增长若干政策措施

为深入贯彻落实党的十八大、十八届三中、四中全会和市委十一届三次、四次、五次全会精神，适应经济发展新常态，促进消费持续稳定增长，巩固本市消费投资协调拉动型经济格局，建设国际一流和谐宜居之都，市商务委会同市政府相关部门，从引导节能减排促消费、推动转型升级促消费、提高生活性服务业品质促消费、加强内外贸易结合促消费、加强宣传促消费、强化部门联动促消费、推动京津冀一体化促消费、开展活动促消费八个方面实施十五条政策措施。

一、引导节能减排促消费

（一）推广节能家电产品

实施“节能产品进超市”政策，有效提升节能产品市场占有率。对本市经营面积不低于 1500 平方米、2014 年节能产品年销售额不少于 1000 万元、节能产品出样率达 100%、节能产品销售额增速不低于上年度、组织节能产品专项促销活不少于四次、自购自销多种节能产品品类的家电专卖商业零售企业，经企业申报、专家评审等程序，授权使用节能超市专用标识，给予资金支持。

（二）推广新能源汽车

开展新能源汽车促销季活动，对新能源汽车的技术特性、现阶段购买、使用新能源汽车和安装使用充电桩的各项优惠政策进行集中宣传和解读，提高消费者对新能源汽车的认知度，扩大新能源汽车消费。一是购车有补贴。纯电动小客车续航里程在 80 公里至 150 公里（含）之间的，可获得国家和北京市补贴共计 6.3 万元/辆；150 公里至 250 公里（含）的，可获得国家和北京市补贴共计 9 万元/辆；250 公里以上的，可获得国家和北京市补贴共计 10.8 万元/辆。二是出行不限号。2015 年 6 月 1 日起，纯电动小客车不受尾号限行政策的限制。三是充电设施有优惠。物业管理单位安装公用充电桩，享受 30％的补助。四是充电设施点位可查询。年底前在六环内建成平均服务半径 5 公里的充电网，可通过 APP 及时查询充电设施布局信息。

（三）加快老旧机动车淘汰更新

实施《北京市进一步促进老旧机动车淘汰更新方案（2015－2016 年）》，提高报废车辆补助标准（见附件），对使用 6 年及以上、提前 1 年及以上报废的车辆，车主可享受车均补助 8000 元，小客车最高补助 8500 元；对报废车辆更换新车的，鼓励汽车生产企业按照不低于政府补助标准的原则再给予奖励，促进老旧机动车的淘汰更新，减少排放，促进汽车消费。

（四）推广绿色环保油烟净化装置

一是严格落实《中华人民共和国大气污染防治法》和《北京市 2015 年清洁空气行动计划》有关规定，督促和鼓励餐饮企业和单位食堂安装高效油烟净化设施，有效减少餐饮业 PM2.5 排放。二是鼓励和支持社会机构及企业加快研发适合家庭使用、技术成熟的油烟净化装置。

二、推动转型升级促消费

（五）促进网络零售快速平稳发展

修订完善引导绿色消费促进网络零售健康发展政策，在完成年度全市社会消费品零售额增长任务的前提下，对拉动本市网络消费增长贡献突出的企业继续给予奖励，引导骨干电子商务企业保持平稳增长，支持中型电子商务企业做大做强，加大成长型电子商务企业培育扶持力度，促进网络零售保持快速平稳增长。

一是对 2015 年度网上零售额增速不低于全市社会消费品零售额平均增速 3 倍的电子商务企业，给予奖励。奖励标准以网上零售额增量 50 亿元为 1 个区间，共划分 7 个区间，每个区间按奖励系数给予奖励（奖励系数为每个增量区间内，每增加 1 亿元对应的奖励资金额度）。单家企业奖励资金上限为 6000 万元。二是对 2015 年网上零售额增速不低于全市社会消费品零售额增速 3 倍，且实体店增速不低于当年全市同类零售业态平均增速的超市、百货店、购物中心、老字号等传统商业企业，给予奖励。奖励标准以网上零售额增量 500 万元为 1 个区间，共划分 7 个区间，每个区间按奖励系数给予奖励（奖励系数为每个增量区间内，每增加 100 万元对应奖励资金的额度）。单家企业奖励资金上限为 900 万元。三是对 2015 年网上零售额 1 亿元（含）以上的新纳统电子商务企业，给予资金奖励。以本年度全市网上零售额平均增速作为该企业同比增速，来计算其年度网上零售额增量，并参照本款第一条标准予以奖励。

（六）推动商业服务业转型升级

利用商务促进资金，支持商业服务业转型升级，对符合支持条件的项目给予 50％的资金支持。一是鼓励电商企业线上线下融合发展。支持电商企业开设线下体验店，举办线下促销活动，以线下体验带动线上消费。电商企业开设线下体验店的，按照不超过符合支持条件的总投资额的50%予以资金支持，每家企业最高可获得300万元的资金支持；电商企业举办线下促销活动，对线下促销活动的展台搭建、宣传资料、构建WI-FI环境等相关费用，按照不超过符合支持条件的总支出的50%予以资金支持，每家企业最高可获得30万元的资金支持。二是支持传统商贸流通企业应用电子商务。支持百货、老字号、超市、购物中心等传统零售企业开设网购体验专区或入驻第三方平台，拓展营销渠道。传统零售企业开设网购体验专区，按照不超过符合支持条件的总投资额的50%予以资金支持，每家企业最高可获得200万元的资金支持；传统零售企业入驻第三方平台开展线上营销活动，对相关费用按照不超过总符合支持条件的支出的50%予以资金补贴。

三、提高生活性服务业品质促消费

（七）提高生活性服务业品质

落实《提高生活性服务业品质行动计划》，利用商务促进资金支持生活性服务业规范化、便利化、连锁化、品牌化、特色化发展。一是支持品牌连锁企业进社区开设店铺，加强配送中心建设，提升供应链管理水平。品牌连锁企业在社区新开设店铺的，按照不超过符合支持条件的投资额的50%予以资金支持，每家店最高可获得30万元的资金支持，可连续支持三年。对连锁企业新建独立配送中心的，按照不超过符合支持条件的总支出的50%予以资金支持，每家企业最高可获得200万元的资金支持；对连锁企业提升供应链管理水平、进行自有品牌开发、开展专业人才培训的，每家企业按照不超过符合支持条件的总支出的50%比例予以资金支持，最高可获得50万元的资金支持。二是支持行业协会制定行业规范标准，开展贯标活动和行业宣传，支持开展从业人员岗位服务技能培训、技能大赛，支持中华传统技艺技能大师工作室建设和大师带徒传承项目。行业协会制定修订企业开业条件、经营管理规范、岗位服务规范、企业分等定级等规范标准，开展贯标活动和行业宣传，给予全额资金支持；行业协会组织开展从业人员岗位服务技能培训、技能大赛，给予全额资金支持；对每个大师工作室按照不超过符合支持条件的建设投入的50%、最高100万元给以资金支持。三是支持生活性服务业企业运用移动互联网、云计算、物联网等新一代信息技术创新商业模式，建设面向消费者的行业公共服务平台项目。生活性服务业企业创新商业模式，按照不超过符合支持条件的总支出的50%予以资金支持，每个平台最高可获得500万元的资金支持。

（八）设立生活性服务业发展基金

设立本市生活性服务业发展基金，采取政府引导、市场化运作的方式，实现财政资金与社会资本相结合，提高生活性服务业品质，促进消费增长。基金规模10亿元左右，其中政府投入5亿元，吸收社会资本5亿元以上。基金主要以股权、债权等参股支持方式与社会资金开展合作，根据企业需求创新使用方式，按照市场化运作组织基金的运行和管理。基金重点投向具备一定实力和发展前景的生活性服务企业，建设生活性服务业公共服务平台，完善生活性服务业基础设施，开展生活性服务行业京津冀合作项目等。基金投资周期为10年，基金筹集期3年，投资期8年，退出期2年。基金运行收回的本金和投资收益作为基金扩大规模的资金来源循环使用，基金形成的股权或权益可通过协议转让、公开转让、清算等形式退出。

四、加强内外贸易结合促消费

（九）推动内外贸融合发展，促进进口商品消费

一是支持开展跨境电子商务。本市跨境电子商务企业、物流企业、第三方支付机构企业，对接北京跨境电子商务公共信息平台、建设跨境电子商务通关服务平台、建设进口商品展示交易中心（直购店）、出口集货仓、海外仓以及建设大型跨境电子商务交易平台，每个项目按照不超过符合支持条件的投资额的50%给予资金支持，用于包括软件开发、硬件购置和信息系统建设、升级改造支出。跨境电子商务交易平台项目给予最高100万元的资金支持，其他项目给予最高200万元的资金支持。二是开展英国、德国、西班牙等外国商品购物节，进一步扩大进口，促进消费。

五、加强宣传促消费

（十）打造宣传平台，引导消费

充分利用媒体资源，搭建宣传平台，传播消费知识，传递消费资讯，培育消费热点，引导科学、健康、文明消费。2015年7月上旬开始，在BTV财经频道黄金时间推出促消费电视专题栏目《北京消费新主张》，为期一年，累计52期，每期时长30分钟。7月下旬开始，在主流商业资讯类纸质媒体推出《北京消费周刊》，并通过网络、APP移动客户端和微信公众号等新媒体传递消费资讯，优化消费信息服务，引导消费。

六、强化部门联动促消费

（十一）加快推动和落实境外旅客购物离境退税政策，拉动外来消费

旅游、国税、商务等部门联动，加快落实境外旅客购物离境退税政策。鼓励支持具有增值税一般纳税人资格、具备境外旅客购物离境退税管理信息系统运行的条件、能够及时准确报送相关信息、安装并使用增值税发票系统升级版，且两年内未发生税收违法行为的零售企业申报开展离境退税业务试点，政府部门授予离境退税定点商店统一标识。

除国家禁止、限制出境和增值税免税物品外，境外旅客购买的其他所有商品均可享受离境退税政策。同一境外旅客同一日在同一退税商店购买的退税物品金额达到500元人民币，且退税物品尚未启用或消费，离境日距退税物品购买日不超过90天，所购退税物品由境外旅客本人随身携带或随行李托运出境，可以按照退税物品销售发票金额的11%退回增值税。

（十二）培育和促进文化消费

落实《关于促进文化消费的意见》，积极引导大型商业购物中心等引入特色文化资源，打造一批商业服务与休闲文化高度融合的综合消费场所；鼓励文化企业拓展电子商务营销模式，向消费者及时提供最新文化消费信息；办好北京惠民文化消费季，充分发挥北京文化惠民卡的作用，加强文化消费市场引导、商户联合营销等多种功能建设，推动文化消费持续增长，带动相关商品和服务消费稳步提升。

（十三）推出首批诚信商店

商务、旅游、工商等部门联合推出面向境内外旅客的首批诚信商店，张贴政府部门统一制定的诚信商店标识，营造安全放心的消费环境，鼓励境内外游客在京消费。

七、推动京津冀一体化促消费

（十四）落实京津冀一体化战略，研究探索将天津自贸区政策延伸到北京

落实京津冀一体化战略，研究探索将天

津自贸区相关优惠政策延伸到北京，扩大进口商品销售。为外埠名优特品牌商品进入首都市场搭建平台，丰富首都消费市场，为进一步扩大消费奠定基础。

八、开展活动促消费

（十五）开展促消费活动

全市统筹开展时尚、美食、特色三大系列大型促消费活动，鼓励支持各区县、各行业协会开展主题促消费活动，繁荣活跃市场，拉动消费。一是支持各区县、各行业协会举办区域性主题促消费活动；二是支持各区县、各行业协会开展特色美食促消费活动；三是支持各区县、各行业协会开展网络促消费活动；四是支持各区县、各行业协会开展服务技能大赛活动；五是支持各区县、各行业协会开展新品推荐等活动；六是支持各区县、各行业协会开展面向外地游客的专项活动，拉动外来消费。

附件：报废老旧机动车政府补助标准

北京市商务委员会

2015 年 6 月 17 日

附件：

报废老旧机动车政府补助标准

（2015 年 1 月 1 日至 2016 年 12 月 31 日）

车辆类型 \ 车辆使用时间		6—10 年	10 年以上
载客汽车	微型	3500	3000
	小型	8500	8000
	中型	8000	7500
	大型	21500	19500
载货汽车	微型	3000	—
	轻型	6500	6000
	中型	10500	8500
	大型	17500	15500

关于征集2015年中央内贸发展专项资金项目的通知

京商务财务字〔2015〕12号

各区县商务委，各有关单位：

根据中央内贸发展资金有关管理要求，结合我市商务工作实际，现就征集2015年中央内贸发展专项资金项目有关事项通知如下：

一、资金支持范围

（一）促进农超对接项目

支持大型连锁零售企业新建改建用于农超对接的生鲜配送中心、产地集配中心、冷库和改造卖场生鲜经营环境，支持品质保障体系建设（以信息化为手段，覆盖农产品从农田到餐桌全过程的质量可追溯系统，主要用于购置或开发软件和硬件设备），扩大农超对接规模效益。大型连锁零售企业应从年总产值200万元以上的农产品基地或大型农业合作社、农业生产化龙头企业、种养植大户直采蔬菜、水果等生鲜农产品到店销售，减少中间环节，方便居民消费。

（二）现代服务业综合试点通州商务园电子商务示范基地项目

优先支持示范基地内具有示范作用的公共服务平台项目，加强政府政策创新和资源整合。支持开展地方法规标准、管理规范、统计监测、信用体系等电子商务软环境建设及工作创新。支持示范基地和示范企业扩大宣传，推广公用技术应用，带动企业利用电子商务转型升级，探索线上线下协同的营销模式；支持第三方电子商务服务平台及生活服务类电子商务平台建设，鼓励电子商务服务业发展创新，支持中小微企业应用电子商务提升竞争力，带动就业；支持农产品流通中的电子商务应用和创新，建立常态化网上网下对接模式；支持电子商务领域紧缺人才和技能人才培养以及岗位能力培训。

（三）商业品牌发展项目

支持民族品牌新品展示、推介活动，鼓励企业进行新品研发，开发自有商品品牌；支持企业设立品牌博物馆；支持行业协会提供品牌研发、注册认证、市场开拓、人才培训等专业化咨询服务，开设和完善品牌网站，开展品牌专题研究，组织品牌发展培训交流，收集和发布品牌信息，打造品牌信息公共服务平台。

二、项目申报条件

（一）在北京市登记注册、独立核算的企业、机构、经济组织等单位；

（二）项目申报单位经营状况良好，财务管理制度健全；

（三）项目申报单位近三年无违法违规记录；

（四）申报项目能够按申报计划实施；

（五）为避免重复支持，对于已获得或确定将获得其他政府资金支持的项目原则上不得参加申报。

（六）申报现代服务业综合试点通州商务园电子商务示范基地项目的单位应在北京

市通州商务园区内注册。

三、项目申报材料

（一）项目申报书、项目可行性报告；

（二）项目申报单位承诺书；

（三）项目单位法人证明文件复印件（营业执照、组织机构代码证书、法定代表人身份证明等）；

（四）项目单位近两年财务报表（资产负债表、损益表、现金流量表）；

（五）项目已发生费用明细表及相关有效凭证复印件；

（六）其他与项目相关的证明材料。

项目申请材料一式两份，应按顺序装订成册，并加盖单位公章。

四、项目申报程序

项目申报原则上按照隶属关系管理，市属企业项目由市属商业集团汇总并初审后报市商务委；其他企业项目及现代服务业综合试点电子商务基地项目由项目单位注册地商务委汇总并初审后报市商务委。

五、时间安排

项目集中申报时间自本通知发布之日起至2015年7月1日，各区县商务委、市属商业集团应于2015年7月8日前汇总上报材料。

六、工作要求

（一）专项资金应当用于支持范围内与项目建设实施直接相关的费用，不得用于征地拆迁、车辆购置以及人员经费、设施维护等经常性开支。

（二）各项目申报单位应确保申报材料真实、准确、完整，保证项目各项建设手续合规、建设资金及时落实到位、项目按时保质完成，并向市商务委做出书面承诺。获得专项资金支持的项目单位应在项目完成后1个月内将项目实施、资金使用等情况报有关区县商务委或市属商业集团。

（三）各初审单位应积极组织项目单位进行申报，切实做好指导与审核，严格把关，按照规定时间和程序做好相关工作。

（四）各初审单位应加强对已支持项目的后续指导和跟踪监管，确保项目实施效果，充分发挥财政资金使用效益。

（五）项目申报单位原则上应将获得的专项资金列入“营业外收入”科目核算，相关法规另有规定的从其规定。

业务咨询电话：

农超对接项目　87211822

电子商务基地项目　87211850

商业品牌发展项目　87211872

附件1：项目申报书

附件2：项目申报单位承诺书

附件3：项目已发生费用明细表

附件4：2015年中央内贸发展专项资金申报项目情况汇总表

附件1：

项目申报表

项目名称：	
项目单位：	
企业注册地：	
申报日期：	

项目信息表

<table>
<tr><td>项目名称</td><td colspan="3"></td></tr>
<tr><td>项目负责人</td><td></td><td>手机电话</td><td></td></tr>
<tr><td>单位地址</td><td></td><td>邮政编码</td><td></td></tr>
<tr><td>注册资本</td><td></td><td>办公电话</td><td></td></tr>
<tr><td>上年收入</td><td></td><td>企业规模</td><td></td></tr>
<tr><td>项目申请理由
及项目主要内容</td><td colspan="3"></td></tr>
<tr><td>项目经济效益</td><td colspan="3"></td></tr>
<tr><td>项目社会效益</td><td colspan="3"></td></tr>
<tr><td rowspan="4">阶段性目标</td><td>实施阶段</td><td>目标内容</td><td>起止时间（年月）</td></tr>
<tr><td>第一阶段</td><td></td><td></td></tr>
<tr><td>第二阶段</td><td></td><td></td></tr>
<tr><td>第三阶段</td><td></td><td></td></tr>
<tr><td colspan="4">项目组织实施条件</td></tr>
</table>

项目支出预算明细表

<table>
<tr><td colspan="2">项目名称</td><td colspan="2"></td></tr>
<tr><td rowspan="27">项目支出预算及测算依据</td><td rowspan="9">项目资金来源</td><td>来源项目</td><td>申报额（万元）</td></tr>
<tr><td></td><td></td></tr>
<tr><td>项目总投资</td><td></td></tr>
<tr><td>其中：自筹资金</td><td></td></tr>
<tr><td>银行贷款</td><td></td></tr>
<tr><td></td><td></td></tr>
<tr><td></td><td></td></tr>
<tr><td></td><td></td></tr>
<tr><td></td><td></td></tr>
<tr><td rowspan="17">项目支出明细预算</td><td>支出明细项目</td><td>金额（万元）</td></tr>
<tr><td>合计</td><td></td></tr>
<tr><td></td><td></td></tr>
<tr><td></td><td></td></tr>
<tr><td></td><td></td></tr>
<tr><td></td><td></td></tr>
<tr><td></td><td></td></tr>
<tr><td></td><td></td></tr>
<tr><td></td><td></td></tr>
<tr><td></td><td></td></tr>
<tr><td></td><td></td></tr>
<tr><td></td><td></td></tr>
<tr><td></td><td></td></tr>
<tr><td></td><td></td></tr>
<tr><td></td><td></td></tr>
<tr><td></td><td></td></tr>
<tr><td></td><td></td></tr>
<tr><td>预算依据及说明</td><td colspan="2"></td></tr>
</table>

项 目 可 行 性 执 行 报 告
一、基本状况   二、必要性与可行性   三、实施条件

附件2：

项目申报单位承诺书

北京市商务委员会：

我单位将严格按照《北京市商务委员会关于征集2015年中央内贸发展专项资金项目的通知》的有关规定组织实施____项目，保证向市商务委及有关部门提供的资料真实、有效，项目建设各项手续齐全、合规，项目建设资金落实到位，项目按计划实施，确保项目建设效果。

我单位承诺保证不出现任何项目建设违法违规行为，如出现上述问题我单位将承担一切责任。

项目单位法人代表（签字）：__________ 单位公章

年 月 日

附件3：

项目已发生费用明细表

填报单位：（公章）

序号	记账时间	会计凭证号	费用名称	金额（元）
1				
2				
3				
4				
5				
6				
7				
8				
9				
10				
11				
12				
13				
14				
15				
16				
17				
18				
19				
20				
	合计			

注：项目已发生费用明细按时间先后顺序填写

附件 4：

2015 年中央内贸发展专项资金申报项目情况汇总表

填报单位：（盖章） 单位：万元

序号	项目单位	项目名称	计划投资			企业性质	企业注册资金	项目已投资	项目进度		项目负责人	办公电话	手机
			总额	自筹资金	银行贷款				开工时间	完工时间			
总计													

填报人： 审核人：

备注：此表由区县商务委、市属商业集团填报。

关于做好本市拍卖企业审批有关工作的通知

京商务交字〔2015〕67号

各区、县商务委，各有关单位：

根据《中华人民共和国拍卖法》（2004年中华人民共和国主席令第二十三号）、《全国人民代表大会常务委员会关于修改〈中华人民共和国电力法〉等六部法律的决定》（2015年中华人民共和国主席令第二十四号）、《拍卖管理办法》（商务部令2004年第24号）等有关规定以及国务院、北京市有关审批改革的精神，现就做好本市拍卖企业审批工作有关事项通知如下：

一、需要提交的材料

企业申请取得从事拍卖业务的许可、变更、延续、注销事项的申请资料（见附件）。

二、办理工作程序

（一）企业登录“北京拍卖网（http：//www.bjpm.org）”，上传申请材料电子版，由区县商务委进行网上预审查；预审查需要修改材料的企业，区县商务委将指明具体问题并在“北京拍卖网”上退回，企业需及时进行修改和上传。

（二）经区县商务委预审查通过后，企业将纸制版申请材料（原件、复印件各1份）提交到区县商务委，区县商务委出具《受理通知书》。

（三）区县商务委按照《中华人民共和国拍卖法》第十二条、《拍卖管理办法》第八条等有关条件对申报材料纸制版进行审查，审查不合格的，将申报材料从“北京拍卖网”上退回；审查合格的，出具审查意见并连同企业申报材料原件报市商务委，复印件留存区县商务委。

（四）市商务委对申报材料进行审核，审核不合格的，将申报材料从“北京拍卖网”上退回；审核合格的，出具核准意见并颁发《拍卖经营批准证书》，由区县商务委下发给企业。

三、有关要求

（一）各区县商务委要加强对拍卖企业审批工作的组织领导，细化工作措施，明确具体责任科室，指定专人负责；要按照《中华人民共和国拍卖法》和其它有关法律、行政法规的规定，严格规范审查，确保审查符合程序和要求；要加强拍卖企业属地监管，强化事中事后监管，促进行业规范发展。

（二）经许可从事拍卖业务的企业，要严格遵守有关法律、法规，规范开展经营业务，按时报送有关经营情况，自觉接受有关部门监管管理。未取得《拍卖经营批准证书》的任何单位和个人不得从事拍卖业务。

本通知自发布之日起实施。

联系人：服务交易处 曾青

联系电话：87211851

附件：拍卖企业需提交的申请资料

附件：

拍卖企业需提交的申请资料

一、企业申请取得从事拍卖业务的许可

（一）拍卖企业应提交材料

1. 行政许可事项申请书原件（示范文本下载）；

2. 办理行政许可事项授权委托书原件（示范文本下载）；

3. 受托人身份证原件及复印件（法定代表人签字盖章确认），原件核对后退还；

4. 企业申请原件（示范文本下载）；

5. 工商行政管理机关核发的《营业执照》（副本）原件及复印件，原件核对后退还；

6. 法定代表人简历原件（加盖公章）（示范文本下载）和身份证原件及复印件，法人股东工商《营业执照》（副本）原件及复印件，自然人股东身份证原件及复印件，原件核对后退还；

7. 拍卖师的《中华人民共和国拍卖师执业资格证书》、《拍卖师执业注册记录》、《拍卖师变更申请表》原件及复印件，原件核对后退还；

8. 公司章程复印件（企业需注明：此章程与提供给工商部门章程一致，并加盖企业公章）；

9. 拍卖规则原件。

（二）拍卖企业分支机构应提交材料

1. 行政许可事项申请书原件（示范文本下载）；

2. 办理行政许可事项授权委托书原件（示范文本下载）；

3. 受托人身份证原件及复印件（法定代表人签字盖章确认），原件核对后退还；

4. 分支机构申请原件（营运资金不少于100万元人民币的资金或实物），分支机构加盖公章并由分支机构负责人签字（示范文本下载）；

5. 工商行政管理机关核发的《营业执照》（副本）原件及复印件，原件核对后退还；

6. 分支机构负责人简历（加盖公章）（示范文本下载）、身份证原件及复印件，原件核对后退还；

7. 拍卖师的《中华人民共和国拍卖师执业资格证书》、《拍卖师执业注册记录》原件及复印件，拍卖企业同意拍卖师到分支机构任职的证明，原件核对后退还；

8. 拍卖企业工商《营业执照》（副本）和《拍卖经营批准证书》（副本）原件及复印件，原件核对后退还；

9. 拍卖企业最近两年经会计师事务所审计的年度财务会计报表复印件；

10. 拍卖企业提交上年拍卖成交额情况材料原件。

二、变更

应提交材料：

1. 行政许可变更事项申请书原件（示范文本下载）；

2. 办理行政许可变更事项授权委托书原件（示范文本下载）；

3. 受托人身份证原件及复印件（法定代表人签字盖章确认），原件核对后退还；

4. 变更申请原件，企业加盖公章（示范文本下载）；

5.《拍卖经营批准证书》（正、副本）原件；

6. 工商《营业执照》（副本）原件及复印件，原件核对后退还；

7. 股东会关于变更事项的决议原件（各股东盖章签字）（示范文本下载）；

8. 企业拍卖师《中华人民共和国拍卖师执业资格证书》、《拍卖师执业注册记录》原件及复印件，原件核对后退还；

9. 公司章程（章程修正案）复印件（企业需注明：此章程或章程修正案与提供给工商部门章程或章程修正案一致，并加盖企业公章）。

根据具体变更事项还应提交材料：

1. 法定代表人（分支机构负责人）变更：

法定代表人简历（示范文本下载）、（分支机构负责人）简历（示范文本下载）（加盖公章）、身份证原件及复印件，原件核对后退还。

2. 股权变更：

（1）股权转让协议原件（转让方和受让方签字盖章确认）（示范文本下载）；

（2）新一届股东会决议原件（各方新股东签字盖章）；

（3）新法人股东提供工商《营业执照》（副本）原件及复印件、自然人股东提供身份证原件及复印件，原件核对后退还。

3. 注册资本金变更：

股东出资协议（示范文本下载）。

三、延续

应提交材料：

1. 延续申请原件（示范文本下载）；

2. 工商《营业执照》（副本）原件及复印件，原件核对后退还；

3.《拍卖经营批准证书》（正、副本）原件。

四、注销

应提交材料：

1. 注销拍卖经营资质申请原件（示范文本下载）；

2. 工商行政管理部门核发减项后的《营业执照》（副本）复印件或者注销证明原件及复印件，原件核对后退还；

3.《拍卖经营批准证书》（正、副本）原件。

北京市商务委员会行政许可事项申请书

北京市商务委员会并　区（县）商务委员会：

××××××××××公司＿＿＿＿＿现向贵委申请取得从事拍卖业务的行政许可，并提交如下申请材料：

1. 行政许可事项申请书原件；
2. 办理行政许可事项委托书原件；
3. 受托人身份证复印件（委托人签字盖章确认）；
4. 企业申请原件；
5. 工商行政管理机关核发的《营业执照》（副本）复印件；
6. 法定代表人简历、身份证复印件及各投资方证件复印件；
7. 拍卖师资质证明复印件；
8. 公司章程复印件；
9. 拍卖规则原件。

我（单位）承诺：以上提交材料均真实、合法、有效。

请贵委依法审查并予批准。

法定代表人签字：

（公章）

年　月　日

地　址：　　邮　编：

联系人：　　联系电话：

办理行政许可事项授权委托书

委托人（企业名称）：

法定代表人：

地址：　　　　　　　　　　　　　　　　电话：

受托人（姓名及身份证号）：

地址：　　　　　　　　　　　　　　　　电话：

委托事项：到________区（县）商务委员会办理北京＊＊公司取得从事拍卖业务的行政许可有关事项

委托权限：（注：具体委托权限由委托人视情况决定，并在方框内画勾）

□　代为提交、更正、补充申请材料；

□　代为签收相关法律文书；

□　代为接受行政审批机关有关本许可事项的询问并予以答复；

□　代为行使、履行与本许可事项相关的其他权利和义务。

受托人在委托权限内签署的有关文书委托人予以承认，并承担法律责任。

委托期限：自　　年　月　日至　　年　月　日该行政许可事项办理完结止。

法定代表人签字：　　　　　　　　　　受托人签字：

公章　：　　　　　　　　　　　　　　　人名章：

年　月　日　　　　　　　　　　　　　年　月　日

关于北京×××××公司取得从事拍卖业务的许可申请

北京市商务委员会并　区（县）商务委员会：

根据《中华人民共和国拍卖法》、《拍卖管理办法》及有关法律、法规的要求，我们向贵委提出申请取得从事拍卖业务的许可如下：

一、公司名称：北京××××公司。

二、注册资本：××××万元。

三、法定代表人：×××。

四、经营地址：北京市××区××××××。

五、经营范围：拍卖。

六、股东、出资额、出资方式及出资比例如下：

股　　东	出资额（万元）	出资方式	出资比例%
		货币	
		货币	
		货币	

请予批准。

法定代表人签字（公章）

年　月　日

法定代表人简历

<table>
<tr><td colspan="2">姓名</td><td></td><td>性别</td><td></td></tr>
<tr><td rowspan="9">工作简历</td><td>起止年月</td><td colspan="2">工作单位</td><td>职务</td></tr>
<tr><td></td><td colspan="2"></td><td></td></tr>
<tr><td></td><td colspan="2"></td><td></td></tr>
<tr><td></td><td colspan="2"></td><td></td></tr>
<tr><td></td><td colspan="2"></td><td></td></tr>
<tr><td></td><td colspan="2"></td><td></td></tr>
<tr><td></td><td colspan="2"></td><td></td></tr>
<tr><td></td><td colspan="2"></td><td></td></tr>
<tr><td></td><td colspan="2"></td><td></td></tr>
<tr><td colspan="3">身份证复印件（正反面）</td><td colspan="2">谨此确认，本表所填内容不含虚假成份。

（单位公章）
年　月　日</td></tr>
</table>

北京市商务委员会行政许可事项申请书

北京市商务委员会并　区（县）商务委员会：

××××××××公司×××分支机构现向贵委申请取得从事拍卖业务的行政许可，并提交如下申请材料：

1. 行政许可事项申请书原件；

2. 办理行政许可事项授权委托书原件；

3. 受托人身份证复印件（委托人签字盖章确认）；

4. 分支机构申请原件；

5. 工商行政管理机关核发的《营业执照》（副本）复印件；

6. 分支机构负责人简历原件及身份证复印件；

7. 拍卖师资质证明及拍卖企业调任证明复印件；

8. 拍卖企业工商《营业执照》（副本）和《拍卖经营批准证书》（副本）复印件；

9. 拍卖企业最近两年经会计师事务所审计的年度财务会计报表复印件；

10. 拍卖企业上年拍卖成交额情况材料原件。

我（单位）承诺：以上提交材料均真实、合法、有效。

请贵委依法审查并予批准。

法定代表人签字：

（公章）

年　月　日

申请人地址：　　　　　　　　　　　　　　邮　　编：

联　系　人：　　　　　　　　　　　　　　联系电话：

办理行政许可事项授权委托书

委托人（企业名称）：

总公司法定代表人签字：

地址：　　　　　　　　　　　　　　　　　　电话：

受托人（姓名及身份证号）：

地址：　　　　　　　　　　　　　　　　　　电话：

委托事项：到区（县）商务委员会办理北京＊＊公司××分公司取得从事拍卖业务的行政许可有关事项

委托权限：（注：具体委托权限由委托人视情况决定，并在方框内画勾）

□　代为提交、更正、补充申请材料；

□　代为签收相关法律文书；

□　代为接受行政审批机关有关本许可事项的询问并予以答复；

□　代为行使、履行与本许可事项相关的其他权利和义务。

受托人在委托权限内签署的有关文书委托人予以承认，并承担法律责任。

委托期限：自　　年　月　日至　　年　月　日该行政许可事项办理完结止。

委托人法定代表人签字：　　　　　　　　　　受托人签字：

公章：　　　　　　　　　　　　　　　　　　人名章：

年　月　日　　　　　　　　　　　　　　　　年　月　日

关于北京×××××公司×××分支机构取得从事拍卖业务的许可申请

北京市商务委员会并　区（县）商务委员会：

根据《中华人民共和国拍卖法》、《拍卖管理办法》及有关法律、法规的要求，我们向贵委提出申请取得从事拍卖业务的许可如下：

一、分支机构名称：北京××××公司×××公司。

二、营运资金：××××万元。

三、负责人：×××。

四、经营地址：北京市××区××××××。

五、经营范围：拍卖。

请予批准。

法定代表人签字（公章）

年　月　日

分支机构负责人简历

<table>
<tr><td colspan="2">姓名</td><td></td><td>性别</td><td></td></tr>
<tr><td rowspan="9">工作简历</td><td>起止年月</td><td colspan="2">工作单位</td><td>职务</td></tr>
<tr><td></td><td colspan="2"></td><td></td></tr>
<tr><td></td><td colspan="2"></td><td></td></tr>
<tr><td></td><td colspan="2"></td><td></td></tr>
<tr><td></td><td colspan="2"></td><td></td></tr>
<tr><td></td><td colspan="2"></td><td></td></tr>
<tr><td></td><td colspan="2"></td><td></td></tr>
<tr><td></td><td colspan="2"></td><td></td></tr>
<tr><td></td><td colspan="2"></td><td></td></tr>
<tr><td colspan="3">身份证复印件（正反面）</td><td colspan="2">谨此确认，本表所填内容不含虚假成份。

（单位公章）
年　月　日</td></tr>
</table>

北京市商务委员会行政许可变更事项申请书

北京市商务委员会并　　区（县）商务委员会：

××××××××公司现向贵委申请变更有关事项行政许可，并提交如下申请材料：

1. 行政许可变更事项申请书原件；
2. 办理行政许可变更事项授权委托书原件；
3. 受托人身份证复印件；
4. 变更申请原件；
5. 《拍卖经营批准证书》（正、副本）原件；
6. 工商《营业执照》（副本）复印件；
7. 股东会决议原件；
8. 拍卖师资质证明复印件；
9. 公司章程复印件；
10. 法定代表人变更：法定代表人简历及身份证复印件。
11. 股权变更：股权转让协议原件、新一届股东会决议原件及新股东证件复印件；
12. 注册资本金变更：股东出资协议原件。

（企业变更填写1至9项资料，如企业法定代表人、股权及注册资本金变更需再填写增加相关变更项资料。）

我（单位）承诺：以上提交材料均真实、合法、有效。

请贵委依法审查并予批准。

法定代表人签字（公章）：

年　月　日

申请人地址：　　　　邮　　编：

联　系　人：　　　　联系电话：

办理行政许可变更事项授权委托书

委托人（公司名称）：

法定代表人签字：

地址： 电话：

受托人（姓名及身份证号）：

地址： 电话：

委托事项：到区（县）商务委办理北京＊＊公司变更＊＊＊＊有关事项

委托权限：（注：具体委托权限由委托人视情况决定，并在方框内画勾）

□ 代为提交、更正、补充申请材料；

□ 代为签收相关法律文书；

□ 代为接受行政审批机关有关本许可事项的询问并予以答复；

□ 代为行使、履行与本许可事项相关的其他权利和义务。

受托人在委托权限内签署的有关文书委托人予以承认，并承担法律责任。

委托期限：自 年 月 日至 年 月 日该行政许可事项办理完结止。

委托人法定代表人签字： 受托人签字：

公章 ： 人名章：

年 月 日 年 月 日

关于变更企业名称的申请

北京市商务委员会并　　区（县）商务委员会：

根据股东会决议，申请变更事项如下：企业名称由××××××公司变更为×××××公司。

请予批准。

北京×××××公司（公章）

年　月　日

关于变更注册资本金的申请

北京市商务委员会并　　区（县）商务委员会：

根据股东会决议，申请变更事项如下：注册资本金由×××万元变更至××××万元。

变更前股东出资额及比例：

××　　　××万元　　　占××%

××　　　××万元　　　占××%

变更后股东出资额及比例：

××　　　××万元　　　占××%

××　　　××万元　　　占××%

请予批准。

北京×××××公司（公章）

年　月　日

关于变更法定代表人的申请

北京市商务委员会并　　区（县）商务委员会：

根据股东会决议，申请变更事项如下：法定代表人由××变更为×××。

请予批准。

北京×××××公司（公章）

年　　月　　日

关于变更企业经营地址的申请

北京市商务委员会并　　区（县）商务委员会：

根据股东会决议，申请变更事项如下：经营地址由北京市××区×××××变更至北京市××区××××。

请予批准。

北京×××××公司（公章）

年　月　日

关于变更企业股权的申请

北京市商务委员会并　区（县）商务委员会：

根据股东会决议，申请变更事项如下：××将其持有的××万元、占××％的股权转让给××。

变更前股东出资额及比例：

××　××万元　占××％

××　××万元　占××％

变更后股东出资额及比例：

××　××万元　占××％

××　××万元　占××％

请予批准。

北京×××××公司（公章）

年　月　日

股 东 会 决 议

时间：　　年　　月　　日

地点：北京市×××××

应到股东人数：×人

实到股东人数：×人

代表的股额：100%

会议决议如下：

一、同意企业名称变更：由×××公司变更为×××公司。

二、同意法定代表人变更：由×××变更为×××。

三、同意经营地址变更：由北京市××区×××变更到北京市××区×××。

四、同意股权转让：××将其持有的××万元，占××%股份转让给××。

变更前股东出资额及比例：

××　　　　××万元　　××%

××　　　　××万元　　××%

变更后股东出资额及比例：

××　　　　××万元　　××%

××　　　　××万元　　××%

五、同意注册资本金变更：由××万元变更到××××万元。

变更前股东出资额及比例：

××　　　　××万元　　××%

××　　　　××万元　　××%

变更后股东出资额及比例：

××　　　　××万元　　××%

××　　　　××万元　　××%

六、同意修改后的公司章程（修正案）。

（股东签字、盖章）

年　　月　　日

股权转让协议

转让方：××

受让方：××

根据北京×××公司股东会决议，××与××达成股权转让协议如下：

1. ××愿意将其持有的××万元、占××%股权转让给××；

2. ××愿意接收××持有的××万元、占××%股权；

3. 股权于××××年××月××日正式转让，自转让之日起，转让方对已转让的股权不再享有出资人的权利和承担出资人的义务，受让方以其受让的股权在企业内享有出资人的权利和承担出资人的义务。

此协议经双方签字盖章后生效。

转让方：（签字盖章）　　　　受让方：（签字盖章）

年　月　日　　　　年　月　日

股东出资协议

根据北京×××公司股东会决议，××、××与××就公司注册资本金由××万元变更为×××万元，各方股东达成以下出资协议：

1.××出资××万元，占注册资本××%；

2.××出资××万元，占注册资本××%；

3.××出资××万元，占注册资本××%。

全体股东：（法人股东法定代表人签字盖公章；自然人股东签字盖人名章）

年 月 日

关于延续《拍卖经营批准证书》有效期的申请

北京市商务委员会并　区（县）商务委员会：

我公司《拍卖经营批准证书》有效期将于××××年××月××日到期，现申请延续《拍卖经营批准书》有效期。

北京××公司

年　月　日

联系人及电话：

关于注销拍卖经营资质申请

北京市商务委员会并　　区（县）商务委员会：

我公司根据股东会决议，已于××××年××月××日经北京市工商行政管理局××分局核定，拍卖经营范围减项或注销企业法人营业执照。现将《拍卖经营批准证书》（正、副本）交回，并向贵委申请注销拍卖经营资质。

北京×××公司

年　月　日

联系人及电话：

关于全面下放我市服务外包及软件出口合同登记管理的通知

京商务服贸字〔2015〕5号

各区、县、北京经济技术开发区商务主管部门及相关企业：

根据《北京市商务委员会关于进一步做好服务外包及软件出口合同登记管理的通知》（京商务服贸字〔2014〕26号），我市自2014年10月1日起，将服务外包及软件出口合同登记管理工作下放至部分区县商务主管部门负责，通过在海淀区、丰台区、石景山区、昌平区、大兴区、通州区、顺义区、房山区、门头沟区、平谷区、怀柔区、密云县、延庆县和北京经济技术开发区（以下简称开发区）的试运行，实现了管理关口前移，初步形成了区县商务委审核、市商务委审定、商务部核查三级负责制的管理体系。

为全面下放我市服务外包及软件出口合同登记管理工作，现将有关事项通知如下：

一、自2015年6月1日起，东城区、西城区和朝阳区服务外包及软件出口合同登记管理工作由各辖区商务主管部门负责。

二、根据商务部、国家统计局《关于印发服务外包统计报表制度的通知》（商服贸函〔2015〕145号），并针对各区、县和开发区在试运行中的实际情况，对《北京市服务外包及软件出口合同登记管理说明》（详见附件1）进行了修订，原《北京市商务委员会关于进一步做好服务外包及软件出口合同登记管理的通知》（京商务服贸字〔2014〕26号）中的附件2《北京市服务外包及软件出口合同登记管理说明》废止。

三、请各区县（开发区）商务主管部门按照新修订的《北京市服务外包及软件出口合同登记管理说明》，认真做好辖区内企业的服务外包业务及软件出口合同登记管理工作。

四、请各相关企业自2015年6月1日起，到企业注册所在地商务主管部门办理服务外包及软件出口合同登记手续。

联系人：服务贸易处 许鑫

联系电话：87211755

附件1：北京市服务外包及软件出口合同登记管理说明

附件2：各商务主管部门联系方式

附件 1：

北京市服务外包及软件出口合同登记管理说明
（2015 年修订）

第一章　总　则

第一条　为科学、有效地组织和管理我市服务外包及软件出口合同登记管理，动态掌握我市我服务外包基本情况，方便企业合同登记备案，实现管理关口前移，形成区县商务委审核、市商务委审定、商务部核查三级负责制的管理体系，为落实国家相关促进政策及制定市级配套支持政策等提供数据服务，特制定本说明。

第二章　合同登记管理机构及对象

第二条　服务外包及软件出口合同登记管理采用属地化管理方式。市商务委负责全市服务外包及软件出口合同登记的审定、统计、督促与检查管理。

第三条　各区县（开发区）商务主管部门负责管理本辖区内企业日常报送服务外包及软件出口合同的审核管理，应在本单位网站公示办事流程（参见附件 1），明确服务外包及软件出口合同登记管理的主管科室、专职管理人员，并配置相关办公设施。

第四条　服务外包及软件出口合同登记管理对象为从事服务外包和软件出口业务的相关企业。

服务外包是指专业服务供应商通过契约的方式，为组织（企业、政府、社团等）提供服务，完成组织内部现有或新增的业务流程中持续投入的中间服务的经济活动。服务外包分为信息技术外包（ITO）、业务流程外包（BPO）、知识流程外包（KPO）。其中，信息技术外包（ITO）的类别包括：软件研发外包、信息技术服务外包、运营和维护服务；业务流程外包（BPO）的类别包括：内部管理外包、业务运营外包服务、供应链外包服务；知识流程外包（KPO）的类别包括：商务服务外包、技术服务外包、研发服务外包。（见附件 2）

软件出口是指从事对外经贸经营活动的法人和其他组织，采取通关或网上传输方式向境外出口软件产品、转让软件技术和提供相关服务。（见附件 2）

服务外包与软件企业是指从事跨境服务外包和软件业务，并在我市辖区内注册的独立法人企业。

我国企业承接境外发包的视为服务外包出口，我国企业向境外企业发包的视为服务外包进口；我国企业向境外输出的软件及相关服务视为软件出口，我国企业由境外输入的软件及相关服务视为软件进口。

软件出口企业在软件出口合同中应明确软件出口方式：海关通关方式或网上传输方式。

第三章　合同登记

第五条　用户可通过互联网登陆商务部“服务外包及软件出口业务管理和统计系统”（以下简称系统）。

企业和培训机构端：

http://fwwbqy.fwmys.mofcom.gov.cn

服务外包管理端：

http://fwwb.fwmys.mofcom.gov.cn

软件出口管理端：

http://rjck.fwmys.mofcom.gov.cn

第六条　市商务委负责各区县（开发区）商务主管部门的账户分配管理。各区县（开发区）商务主管部门负责辖区内的企业系统注册管理，根据企业申请，据实核准其账户。

第七条　企业合同登记

（一）企业系统注册

市辖区内的服务外包及软件出口企业初次申报时须在系统注册，登陆系统“企业和培训机构端”如实填写《服务外包企业基本信息表》，并提供相关材料（见附件3），及时报请注册地的区县（开发区）商务主管部门审核，经审核通过后方可取得申报资格。

（二）企业在线录入合同信息并提交书面材料

取得申报资格的企业应于每月5日前报送上一月的“服务外包（或软件）合同协议情况登记表”、“服务外包（或软件）合同执行情况登记表”，每季度第一个月的10日前报送上一季度的“服务外包人力资源变更情况登记表”、“服务外包国际资质认证情况登记表”，并及时将相关书面材料（见附件4）报送注册地的区县（开发区）商务主管部门申请审核。

企业在登录合同信息时应在“合同业务类型”项中选择相应类型，以区分软件出口合同与服务外包合同。

（三）企业基本信息更新

企业每年1月30日前报送上一年度《服务外包企业基本信息表》。对于未按管理规定及时报送、更新企业基本信息的企业，暂缓受理其服务外包及软件出口合同登记的申请。

第八条　企业录入合同的审核管理

（一）审核：各区县（开发区）商务主管部门负责本辖区内企业合同登记内容与书面申报材料的审核，核验企业在线录入合同信息与提交的合同、收汇凭证等材料是否真实、一致、有效。

对初次申报合同、变更合同的应查验相关合同原件。

对由第三方委托代理合同登记的，要查验委托方与被委托方双方签定的委托（代理）协议原件，并留存其复印件，存档备查。

对上一年度11－12月期间已执行的服务外包及软件出口合同，因涉外收入申报等原因未在系统及时登记的，企业应向当地商务主管部门如实提交相关情况说明后，可在本年度第一季度结束前进行补录。

企业在线登记信息与提交书面材料真实、一致、有效的予以受理，自受理之日起3个工作日内完成审核；对不予核准通过的，将理由告知申办企业，并将申办材料退还申办企业；对于企业弄虚作假的依据相关法律法规追究相关责任。

（二）审定：市商务委负责全市服务外包及软件出口合同登记审定管理工作。负责对各区县（开发区）商务主管部门通过的审核意见进行审定；如有差误，退回原审核区县（开发区）商务主管部门。

（三）核查：商务部对市商务委审定通过的服务外包或软件出口合同协议情况及执行情况、人力资源情况、国际资质认证情况等适时进行在线核查，对核查不通过的，通过系统退回市商务委，经市商务委核验后，将情况通报相关区县（开发区）商务主管部门，并由区县（开发区）商务主管部门进行处理。

（四）发证：软件出口合同登记证书由市商务委负责管理，各区县商务主管部门负责向企业颁发。

第四章　监督与奖惩管理

第九条　服务外包和软件出口业务申报企业，应及时办理申报。市商务委、各区县（开发区）商务主管部门将不定期对申报企业合同登记情况进行监督检查。凡伪造服务外包及软件出口合同、虚报造假和违反有关规定的企业，一经查实，将受到通报、暂停或取消其享受有关鼓励政策的申请资格。对于触犯法律的，由司法机关依法处理。

第十条　各区县（开发区）商务主管部门每季度第一个月 10 日前将上一季度审核情况表（见附件 5）报送市商务委。每年度将对各区县（开发区）商务主管部门的管理工作进行综合评价，对于管理工作突出的人员予以表彰；对于未按规定执行相关管理的区县商务主管部门进行通报批评，情形特别严重者将取消其审核资格。

第五章　文档管理

第十一条　各区县（开发区）商务主管部门应认真做好服务外包及软件出口合同登记申报管理工作，对企业报送材料应妥善保管归档，保存期限一般不少于 2 年，并做好信息保密工作。市商务委将不定期进行检查。

第六章　附　则

第十二条　在岸服务外包业务的合同登记比照本说明进行管理。

第十三条　本说明由市商务委负责解释。

附件 1

服务外包及软件出口合同登记流程
（范本）

事项名称：服务外包及软件出口合同登记

事项类别：服务类事项

受理方式：网上申请、书面受理

办理依据：

1.《中华人民共和国对外贸易法》

2.《软件出口管理和统计办法》(外经贸技发〔2001〕604 号)

3.《服务外包统计报表制度的通知》(商服贸函〔2015〕145 号)

4.《商务部办公厅关于进一步完善服务外包统计管理有关问题的通知》（商办服贸函〔2010〕880 号)

5.《北京市商务委员会关于全面下放我市服务外包及软件出口合同登记管理的通知》(京商务服贸字〔2015〕5 号)

收费标准：不收费

条件：

1. 北京地区具有进出口经营资质的企业

2. 对外签订生效的服务外包和软件出口合同

国家禁止出口、限制出口的计算机技术和属于国家秘密技术范畴的计算机技术，按《限制出口技术管理办法》和《国家秘密技术出口审查规定》的有关规定执行。

办理时限：3 个工作日

提交材料：

1. **企业系统注册**(网址：http://fwwbqy. fwmys. mofcom. gov. cn/)

企业在线录入“企业注册信息”后上报，随即报送以下书面材料：

a. 企业营业执照副本（复印件)；

b. 组织机构代码证（复印件)；

c. 企业进出口资质证明：内资企业是《进出口资格证书》或《对外贸易经营者备案登记表》，外资企业是《外商投资企业批准证书》或《港澳台投资企业批准证书》(复印件)；

2. **企业在线录入“合同信息”并提交书面材料**

企业在线录入“合同信息”后上报，随即报送以下书面材料：

(1）通过网上传输或其他非报关出口的合同登记

a. 接包合同信息表（网上打印）；

b. 签订生效协议（主合同或框架合同）/执行情况（订单或变更协议），复印件（外文合同需附中文译本）；

c. 银行出具的收汇凭证与涉外收入申报单（复印件）；

d. 企业营业执照副本，组织机构代码证（复印件）；

e. 企业进出口资质证明：内资企业是《进出口资格证书》或《对外贸易经营者备案登记表》，外资企业是《外商投资企业批准证书》或《港澳台投资企业批准证书》（复印件）；

f. 其他所需材料。

(2) 通过海关报关出口的合同登记

a. 接包合同信息表（网上打印）；

b. 签订生效协议（主合同或框架合同）/执行情况（订单或变更协议），复印件（外文合同需附中文译本）；

c. 自理报关出口证明（海关黑本，复印件）；

d. 高新软件出口企业确认书（复印件，通过海关出口 9803 类软件企业提供）；

e. 软件著作权登记证书（复印件，仅软件产品出口企业提供）；

f. 企业营业执照副本，组织机构代码证（复印件）；

g. 企业进出口资质证明：内资企业是《进出口资格证书》或《对外贸易经营者备案登记表》，外资企业是《外商投资企业批准证书》或《港澳台投资企业批准证书》（复印件）；

h. 其他所需材料。

注：企业请将上述全部书面材料加盖公章后，报送区县商务主管部门

办理程序：

1. 企业系统注册（网址：http：//fwwbqy. fwmys. mofcom. gov. cn/）

2. 企业在线登录合同信息并提交

3. 到注册所在区县（开发区）商务主管部门报送合同登记相关材料

办理机构：（区县（开发区）商务主管部门×××科室）

办理地址：区县商务主管部门办理地点

办理电话：区县商务主管部门×××科室联系电话

办理时间：法定工作日

附件 2

服务外包合同业务类型

信息技术外包（ITO）	软件研发外包	○ 软件研发及开发服务 ○ 软件技术服务 ○ 其他软件研发外包业务
	信息技术服务外包	○ 集成电路和电子电路设计 ○ 测试外包服务 ○ 电子商务平台服务 ○ IT 咨询服务 ○ IT 解决方案 ○ 其他信息技术服务外包业务
	运营和维护服务	○ 信息系统运营和维护服务 ○ 基础信息技术运营和维护服务 ○ 其他运营和维护服务
业务流程外包（BPO）	内部管理外包服务	○ 人力资源管理服务 ○ 财务与会计管理服务 ○ 其他内部管理外包服务
	业务运营外包服务	○ 数据处理服务 ○ 互联网营销推广服务 ○ 客户服务 ○ 专业业务外包服务
	供应链外包服务	○ 供应链管理服务 ○ 采购外包服务
知识流程外包（KPO）	商务服务外包	○ 知识产权外包服务 ○ 数据分析服务 ○ 管理咨询服务
	技术服务外包	○ 工业设计外包 ○ 工程技术外包 ○ 其他技术服务外包
	研发服务外包	○ 医药和生物技术研发外包 ○ 动漫及网游设计研发外包 ○ 其他研发服务外包

软件出口业务认定范围

适用范围
（一）软件技术的转让或许可； （二）向用户提供的计算机软件、信息系统或设备中嵌入的软件或在提供计算机信息系统集成、应用服务等技术服务时提供的计算机软件； （三）信息数据有关的服务交易。包括：数据开发、储存和联网的时间序列、数据处理，制表及按时间（即小时）计算的数据处理服务、代人连续管理有关设备、硬件咨询、软件安装，接客户要求设计、开发和编制程序系统、维修计算机和边缘设备，以及其他软件加工服务； （四）随设备出口等其它形式的软件出口。

附件 3

企业系统注册申请材料

企业申请注册“服务外包及软件出口业务管理和统计系统”须提供以下书面材料：

一、企业营业执照复印件。分公司在申报时可以使用其总公司的营业执照；

二、组织机构代码证（复印件）；

三、企业进出口资质证明：

内资企业：《进出口资格证书》或《对外贸易经营者备案登记表》；

外资企业：《外商投资企业批准证书》或《港澳台投资企业批准证书》（复印件）；

四、两年内在进出口业务管理、财务管理、税收管理、外汇管理、海关管理等方面无违法行为的说明；

五、与服务外包发包商签订的为其提供服务外包业务合同或与境外签订的软件出口合同；

六、根据实际情况，要求提供的其他书面材料。

（上述材料须加盖单位公章）

附件 4

服务外包及软件出口
合同登记（变更）企业申报材料

一、通过网上传输或其他非报关出口的合同登记

（一）合同登记

1. 服务外包合同协议情况登记表（网上打印）；

2. 签订生效协议（主合同或框架合同）/执行情况（订单或变更协议）复印件（外文合同需附中文译本）；

3. 银行出具的收汇凭证与涉外收入申报单（复印件）；

4. 企业营业执照副本，组织机构代码证（复印件）；

5. 企业进出口资质证明：

内资企业提供《进出口资格证书》或《对外贸易经营者备案登记表》；（复印件）

外资企业提供《外商投资企业批准证书》或《港澳台投资企业批准证书》（复印件）；

6. 根据实际情况，要求提供的其他书面材料。

（二）合同变更

1. 服务外包合同协议情况登记表（网上打印）；

2. 原签订生效协议复印件（外文合同需附中文译本）；

3. 变更协议（合同）复印件。

（上述材料须加盖单位公章）

二、通过海关报关出口的合同登记

（一）合同登记

1. 服务外包合同协议情况登记表（网上打印）；

2. 签订生效协议（主合同或框架合同）/执行情况（订单或变更协议），复印件（外文合同需附中文译本）；

3. 自理报关出口证明（海关黑本，复印件）；

4. 高新软件出口企业确认书（复印件，通过海关出口 9803 类软件企业提供）；

5. 软件著作权登记证书（复印件，仅软件产品出口企业提供）；

6. 企业营业执照副本，组织机构代码证（复印件）；

7. 企业进出口资质证明：

内资企业提供《进出口资格证书》或《对外贸易经营者备案登记表》

外资企业提供《外商投资企业批准证书》或《港澳台投资企业批准证书》（复印件）；

8. 根据实际情况，要求提供的其他书面材料。

（二）合同变更

1. 服务外包合同协议情况登记表（网上打印）；

2. 原签订生效协议复印件（外文合同需附中文译本）；

3. 变更协议（合同）复印件。

（上述材料须加盖单位公章）

附件 5

各区县（开发区）第____季度审核情况

填报单位：（加盖公章）

<table>
<tr><td rowspan="4">服务外包业务及软件出口执行与合同备案情况</td><td>外包一执行金额（万美元）</td><td></td><td>ITO 执行额（万美元）</td><td></td><td>初审合同数</td><td></td></tr>
<tr><td>外包一同比增长（%）</td><td></td><td>BPO 执行额（万美元）</td><td></td><td>其中：通过初审数</td><td></td></tr>
<tr><td>软件一执行金额（万美元）</td><td></td><td>KPO 执行额（万美元）</td><td></td><td>未通过数</td><td></td></tr>
<tr><td>软件一同比增长（%）</td><td></td><td>软件产品执行额（万美元）</td><td></td><td>新增企业数</td><td></td></tr>
<tr><td>第____季度服务外包及软件出口情况</td><td colspan="6"></td></tr>
<tr><td>说明</td><td colspan="6">季度服务外包及软件出口情况主要包含内容：基本情况、主要特点、存在问题、建议措施等。</td></tr>
</table>

附件 2：

各商务主管部门联系方式

序号	单位名称	联系人	联系电话
1	东城区商务委	王京	67079135
2	西城区商务委	史倩	68019354
3	朝阳区商务委	王梦璐	65099210
4	海淀区商务委	张国清	88498357
5	丰台商务委	张萍	63837580
6	石景山区商务委	王凯蒂	68865178
7	门头沟区商务委	马洁	69834494
8	通州区商务委	王玉卓	69547593
9	昌平区商务委	米进超	80107016
10	大兴区商务委	刘玲	81298241
11	顺义区商务委	李月明	69445305
12	房山区商务委	潘宝斌	81312971
13	怀柔区商务委	李元元	69642877
14	平谷区商务委	沈芃	89988293
15	密云县商务委	贾淑瑜	89089311
16	延庆县商务委	杜文涛	69174693
17	北京经济技术开发区	平原	67857527

关于规范酒类流通随附单管理工作的通知

京商务消促字〔2015〕3号

各区（县）商务委、各有关企业：

为加强酒类流通管理，规范酒类流通秩序，根据《酒类流通管理办法》（商务部2005年第25号令）和《商务部关于实施酒类流通随附单制度的通知》（商运发［2006］102号），结合本市实际，将酒类流通随附单（以下简称“随附单”）由酒类企业购买改为政府采购，市、区（县）商务委设点代售改为区（县）商务委负责免费发放。现就规范随附单管理工作通知如下：

一、随附单的使用范围

随附单是酒类流通溯源的重要凭证，适用于除啤酒以外其他酒类商品。随附单只能用于酒类流通过程，不得与其他商品混合填写。

随附单发放给已经在本区（县）备案登记、且正常经营的酒类批发（含批零兼营）企业和酒类生产企业的销售部门（以下统称酒类批发企业）。

酒类批发企业在批发酒类商品时应开具随附单，详细记录酒类商品流通信息。随附单附随于酒类流通的全过程，单随货走，单货相符，实现酒类商品自出厂到销售终端全过程流通信息的可追溯。酒类零售经营者在采购酒类商品时应索取随附单。

随附单规格：手写式随附单，每箱40本，每本50份，

最小单位为本。机打式随附单，每箱2000份，每箱4包，每包500份，最小单位为包。

二、随附单的发放程序和发放量

市商务委每年依据上年随附单发放量做出年度随附单发放计划，分批配送到区（县）商务委。区（县）商务委如需调增使用量，需提前一个月上报。

酒类批发企业向区（县）商务委申领随附单。首次申领时，需提交酒类流通备案登记表原件、经办人身份证复印件，随附单发放量一般为：机打式随附单1包，手写式随附单1－2本。再次申领时，需提交酒类流通备案登记表原件、经办人身份证复印件和已经使用的随附单存根，随附单发放量一般为该企业一个季度使用量。

三、其他管理要求

区（县）商务委应安排专人负责随附单的发放和管理工作。区（县）商务委应建立随附单发放登记簿（样式附后），登记发放随附单的相关信息，必须当天将所发放的随附单起号、止号、份数、领用单位等信息录入“北京市商务委员会酒类流通管理信息系统”。

随附单实行验旧发新制度（已实行收旧发新的区（县），可继续执行）。随附单管理要坚持应用尽用、防止浪费的原则，既要督促酒类企业按规定每批货都填制随附单，又要严格发放程序，做到验多少旧单、发多少

新单，对随附单使用量较大的大型批发企业查验旧单，可采取抽验或到企业现场查验的方法验旧。区（县）商务委应建立随附单验旧管理台帐（样式附后），对不按规定使用随附单的企业要指出问题、给予纠正，并在台账上做好记录。对指出问题不能按要求改正的企业，除依据《酒类流通管理办法》有关规定进行处罚外，下次发放随附单时按随附单的最小单位发放。

酒类经营企业应妥善保管好随附单，建立酒类经营购销台帐，保留3年。随附单一旦遗失，应及时向所在区（县）商务委提交酒类流通随附单遗失说明书、市级媒体声明作废原件，方可补领随附单。

要加强对随附单使用情况的监督检查，对不按规定使用随附单或重复使用、转借、代开、伪造和买卖等行为，要依据《酒类流通管理办法》有关规定进行查处。

随附单由市商务委统一印制，区（县）商务委负责发放与管理，不收取企业任何费用。自2015年4月20日起按照本通知要求发放和管理随附单，原领用的随附单可继续使用。

区（县）商务委要结合本区（县）情况，将随附单的发放范围、发放工作流程、办公地址、联系电话及有关要求在政府网站和服务窗口对外公布。

执行中如遇到问题，请及时与我处联系。

联系人：消费促进处 胡敬轩

联系电话：87211695

附件1：酒类流通随附单发放登记薄样式

附件2：酒类流通随附单验旧管理台账样式

附件 1：

酒类流通随附单发放登记薄

______区（县）商务委员会

20　年　月　日至20　年　月　日

酒类流通随附单发放登记薄

序号	发放时间	领用单位	发放数量（份）	随附单起、止号	机打式	手写式	领用人签字	发放人签字

附件2：

酒类流通随附单验旧管理台账

________区（县）商务委员会

20　年　月　日至20　年　月　日

酒类流通随附单验旧管理台账

序号	企业名称	检查数量（份）	存在的主要问题	检查时间	被检查单位签字	检查人

关于开展物流标准化2015年试点项目申报工作的通知

京商务物流字〔2015〕1号

各区县商务委，各有关企业、行业协会：

根据财政部办公厅、商务部办公厅、国家标准化管理委员会办公室《关于开展物流标准化试点有关问题的通知》（财办建〔2014〕64号）精神，北京市作为试点城市将启动物流标准化试点工作。为提高试点工作针对性和成效，现征集物流标准化试点企业和项目，具体事项通知如下：

一、工作思路

按照“政府引导、企业主导、以点带面、由易到难”的原则，以城市配送体系中物流标准化建设、托盘标准化及其循环共用、标准周转箱容器应用等为工作重点，支持对非标准托盘按照国标《联运通用平托盘主要尺寸及公差》、《联运通用平托盘性能要求和试验选择》进行标准化更新，提高标准化托盘使用量，优先推广1.2m＊1.0m托盘；鼓励企业带标准化托盘运输，支持使用和更新标准化周转箱、笼车等标准化物流设备；推广应用与标准化托盘、周转箱、笼车相适应的货架、叉车等设施设备，带动物流设施设备标准化升级改造和普及应用；促进物流配送交接模式变革，推动覆盖京津冀区域，包括快速消费品生产、物流、零售终端全过程的物流标准化进程，降低物流成本，提高物流效率。

力争经过三年试点，参与试点的第三方物流企业、商贸批发企业、快速消费品生产企业标准化托盘使用量达到90%以上，其中60%为租赁使用，实现带托配送、托盘循环共用、免检直通模式门店占到总配送门店的5%以上；对于零售连锁企业，第三方物流及商贸批发企业直送门店的货物20%以上实现带托运输，托盘进入循环共用体系，企业内部配送中心标准化托盘租用率达到70%以上；完成相关标准的研究、制定和发布。培育并形成推动本市物流标准化体系建设和具有示范作用的推广物流标准化的骨干物流和零售企业。

二、工作任务及政策支持范围

（一）仓储配送设施设备标准化改造。支持与标准化托盘配套的通用仓库、配送中心、零售门店的配送设施设备更新改造，包括货架、叉车、月台、管理信息系统改造等；支持与标准化周转箱相配套的超市卖场货架更新等；支持建设改造标准化城市公共物流基础设施。

（二）提升标准化物流设备专业服务水平。支持标准化物流设备服务商扩大租赁业务，加强对标准化设备的管理、升级改造和市场开拓。包括服务网点建设、服务功能和水平提升、管理信息系统升级改造等。支持服务于物流标准化工作的公共信息服务平台建设。

（三）推进物流一贯化运输。鼓励物流企业带标准托盘运输，支持对不适合标准托盘（周转箱、笼车）一贯化运输的物流车辆进行更新；支持供应链上下游企业货物交接免验收或延后验收，支持货物交接场所及监控系统建设及改造升级。

（四）完善物流标准和服务规范。支持企业、协会、科研单位等研究制订国家标准、行业标准、北京市地方标准，完善托盘、周转箱、笼车等相关配套设施设备和运营规范、配送流程、质量控制等服务的标准；围绕标准托盘、周转箱、笼车应用推广和循环共用，加强物流标准体系研究，探索制定京津冀一体化的托盘应用等区域标准。

三、试点单位及项目申报条件

（一）基本条件

1. 在北京市登记注册的独立法人，试点单位类别为：第三方物流服务企业、商贸批发企业、快速消费品生产企业、从事终端销售的零售连锁企业；物流标准化设备服务商、专业组织（协会）等；

2. 申报单位经营状况良好，财务管理制度健全；

3. 申报单位依法经营，近三年无违法违规记录；

4. 申报项目建设期为2014年1月1日—2015年11月30日；

5. 同一项目已享受政府其他专项补助资金的，原则上不得重复申报；

6. 申报试点企业承诺在试点期间能够向试点工作推进部门提供年度企业试点项目推进情况。配合开展调研工作，接受审计、财政等相关部门的审计考核工作。

（二）不同类型单位的承诺条件

1. 第三方物流企业、商贸批发企业、快速消费品生产企业

承诺在2015年第一年试点期间内，标准化托盘使用量达到40%以上，其中30%为租赁使用，实现带托配送、托盘循环共用、免检直通模式门店占到总配送门店的2%以上。

2. 零售连锁企业

承诺在2015年第一年试点期间内，第三方物流及商贸批发企业直送门店的货物5%以上实现带托运输，托盘进入循环共用体系；企业内部配送中心标准化托盘租用率达到25%以上。以托盘为送（接）货单元、免验货（或延迟验货）门店数量占第三方物流（含批发）企业直送门店总数的5%以上，且至少达到2家。

3. 物流标准化设备服务商

承诺对试点企业提供同行业同标准的价格服务，向物流标准化工作政府推进部门提供标准托盘、周装箱使用情况等。

4. 协会（社会团体）、科研单位

承诺在试点期限内，标准制定完成并批准发布；标准化研究课题经专家考核验收合格。

四、申报材料及程序

（一）材料要求

1. 项目申报书（含项目申报表、信息表、支出预算明细和可行性报告格式要求）；

2. 试点项目责任承诺书；

3. 项目单位法人证明文件复印件（营业执照、组织机构代码证书、法定代表人身份证明等）；

4. 项目单位近两年财务报表（资产负债表、损益表、现金流量表）；

5. 申请贷款贴息的项目，需出具项目单位与有关金融机构签订的贷款合同、银行进账单、利息凭证等材料复印件；

6. 试点项目年度支出预算明细；

7. 申报国家标准或行业标准的，应提供列入国家标准或行业标准制修订计划的通知，申报北京市地方标准的应填写《北京市地方标准制修订项目申报书》；

8. 其他与项目相关的证明材料。

（二）申报审批程序

项目实施属地化管理原则，企业向注册地区县商务委提交申报材料。

1. 申报材料：项目申报采取纸质和电子版申报方式。项目单位在网页内下载附件填报。项目纸制申请材料一式两份，按顺序装订成册，并加盖单位公章，与电子版材料同时报企业注册地区县商务委。

2. 部门初审：申报材料经区县商务委初审合格后，由区县商务委将符合条件的项目汇总后报市商务委。

3. 后续审批：初审通过的项目经试点领导小组组织专家进行遴选，确定试点企业初选名单，经公示后确定试点企业并报财政部、商务部及国家标准委备案。

4. 项目验收、评审及资金拨付：根据项目实施进度情况开展项目验收、评审工作。经第三方评审公司对项目评审通过后，拨付资金。

五、时间安排

项目集中申报时间截止至 2015 年 1 月 30 日，各区县商务委应于 2015 年 2 月 4 日前上报汇总材料。准备申报试点项目的单位请填写“物流标准化试点项目申报情况表”（附件 4）和“物流标准化试点企业情况表”（附件 5），于 2015 年 1 月 28 日之前，报市商务委物流发展处（邮箱 Email：wlc@bjcoc.gov.cn）。

六、工作要求

（一）各项目申报单位要确保申报材料内容真实、准确、完整，保证项目各项建设手续合规、项目建设资金落实到位、项目按时保质完成，并向市商务委做出书面承诺。获得专项资金支持的各项目单位在项目完工后 1 个月内应将项目实施、资金使用等情况向主管部门书面报告。

（二）区县商务部门应积极组织企业进行申报，对申报项目材料的规范性、完整性及真实性等进行具体指导和审核，严格把关，认真做好项目征集、审核等相关工作。行业协会要做好宣传动员工作。

（三）各主管部门应加强对已支持项目的后续指导和执行情况的监管，定期对项目进行监督检查，确保项目实施效果，提高财政资金的使用效益。

（四）对试点企业实施动态管理。对入选的试点企业和项目进行进度跟踪，不能完成阶段性任务，或未达到阶段性目标的试点企业取消试点资格。

联系人：物流发展处　卓海静

联系电话：87211776

附件 1：项目申报表

附件 2：试点项目责任承诺书

附件 3：项目贷款情况表

附件 4：2015 年物流标准化试点申报项目情况表

附件 5：2015 年北京市物流标准化试点企业情况表

附件 6：北京市地方标准制修订项目申报书

附件 1：

项目申报表

项目名称：	
项目单位：	
企业注册地：	
申报日期：	

项目信息表

<table>
<tr><td>项目名称</td><td colspan="3"></td></tr>
<tr><td>项目负责人</td><td></td><td>手机电话</td><td></td></tr>
<tr><td>单位地址</td><td></td><td>邮政编码</td><td></td></tr>
<tr><td>注册资本</td><td></td><td>办公电话</td><td></td></tr>
<tr><td>上年收入</td><td></td><td>企业规模</td><td></td></tr>
<tr><td>项目申请理由
及项目主要内容</td><td colspan="3"></td></tr>
<tr><td>项目经济效益</td><td colspan="3"></td></tr>
<tr><td>项目社会效益</td><td colspan="3"></td></tr>
<tr><td rowspan="4">阶段性目标</td><td>实施阶段</td><td>目标内容</td><td>起止时间（年月）</td></tr>
<tr><td>第一阶段</td><td></td><td></td></tr>
<tr><td>第二阶段</td><td></td><td></td></tr>
<tr><td>第三阶段</td><td></td><td></td></tr>
<tr><td colspan="4">项目组织实施条件</td></tr>
</table>

项目支出预算明细表

<table>
<tr><td colspan="2">项目名称</td><td colspan="2"></td></tr>
<tr><td rowspan="27">项目支出预算及测算依据</td><td rowspan="9">项目资金来源</td><td>来源项目</td><td>申报额（万元）</td></tr>
<tr><td></td><td></td></tr>
<tr><td>项目总投资</td><td></td></tr>
<tr><td>其中：自筹资金</td><td></td></tr>
<tr><td>银行贷款</td><td></td></tr>
<tr><td></td><td></td></tr>
<tr><td></td><td></td></tr>
<tr><td></td><td></td></tr>
<tr><td></td><td></td></tr>
<tr><td rowspan="17">项目支出明细预算</td><td>支出明细项目</td><td>金额（万元）</td></tr>
<tr><td>合计</td><td></td></tr>
<tr><td></td><td></td></tr>
<tr><td></td><td></td></tr>
<tr><td></td><td></td></tr>
<tr><td></td><td></td></tr>
<tr><td></td><td></td></tr>
<tr><td></td><td></td></tr>
<tr><td></td><td></td></tr>
<tr><td></td><td></td></tr>
<tr><td></td><td></td></tr>
<tr><td></td><td></td></tr>
<tr><td></td><td></td></tr>
<tr><td></td><td></td></tr>
<tr><td></td><td></td></tr>
<tr><td></td><td></td></tr>
<tr><td></td><td></td></tr>
<tr><td>预算依据及说明</td><td colspan="2"></td></tr>
</table>

项目可行性执行报告
一、基本状况   二、必要性与可行性   三、实施条件

附件 2：

项目申报单位承诺书

北京市商务委员会：

我单位将严格按照《关于开展物流标准化 2015 年试点项目申报工作的通知》及相关配套管理办法的有关规定组织实施____项目，保证向市商务委及有关部门提供的资料真实、有效，项目建设各项手续齐全、合规，项目建设资金落实到位，项目按计划实施，确保项目建设效果。

我单位承诺保证不出现任何项目建设违法违规行为，如出现上述问题我单位将承担一切责任。

项目单位法人代表：________

单位公章

年　月　日

附件 3：

项目贷款及付息情况表

填报单位：（公章） 单位：元

序号	贷款银行	贷款用途	贷款起止日期	贷款合同号	贷款金额	贷款利率	付息时间	实际付息额	息单号
贷款一	1								
	2								
	3								
	4								
贷款二	1								
	2								
	3								
	4								
……									
		合计							

附件 4:

2015 年北京市物流标准化试点申报项目情况表

填报单位:(盖章)　　　　　　　　　　　　　　　　单位:万元

单位性质						
注册资本						
上年度销售额(营业收入)						
企业职工人数						
申报项目名称						
单位类型	□大型　□中型		□第三方物流　□商贸批发　□零售连锁			
	□小型		□标准设备服务商　□其他组织(协会、科研单位等)			
申请项目类型	物流标准化设施设备标准化改造项目		与物流标准化相关信息化建设改造项目		物流标准完善和服务规范项目	
项目计划投资总额						
其中:自筹资金						
银行贷款						
项目进度	开工时间		完工时间			
项目已投资及建设情况						
项目负责人						
办公电话						
手机						

填报人:　　　　　　　　联系电话:　　　　　　　　审核人:

附件 5：

2015 年北京市物流标准化试点企业情况表

<table>
<tr><td>企业名称</td><td colspan="7"></td></tr>
<tr><td colspan="5">注册地址</td><td>注册资金
（万元）</td><td colspan="2"></td></tr>
<tr><td>联系人</td><td></td><td>联系电话</td><td></td><td>手机号</td><td></td><td>邮箱</td><td></td></tr>
<tr><td>企业登记类型</td><td colspan="7">□国有 □集体 □私营 □外资 □其它</td></tr>
<tr><td>2013 年销售额
（营业收入）
（亿元）</td><td></td><td>同比%</td><td></td><td>现有职工
人数
（人）</td><td></td><td>自有运输
车辆数
（辆）</td><td></td></tr>
<tr><td>仓储设施
（平方米）</td><td></td><td>自用所占
比重%</td><td></td><td>仓库
类型</td><td>□立体库
□单层库
□堆场</td><td>货物储
存量
（万吨）</td><td></td></tr>
<tr><td rowspan="3">使用托盘总数
__________个</td><td>按照托盘
标准化</td><td colspan="6">其中：1200mm＊1000mm __________个；1100mm＊1100mm __________个；
其它（请注明尺寸）______________个</td></tr>
<tr><td>按照托盘
所有者</td><td colspan="6">其中：自有托盘数量__________个
租用托盘数量__________个；租金价格__________元/个＊天
使用第三方物流或供应商托盘数量__________个</td></tr>
<tr><td>按照托盘
使用范围</td><td colspan="6">其中：企业内部封闭使用托盘数量__________个
与第三方物流企业或供应商循环使用的托盘数量__________个（包括使用他人的、及供他人使用的）</td></tr>
<tr><td colspan="8">标准化改造情况</td></tr>
<tr><td colspan="8">□通用仓库 □配送中心 □货架叉车 □月台 □管理信息系统 □物流配送车辆的车厢 □车辆 □监控系统</td></tr>
<tr><td colspan="8">与供应链上下游免验收企业情况</td></tr>
<tr><td>免验收企业
__________个</td><td colspan="7">企业名称 1. 企业名称 2. 企业名称 3. 企业名称 4. 名称企业 5.</td></tr>
<tr><td colspan="8">标准化试点目标</td></tr>
<tr><td>标准化托盘
的使用率</td><td></td><td>标准化托盘
的租赁率</td><td></td><td>免验收企业
的增加个数</td><td></td><td>免验收的货
运量占比%</td><td></td></tr>
<tr><td rowspan="3">使用托盘总数
__________个</td><td>按照托盘
标准化</td><td colspan="6">其中：1200mm＊1000mm __________个；</td></tr>
<tr><td>按照托盘
所有者</td><td colspan="6">其中：自有托盘数量__________个
租用托盘数量__________个；租金价格__________元/个＊天
使用第三方物流或供应商托盘数量__________个</td></tr>
<tr><td>按照托盘
使用范围</td><td colspan="6">其中：企业内部封闭使用托盘数量__________个
与第三方物流企业或供应商循环使用的托盘数量__________个（包括使用他人的、及供他人使用的）</td></tr>
<tr><td>增加免验收企业
的个数及名称</td><td colspan="7"></td></tr>
<tr><td>规范和标准</td><td colspan="7">参与国家标准制定 个
参与行业标准制定 个
参与地方标准制定 个
制定企业规范和标准 个</td></tr>
</table>

附件 6：

北京市地方标准
制修订项目申报书

项 目 名 称：________________________

行业主管部门：________________________

申 报 日 期：________________________

填写说明

1. 按照《北京市地方标准管理办法》要求，制定地方标准应当立项，并填写本申报书。

2. 本申报书由主要起草单位填写，经行业主管部门同意后，报北京市质量技术监督局。

3. 项目类别分为一类项目和二类项目。一类项目为制定项目，应全项填写；二类项目为研究项目，除第九、十项之外，应全项填写。其中，强制性地方标准项目应填写第五项，推荐性地方标准、标准化指导性技术文件可以填写第五项。

4. 本表用 A4 纸填报，可按内容自行调整表格大小。如需另附材料的，可单附在申报书后。

5. 申报书“编号”由北京市质量技术监督局确定。

<table>
<tr><td colspan="4">一、项目基本情况</td></tr>
<tr><td>1、项目名称</td><td colspan="3"></td></tr>
<tr><td>2、项目类别</td><td colspan="3">□一类项目（制定项目）　□二类项目（研究项目）</td></tr>
<tr><td>3、原二类项目编号</td><td colspan="3"></td></tr>
<tr><td>4、制定或修订</td><td>□制定　□修订</td><td>被修订标准号</td><td></td></tr>
<tr><td>5、涉及领域</td><td colspan="3">□农业　□工业　□服务业　□信息化　□工程建设
□环保　□卫生　□城市管理与公共服务　□资源利用　□公共安全　□其他</td></tr>
<tr><td>6、标准性质</td><td colspan="3">□强制性　□推荐性　□标准化指导性技术文件</td></tr>
<tr><td colspan="4">二、必要性、可行性分析</td></tr>
<tr><td colspan="4">1、必要性（1000 字以上）</td></tr>
<tr><td colspan="4"></td></tr>
<tr><td colspan="4">2、可行性（1000 字以上）</td></tr>
<tr><td colspan="4"></td></tr>
<tr><td colspan="4">三、范围及主要技术内容</td></tr>
<tr><td colspan="4"></td></tr>
<tr><td colspan="4">四、所属标准体系情况</td></tr>
<tr><td colspan="4"></td></tr>
<tr><td colspan="4">五、强制性标准涉及内容</td></tr>
<tr><td colspan="4">1. 主要强制的内容</td></tr>
<tr><td colspan="4"></td></tr>
<tr><td colspan="4">2. 强制的理由（1000 字以上）</td></tr>
<tr><td colspan="4"></td></tr>
<tr><td colspan="4">3. 标准所涉及的产品清单</td></tr>
<tr><td colspan="4"></td></tr>
<tr><td colspan="4">4. 强制性标准实施风险评估（500 字以上）</td></tr>
<tr><td colspan="4"></td></tr>
<tr><td colspan="4">六、相关法律法规及标准</td></tr>
<tr><td colspan="4">1. 法律法规依据（写明法律法规依据名称以及具体条款规定）</td></tr>
<tr><td colspan="4"></td></tr>
<tr><td colspan="4">2. 参考和引用标准的标准号和标准名称</td></tr>
<tr><td colspan="4"></td></tr>
<tr><td colspan="4">3. 与国内外相关标准的内容异同</td></tr>
<tr><td colspan="4"></td></tr>
</table>

（续）

<table>
<tr><td colspan="6">七、基本思路、计划和保障措施</td></tr>
<tr><td colspan="6">1. 基本思路</td></tr>
<tr><td colspan="6"></td></tr>
<tr><td colspan="6">2. 工作计划</td></tr>
<tr><td colspan="6"></td></tr>
<tr><td colspan="6">3. 保障措施</td></tr>
<tr><td colspan="6"></td></tr>
<tr><td colspan="6">4. 经费是否落实</td></tr>
<tr><td colspan="6"></td></tr>
<tr><td colspan="6">八．与相关部门、相关行业协调的情况及意见</td></tr>
<tr><td colspan="6"></td></tr>
<tr><td colspan="6">九、有关研究基础和前期研究成果</td></tr>
<tr><td colspan="6"></td></tr>
<tr><td colspan="6">十、必要的试验验证数据及统计分析</td></tr>
<tr><td colspan="6"></td></tr>
<tr><td colspan="6">十一、标准是否涉及专利、商标等知识产权问题</td></tr>
<tr><td colspan="6"></td></tr>
<tr><td colspan="6">十二、主要起草人员</td></tr>
<tr><td>姓名</td><td>专业</td><td>职称</td><td>工作单位</td><td>项目分工</td><td>标准化工作经历</td></tr>
<tr><td></td><td></td><td></td><td></td><td></td><td></td></tr>
<tr><td></td><td></td><td></td><td></td><td></td><td></td></tr>
<tr><td></td><td></td><td></td><td></td><td></td><td></td></tr>
<tr><td></td><td></td><td></td><td></td><td></td><td></td></tr>
<tr><td></td><td></td><td></td><td></td><td></td><td></td></tr>
<tr><td></td><td></td><td></td><td></td><td></td><td></td></tr>
<tr><td></td><td></td><td></td><td></td><td></td><td></td></tr>
<tr><td></td><td></td><td></td><td></td><td></td><td></td></tr>
<tr><td></td><td></td><td></td><td></td><td></td><td></td></tr>
<tr><td></td><td></td><td></td><td></td><td></td><td></td></tr>
<tr><td colspan="6">注：“标准化工作经历”应填写其在专业标准化技术委员会任职情况，参与国际标准、国家标准、行业标准、地方标准制修订及审查工作的主要情况。</td></tr>
</table>

（续）

<table>
<tr><td colspan="3">十三、相关单位意见</td></tr>
<tr><td rowspan="7">主要起草单位</td><td>单位名称</td><td></td></tr>
<tr><td>地址</td><td></td></tr>
<tr><td>项目负责人</td><td></td></tr>
<tr><td>联系电话</td><td></td></tr>
<tr><td>E—mail</td><td></td></tr>
<tr><td>单位负责人（签字）</td><td></td></tr>
<tr><td>单位意见</td><td>（单位盖章）
年　月　日</td></tr>
<tr><td rowspan="3">行业主管部门及组织实施单位</td><td>单位名称</td><td></td></tr>
<tr><td>审批人（签字）</td><td></td></tr>
<tr><td>单位意见</td><td>（单位盖章）
年　月　日</td></tr>
</table>

北京市地方标准制修订项目申报书填写指南

1. **项目类别**

(1) 一类项目为制定项目。申报一类项目应以充分的研究成果为基础，应已形成具有详细技术内容的标准草案。二类项目在研究过程中取得成果，形成标准草案的，可申报为下一年度的一类项目。鼓励所有标准项目通过二类项目转为一类项目，在确定立项时优先考虑。

(2) 二类项目为研究项目。

原二类项目编号：已经立项为二类的项目填写。

2. **涉及领域：**一项标准涉及多个领域的，可多选。

3. **标准性质**

(1) 强制性：只有涉及安全、卫生以及法律法规有特殊规定的可以申请制定强制性标准。

(2) 推荐性：绝大多数标准均应申请制定推荐性标准，由各标准相关方自愿采用。

(3) 标准化指导性技术文件：技术尚在发展中，需要有相应的标准文件引导其发展，且不具备制定为地方标准条件的项目；以及采用国际标准化组织、国际电工委员会及其他国际组织（包括区域性国际组织）的技术报告的项目可以申请制定标准化指导性技术文件。

4. **必要性：**阐明立项的必要性，不少于1000字。说明标准是否在全市范围内具有普遍性，涉及全市性的关键共性技术，不属于部门内部规范，标准的实施主体具有广泛的社会性；标准涉及的内容是否属于本市经济或社会发展的重点领域；是否列入本市各行业重点工作任务；是否列入市政府折子工程或年度重点工作任务；是否能够通过制定该标准解决本市发展或管理中的难点问题等。北京市科技发展计划支持的研究项目、需要为本市重大项目建设提供配套技术支撑的标准项目、地方标准复审确认需要修订的项目，重点纳入地方标准立项范畴。

5. **可行性：**阐明标准是否已经具备在全市范围内统一实施该标准的经济基础、社会基础以及技术基础，不少于1000字。

6. **范围及主要技术内容：**阐明标准的范围及主要技术内容，给出标准的框架结构。应注意标准规定的内容必须是技术要求，即便是管理类的地方标准也应当是实现管理中的技术要求。

7. **所属标准体系情况：**阐明标准隶属于哪个行业或领域的标准体系，以及处于标准体系中的哪个具体层级。

8. **主要强制的内容：** 阐明要进行强制的主要条款或主要技术指标项。

9. **强制的理由：** 阐明强制的法律法规依据名称、具体条款内容和强制的必要性，不少于1000字。

10. **强制性标准实施风险评估：** 评估强制性标准实施后可能产生的经济影响、社会影响以及社会承受度等，初步提出风险点、风险等级以及如何防范和应对这些风险的措施和预案，不少于500字。

11. **法律法规依据：** 列出制定该标准的法律、法规、规章、规范性文件等依据的名称、文号以及具体条款规定内容，以及政府文件中提出的明确的工作任务等，并说明本标准与这些依据之间的关系。

12. **与国内外相关标准的内容异同：** 所制定的标准应没有相应的国家标准、行业标准、北京市地方标准，法律、法规另有规定的从其规定。未被纳入国家标准、行业标准、北京市地方标准制修订计划。如果已有相应的标准或计划而又确需申请地方标准立项的，应阐明与相应标准或计划的本质性区别，详细说明确需立项的理由。

13. **工作计划：** 列出包括起草、征求意见、送审、报批等环节在内的工作进度计划，一类项目应在立项次年11月30日前完成标准从起草到报批的全部工作，二类项目应在立项次年11月30日前完成标准研究和转一类项目的立项申请工作。

14. **保障措施：** 阐明主要起草单位为标准编制提供的人力、物力、财力保障。

15. **经费是否落实：** 确认能够提供或已获得标准调查研究、试验验证、起草、征求意见、审查、宣贯培训、实施评估等所需的全部经费。

16. **与相关部门、相关行业协调的情况及意见：** 标准涉及多个相关部门、相关行业的，应与相关部门进行协调并达成一致意见，在此阐明具体协调情况，并将征求意见的复函或协调会会议纪要作为项目申报书的附件。

17. **有关研究基础和前期研究成果：** 阐明已进行过的与本标准相关的科研课题或调查研究的主要内容，并将科研报告或调研报告作为项目申报书的附件。

18. **必要的试验验证数据及统计分析：** 给出已进行过的与本标准相关的试验验证和统计分析的结果，并将试验报告和统计分析报告作为项目申报书的附件。

19. **标准是否涉及专利、商标等知识产权问题：** 不涉及的填写“否”。涉及的，填写专利、商标名称、持有人名称、证书编号。

20. **主要起草人员：** 主要起草人员组成应包括标准各主要相关方的代表，分工应明确。可由科研机构、检验检测机构、企业、行业协会等组成，应包括具有标准化工作经历的人员，特别是具有标准编写工作经历的人员。

21. **主要起草单位：** 由本标准的牵头起草单位签署同意申报立项的意见，并加盖单位公章。

22. **主管部门及组织实施单位：**由本标准的行业主管部门签署同意申报立项的意见，并加盖单位公章。组织实施单位与行业主管部门不一致的（组织实施单位限于本市有关行政主管部门），应在项目申报书单独增加“组织实施单位”栏目，由组织实施单位签署同意申报立项的意见并加盖单位公章。

第三部分

主　要　业　务

一、依法行政

法制建设

【概况】2015 年，市商务委认真贯彻落实《北京市关于加强法治政府建设的意见》（京政发〔2011〕20 号）和《北京市 2015 年全面推进依法行政工作要点》等文件精神，结合北京商务工作实际，扎实推进依法行政，开展行政审批制度改革，取得明显成效。

对外公布处罚清单和审批清单。根据《北京市人民政府关于公布全市行政处罚权力清单的通知》《北京市人民政府关于公布市政府各部门行政审批事项汇总清单的通知》和《市政府审改办关于公布市政府各部门初审上报事项汇总清单的通知》要求，市商务委与市政府法制办、审改办多次沟通后，对外公布市商务委《行政处罚权力清单》（涉及职权 314 项）和《行政审批权力清单》（公布职权 32 项）。

组织细化行政处罚自由裁量权基准。为进一步规范商务行政执法行为，控制和减少自由裁量的弹性空间，维护商务执法的公平公正性，根据市政府法制办《关于整治执法监管部门“以罚代管，滥用自由裁量权”随意罚款问题的工作方案》《关于规范实施行政处罚裁量基准制度的若干指导意见》等文件要求，对《北京市商务委员会行政处罚权力清单》裁量基准进行细化，形成《北京市商务委员会行政处罚裁量基准》，并在市商务委网站“政务公开”栏进行公示。

狠抓行政审批制度改革和落实。按照市政府审改办《关于清理市级部门实施的非行政许可审批事项的通知》要求，针对市商务委 17 项非行政许可审批事项进行清理，拟建议将其中 8 项转为行政许可，4 项转为行政确认或其他权力事项，建议取消 5 项。根据《北京市人民政府办公厅关于清理规范本市行政审批中介服务的通知》要求，对市商务委所负责的行政审批涉及的所有中介服务事项进行清理。经初步梳理，市商务委行政审批职权涉及的中介服务事项有 6 项，没有收费事项，不存在非法定资质资格许可、职业限制、违规收费等问题。制定《北京市商务委员会关于行政审批制度改革的整改方案》，从加大事中事后监管力度、提升提高行政审批工作效率、加大行政审批事项的精简力度等方面着手，切实转变政府职能和审批工作作风。

加强规范性文件监督管理。为加强规范性文件管理，防范法律风险，对市商务委规范性文件进行了清理。截至 2015 年 8 月 26 日，市商务委有效规范性文件 81 份，印制成《北京市商务委员会行政规范性文件汇编》；2015 年全年共制定并报备规范性文件 13 份。同时，市商务委提出在规范性文件制定过程中加强法制沟通和服务、探索更具有针对性的绩效考核制度等方法。

稳步推进商务领域标准化工作。为贯彻落实《首都标准化战略纲要》《北京市人民政府关于进一步加强城市管理与服务标准化建设的意见》等文件要求，不断提高商务领域标准化水平，市商务委认真开展了以生活性服务业品质提升、物流标准化试点项目征集与实施、节能标准实施与宣贯为主要内容的标准化工作。此外，市商务委还于 2015 年启动了《洗染企业等级划分与评定》的北京市地方标准的制定工作，以及《北京市商务领域标准化有关问题研究》的课题研究工作，为做好商贸流通领域标准化有关工作，不断推动落实市商务委标准化工作打下坚实的基础。

（佟广军、刘澜晶、卓　娜）

【开展家政服务业立法调研】市商务委委托商务部国际贸易经济合作研究院开展北京市家政立法调研，并形成《北京市家政服务业管理条例立法调研报告》。此次调研系统深入地剖析了北京市家政服务业发展趋势和面临的问题，分析了北京市家政服务业立法的必要性和可行性，并立足北京市家政服务行业特点，借鉴国内外相关立法经验，从规范行业发展的角度出发，提出具体立法建议。

（佟广军、饶丽丽）

【开展进驻市政务服务中心准备工作】进驻市政务服务中心是北京市 2015 年深化行政审批制度改革的重要工作。为贯彻市委、市政府精神，开展便民服务，市商务委就“进驻后所需窗口数量等办公需求、服务大厅窗口和处室之间衔接配合的方式”等问题召开多次会议进行沟通会商，拟定了《北京市商务委员会关于行政审批和行政服务事项进驻市政务服务中心方案》，最终上报市商务委行政进驻大厅审批及服务事项为 47 项，确保了进驻大厅工作顺利进行。

（佟广军、刘澜晶）

【开展“先照后证”事中事后监管工作】按照市政府办公厅《关于落实先照后证改革做好工商登记与许可审批衔接工作的意见》《做好先照后证改革衔接工作加强事中事后监管的实施意见》等文件要求，市商务委先后 5 次参加和开展了工作交流会、工作布置会，并制定了《北京市商务委员会先照后证事中事后监管工作方案》，强化市商务委 5 项“先照后证”工作的后续监管。

（佟广军、刘澜晶）

【认真做好节能标准的实施与宣贯】为认真落实《北京市百项节能标准建设实施方案（2012－2014 年）》要求，经过向市质监局申报立项、公开征求意见、召开专家审查会等程序，市商务委制定并发布了《商场、超市能源消耗限额》(DB11/T 1159-2015)、《商场、超市合理用能指南》(DB11/T 1160-2015)两项北京市地方标准（节能标准），并于 2015 年 5 月 1 日起正式实施。实施半年后，市商务委组织各区商务委、行业协会及有关企业等召开了节能标准宣贯会，在解释标准内容的同时，进一步宣传和普及了这两项节能地方标准。

（卓　娜）

【制定关于提高依法行政水平减少诉讼的意见】为有效预防和应对行政纠纷案件，提高北京市商务依法行政水平，市商务委制定《北京市商务委员会关于提高依法行政水平减少诉讼的意见》(以下简称《意见》)。《意见》强调要牢固树立法治思维，在实际工作中真正做到遇到问题找法、解决问题靠法，并以深入推进依法行政工作为中心，按照“事前有预防、事中有协商、事后有应对”的工作思路，采取“创新服务方式、规范行政行为、落实会商机制、完善应对机制、提升法律素质”等五项举措，充分运用法治手段和方式来预防纠纷、解决矛盾。

（佟广军）

【开展蔬菜零售网点建设立法后评估】《北京市蔬菜零售网点建设管理办法》于2014年1月1日正式实施。根据规定，市商务委委托北京物资学院承担该办法立法后评估项目，完成《〈北京市蔬菜零售网点建设管理办法〉立法后评估报告》，并通过专家论证。此次评估综合评价了现行蔬菜零售网点建设管理制度，分析蔬菜零售网点建设管理制度设计和执行中存在的问题，并提出了完善制度和改进执法的建议。

（饶丽丽）

【组织全市商务行政执法人员行政处罚资格考试】为满足市、区商务委的执法实际需求，市商务委2015年度共举办2次全市商务行政执法人员行政处罚资格考试，共有38名同志报名参加并通过考试。2015年度执法资格考试增加考前培训环节。

（佟广军、刘澜晶）

【注重法律宣传和服务】2015年，市商务委对出台的各项政策、许可和对外签订的合同进行合法性审核，共计500件，同比增加220件，增幅78.6%。此外，市商务委共举行商务法制培训三次，发放《行政诉讼法》及解释、《行政处罚权力清单》等书籍近1500本；回复市法制办和其他委办局对法律法规等征求意见的文件50余件。

（佟广军）

【落实商务举报投诉受理工作】2015年，完成“12312”商务举报投诉热线与“12345”市政府便民电话热线平台整合改革。市商务举报投诉中心累计接收举报投诉2772件，其中接收“12345”派单1803件，“12312”系统接收969件，办结率100%，全市商务举报投诉工作继续走在全国各省市前列。

（余　丽）

【规范商务举报投诉工作模式】市商务举报投诉中心印发《商务举报投诉处理办法（试行）》，并开展专题培训。《商务举报投诉处理办法（试行）》规范了市、区两级商务举报投诉处理工作，明确受理、移交、办理、反馈的时限要求，包括七日内受理、谁承办谁督办、一般程序案件90日办结、复杂案件经主管领导批准后延期等要求。

（余　丽）

【完善重大活动、重要节假日商务举报投诉受理工作机制】市商务举报投诉中心围绕中国人民抗日战争暨世界反法西斯战争70周年纪念、第十五届世界田径锦标赛等重大活动开展服务保障，制定专门工作措施。针对国庆节、中秋节等节日前后易出现礼品券预付卡投诉密集的情况，加强形势分析研判，制定、落实应急预案，受理工作平稳有序地开展。

（余　丽）

【开展商务举报投诉业务专题培训】市商务举报投诉中心以《单用途商业预付卡管理办法》《商务举报投诉处理办法》《商业特许经营受理意见》《维信312追溯防伪码功能介绍》为内容，组织各区商务委工作人员、“12345”话务员、执法人员进行专题培训，累计培训460余人次。

（余　丽）

商务执法

【概况】2015年，市商务委以落实“开展商务综合执法改革试点，提升监管效能”

为目标，不断改进作风，创新监管方式，狠抓制度落实，加强执法能力建设，持续加大对商务领域的行业监管和执法力度。全年共出动执法人员7037人次，检查（复查）单位2084家次。实施一般程序行政处罚101起，同比增加80%；累计罚款72.99万元，同比增加112.4%，实现行政处罚案件数量质量的双提升。

（郭明学）

【加强安全生产监管执法】针对大型餐饮业和零售实体店因利润大幅下滑，而间接带来的企业对安全生产工作重视程度下降、管理人员更换频繁、对安全生产投入不够等一系列问题，市商务执法监察大队有针对性地加强监管执法。重大节日、敏感时期，领导带队亲自查，全员参与反复查，督促企业提高安全生产意识，落实安全生产主体责任。全年共检查（复查）企业1020家次，实施一般程序行政处罚60起，同比增加93.5%；罚款42.7万元，同比增加94.9%。全年未发生重大安全生产事故，市商务执法监察大队被评为北京市安全生产先进单位。

（秦小方）

【开展典当拍卖执法检查取得新突破】累计检查典当行320家，占全市总数的98%，基本达到执法全覆盖；检查拍卖企业109家，作出行政处罚8起，罚款2.3万元。

（秦小方）

【稳步推进对外领域执法】先后开展“风险处置备用金催缴”“对外劳务合作企业专项检查”“对外承包工程外派劳务工作专项检查”等联合执法工作，共检查对外承包企业70家次，对外劳务合作企业16家次，超出2013年、2014年两年总和。

（秦小方）

【开展食盐执法检查】开展进口盐市场专项整治、集中用盐单位专项检查、夏季冬季食盐市场集中检查等全市性综合执法行动，加大对城六区特别是城乡接合部食盐市场违法行为的打击查处力度，落实案件移交和定期通报制度，跟踪督导各区做好复查和整改工作。2015年，全市共办结食盐一般程序案件39件，其中指导各区办结23件。

（秦小方）

【开展成品油联合执法】落实2015北京清洁空气行动计划，先后开展车用汽柴油专项整治、油批企业和油库现场核查等联合执法活动，全年共办结成品油一般程序案件3件。

（秦小方）

【完成重大活动期间的执法保障】共检查企业516家次，发现并整改安全隐患714处，隐患整改率达100%。

（秦小方）

【参加环境整治专项行动】市商务执法监察大队承担首都环境联合整治检查工作，全年累计12次36天，覆盖全市各区，检查整治点位400余个。

（秦小方）

【加强商务执法业务培训】市商务执法监察大队组织专业培训20次，每季度组织一次执法业务考试。邀请市政府法制办、丰台区人民法院、商务部条约法律司的专家为全市执法人员授课3次。创新培训形式，组织执法人员参加行政诉讼旁听，开展听证程序模拟，努力提升执法人员的理论和实践水平。

（秦小方）

【梳理商务执法权力清单】全市商务部门有处罚权的法规34部，处罚事项314项，其中市级125项、市区两级共同承担183项、区级6项。结合处罚权力清单，对有处罚权的34部法规重新制定了自由裁量权。修改完善《内部管理制度》，新增制度18个，删除制度4个，对《重大案件讨论制度》等8个制度进行了修订。

（秦小方）

【16个区商务执法全部突破“零处罚”】以商务部推行商务综合执法试点工作为契机，市商务执法监察大队分期分批选派执法骨干赴平谷、石景山、门头沟、延庆等4个区，指导协助开展执法工作。石景山区和门头沟区实施了本区有史以来第一起商务执法一般程序案件，全市16个区全部实现突破“零处罚”目标。

（秦小方）

二、商业流通规划与发展

流通规划

【概况】2015年，市商务委积极推进商品交易市场调整疏解和农产品流通体系建设，强化特色商业，发展品牌工程，各项工作取得新进展。

引导市场疏解和转型升级。配合市相关部门联合制定《北京市新增产业的禁止和限制目录（2015年版）》，扩大了商品交易市场限制范围，严格控制市场增量。制定《关于开展商品交易市场调整提升的工作意见》（京商务规字〔2015〕1号），推动全市存量商品交易市场调整升级。加强省市对接、明确重点区域，推进区域性批发市场疏解转移。

推进农产品流通体系建设。设立农产品流通产业发展基金，促进全市公益性农产品批发市场建设，并在2015年年底投出第一笔3500万元，用于北京农产品中央物流园公司北京鲜活农产品流通中心项目。新发地农产品批发市场启动升级改造。落实提高生活性服务业品质行动计划，进一步完善全市蔬菜零售网络，新建蔬菜零售网点220个。

完善流通业规划体系。根据《北京市“十三五”规划编制工作方案》要求，完成《北京市“十三五”时期商业服务业发展规划》编制工作。启动《北京市“十三五”时期农产品流通体系发展规划》和《北京市商业设施布局规划指引》的编制工作。

推动品牌引进与发展。新设立零售外资店铺585家，营业面积42.4万平方米，涉及专卖店、专业店、便利店等业态。其中，专卖店394家，专业店125家，便利店13家，购物中心1家。主要集中在朝阳区252家、西城30家，东城区63家，丰台50家，海淀82家，并呈现百货店发展放慢、便利店发展提速、发展重心向新城转移的新特点。

大型商业设施稳步发展。新增建筑面积5000平方米以上的大型商业设施10个，建筑面积75.6万平方米，营业面积53.6万平方米。

（丁　颖）

【扩大新增商品交易市场的禁限范围】根据国家有关部委、市有关部门、各区反馈意见，在《北京市新增产业的禁止和限制目录（2015年版）》中，与2014年版相比，扩大了商品交易市场限制范围，在全市范围内禁止商品交易市场的新建和扩建（符合规定的社区菜市场、农贸市场等农产品零售网点、符合规定的农产品批发市场以及对城市运行及民生发挥重要作用的项目除外），严格控制市场增量。

（李洪臣）

【推动商品交易市场调整疏解】制定《关于开展商品交易市场调整提升的工作意见》（京商务规字〔2015〕1号），指导各区商务委做好商品交易市场摸底，查找重点问题，确定工作重点，制定实施计划，推动中心城区传统商品交易市场调整升级。2015年，全市拆除清退商品交易市场185个，其中拆除77个，拆除市场建筑面积126万平方米；清退转型108个，清退市场建筑面积93万平方米。共疏解商户数3.2万户，涉及从业人员12万人。

（李洪臣）

【完成“十三五”时期商业服务业发展规划编制工作】 按照市政府统一部署，完成了《北京市“十三五”时期商业服务业发展规划》编制工作。规划主要阐明“十三五”时期北京市商业服务业发展的指导思想和基本原则，明确发展目标、发展路径和重点任务，是全市商业服务业主体的行为导向和市、区两级商务部门履行职责的重要依据。

（李洪臣）

【品牌发展贴近百姓】 举办知名品牌进社区系列活动，50多个传统品牌和O2O品牌商品和企业走进10个社区。

（林英杰）

【新增大型商业设施10个】 全市新增建筑面积5000平方米以上的大型商业设施10个，建筑面积75.6万平方米，营业面积53.6万平方米。按业态分，购物中心7家，专卖店1家，奥特莱斯1家，超市1家。按空间分，石景山区2家，怀柔区1家，房山区1家，丰台区5家，昌平区1家。

（丁　颖）

流通发展

【概况】 2015年，市商务委紧紧围绕首都城市战略定位，认真落实京津冀协同发展有关要求，稳步推进流通发展工作。

一、促进电子商务健康发展

网络零售实现跨越式增长，全市限额以上批发零售企业网上零售额达到2016.9亿元，同比增长40.2%，电子商务对消费增长的贡献率超过80%。跨境电商快速发展，邮政小包出口并纳入海关统计的货物达13.3亿美元，占全市出口总额的2.4%，居全国前列；个人直购进口12.16万票，涉及225个进口国家和地区。线上线下融合度不断提高，北京市电子商务与实体经济融合发展的深度和广度不断拓展，在第三方咨询机构发布的2015年度“中国线上线下互动（O2O）城市实力20强榜单”中，北京市位于榜首。

二、推动老字号传承创新

做好老字号传承保护工作，不断提升北京老字号整体影响力。推动北京老字号认定工作，支持北京市老字号协会完成第二批北京老字号的认定和集体商标的授权。加强“非遗”保护，推动老字号技艺传承。积极开展第10个文化遗产日活动，组织老字号企业交流、分享“非遗”保护和创新的经验；组织企业参与京津冀非物质文化遗产大展；利用资金政策，支持老字号企业开设博物馆、“非遗”展厅等。

三、推进民生商业发展

以提升生活性服务业品质为契机，开展调研，深入基层了解连锁超市、便利店和社区商业综合体改造、建设工作，推进企业创新发展。组织超市和便利店、老字号等传统企业开展座谈和调研，针对行业发展中遇到的困难和共性问题，积极协调解决；支持行业协会编写行业规范，努力为便利店发展创造良好的条件。通过专题培训、现场对接、座谈研讨、跨界交流等形式，推动传统商业服务业企业与互联网融合发展。

四、严格开展特许经营备案

认真开展企业特许经营备案工作，按照审批程序规定和备案期限的要求，审查书面备案材料。在完成备案的企业数量、从业人数和企业规模等方面，均居于全国首位。

五、推进区域合作协同发展

扩大超市、电商平台与地方农产品骨干合作组织、企业对接，拓展北京市销售渠道，不断完善农产品流通体系建设。组织超市、批发市场和流通企业参加山东兰陵、河北承德、河北廊坊、河北张家口、内蒙古乌兰察布、广西南宁的农产品对接洽谈会和在北京举办的四川遂宁、四川宜宾和陕西省、云南省、黑龙江省等地特色农产品对接洽谈会，丰富了市民的“菜篮子”和“果篮子”，畅通了绿色、安全农产品销售渠道。

（于　文）

【北京19家企业入选商务部2015－2016年度电子商务示范企业】商务部公布了2015－2016年度电子商务示范企业评选结果，共有来自全国各省（市）、自治区的155家企业入选。北京市报送的小米科技有限责任公司等19家企业入选，其中网络零售类9家，电商服务类、综合类各3家，跨境电商类2家，生活服务类、创新类各1家。截至2015年年底，北京市先后共有3批45家次企业获评商务部电子商务示范企业，数量居全国首位。

（卢慧玲、宋志雷）

【举办“点击消费2015”活动】2015年6月初，由市商务委支持、北京电子商务协会主办的网络零售大型联合促销活动——第9届“点击消费”活动正式拉开帷幕，活动为期一个月，旨在培育业内影响力大的电商品牌，营造诚信自律的网购消费环境，共有近40家电商企业及应用电子商务的传统企业参与。

（李　威、许　凯）

【北京3个园区入选第二批国家电子商务示范基地】商务部公布了第二批国家电子商务示范基地评选结果，共有来自全国各省（市）、自治区的66家基地入选第二批国家电子商务示范基地，其中北京市报送的海淀区中关村软件园、中关村科技园区丰台园、中关村科技园区石景山园入选。截至2015年年底，北京市已有5家国家电子商务示范基地，居直辖市之首。

（卢慧玲、宋志雷）

【2015中国（北京）电子商务大会召开】10月12日，由市商务委主办，北京电子商务协会、北京市国际服务贸易事务中心承办的“2015中国（北京）电子商务大会”在北京国家会议中心拉开帷幕。本届大会以“互联网＋跨界融合”为主题，突出高端化、专业化和品牌化，展示国内外最新“互联网＋”创新成果，电子商务的新产品、新服务和新模式，搭建企业沟通交流、学习借鉴和项目合作的平台。

（卢慧玲、许　凯）

【程红副市长赴阿里巴巴集团“双十一”活动现场调研】11月11日，副市长程红赴阿里巴巴集团“双十一”活动现场进行调研，市商务委主任闫立刚、市工商局局长陈永以及朝阳区政府相关领导参加调研活动。程红副市长对阿里巴巴集团发展战略和商业模式表示肯定，指出阿里巴巴集团顺应了电子商务时代发展的需求，企业发展具有强劲的生命力和良好的成长性。

（卢慧玲、许　凯）

【传承与创新推动北京老字号可持续发展】6月10日，在国家第十个“文化遗产日”来临之际，在市商务委支持下，北京老字号协会召开了“非遗”技艺传承创新经验交流会暨第二批北京老字号颁牌大会。会上，同仁堂、二商集团、内联升、珐琅厂、清华池、全聚德等6家不同行业的老字号企业分享了他们在“非遗”保护工作中的经验和体会，现场展示了具有代表性的“非遗”技艺作品。会议还公布了协会新认定的第二批14家老字号的名单，并为企业颁发了具有集体商标图形的北京老字号牌匾和特许使用证书。

（耿英贞）

【《寻找原汁原味老字号》节目在北京电视台热播】由市商务委支持拍摄的大型特别节目《寻找原汁原味老字号》在北京电视台财经频道播出。节目采用演播室访谈、户外探访、现场演示、影视剧资料等多种表现手法，带领观众一起探寻北京老字号的历史，展现北京老字号传统文化和特色。

（耿英贞）

【老字号非物质文化遗产保护成果丰硕】积极推进北京市老字号企业非物质文化遗产保护和传承工作，老字号企业“非遗”保护意识不断增强，“非遗”保护取得丰硕成果。截至2015年年底，北京老字号企业中进入国家级非物质文化遗产名录的有32项、市级54项，全市拥有国家级“非遗”生产性保护示范基地4个。

（耿英贞）

【举办第二十届北京商业科技周】5月15－24日，由市商务委、市科协和市工商联支持的2015年第二十届北京商业科技周活动在通州区和昌平区举办。本届北京商业科技周活动，旨在贯彻《全民科学素质行动计划纲要》，向公众传播科学理念、普及科学知识，倡导“科学消费、绿色生活”理念。

（张　爽）

【北京市特许经营备案数继续位居全国之首】为推进商业特许经营健康发展，市商务委坚持依法规范引导商业特许经营企业备案。2015年，北京市新增备案数83家，完成商业特许经营备案企业674家，备案数继续位居全国首位。

（魏新宇）

三、市场运行与管理

消费品市场

【概况】2015年，市商务委积极发挥消费促进增长的基础作用，努力创新促消费工作方式，积极开展各项促消费工作，全市消费市场保持平稳增长。

消费市场运行平稳。全市共实现社会消费品零售额10338亿元，同比增长7.3%，连续第八年成为全国最大的城市消费市场。按商品用途分，吃、穿、用和烧类商品分别实现零售额1967.3亿元、742.8亿元、7156.3亿元和471.6亿元，同比分别增长9.2%、0.9%、9.4%和-15.7%。按消费形态分，商品零售实现9491.2亿元，同比增长7.6%；餐饮收入846.8亿元，同比增长3.3%。网上销售保持强劲增长势头，限额以上批发零售企业实现网上零售额2016.9亿元，比2014年增长40.2%，对社会消费品零售额增长的贡献率超过8成，占社会消费品零售额的比重为19.5%，比2014年提高4.4个百分点。全市限额以上批发零售企业销售的27类商品中，增速较高的三类商品分别为通讯器材类、日用品类、家用电器和音像器材类，同比分别增长31.1%、28.7%和15.6%；汽车类、金银珠宝类和建筑装潢类等商品零售额增速同比分别下降4.7%、0.8%和0.2%。

开展系列主题促消费活动稳增长。制定2015年促消费活动方案，统筹开展时尚、特色、美食三大系列，包括北京国际美食汇、北京电子商务大会、各地商品网上大集等12项全市大型促消费活动。搭建北京商务促消费统一宣传平台，借助多种媒体渠道，为全市促消费活动提供开放式宣传推广服务，丰富活跃市场，营造消费氛围，取得了良好的经济和社会效益。

（万薇薇）

【全市社会消费品零售额突破一万亿元】北京市自2008年已连续八年成为全国最大的城市消费市场。2015年，全市社会消费品零售额达10338亿元，为全国首个突破万亿元的城市。消费成为拉动全市经济增长的主要引擎，为首都经济转型和结构调整发挥了重要带动作用。

（万薇薇）

【出台促进消费增长的政策措施】市商务委会同市政府相关部门，从引导节能减排促消费、推动转型升级促消费、提高生活性服务业品质促消费、加强内外贸易结合促消费、加强宣传促消费、强化部门联动促消费、推动京津冀一体化促消费、开展活动促消费等八个方面实施十五项政策措施，促进消费持续稳定增长，进一步巩固了全市消费投资协调拉动型经济格局。

（万薇薇）

【监测统计工作年度考核全国领先】市商务委持续加强信息报送和市场分析工作。按照商务部要求，每月开展市场运行分析，每季度进行较全面的市场运行综合分析；继续加强对元旦、春节、清明、五一、端午、国庆、中秋等节假日市场的监测和分析；继续编纂《北京消费品市场运行监测月报》，加强监测成果转化和对监测数据的分析利用，为各级商务部门把握市场动态、进行宏观调控提供有效的参考。在商务部对各省市考核排名中，重点流通企业监测，北京保持全国第二，直辖市中排名第一；应急商品数据库监测，北京在全国各省市考核中保持排名第一；商务部酒类流通监测，北京在全国各省市排名第二，直辖市中排名第一。

（万薇薇）

【继续组织开展早餐示范工程】市商务委在朝阳、丰台和大兴区开展早餐示范工程。以固定门店为主、便利店搭载早餐服务为辅，在三个区新建或改造145家早餐经营固定门店、131家连锁便利店搭载早餐服务、7家主食加工配送中心，进一步完善了便民早餐服务体系，为消费者提供便利、安全、卫生的早餐服务。

（李志鹏）

【大众餐饮进社区】市商务委支持大众连锁餐饮企业新建或改造主食加工配送中心4个，在社区新建连锁餐饮店铺19个，支持餐饮企业采取互联网、移动信息技术等方式，在社区、商务楼宇建设智慧型餐饮自提柜100余个，引导餐饮企业大力发展大众化餐饮，逐步形成各类餐饮业态互为补充、区域餐饮特色鲜明、大众化餐饮普及的新格局，不断提升全市餐饮业服务品质。

（李志鹏）

【动员推广离境退税商店】2015年7月起，市商务委开展离境退税商店动员推广工作，积极向百货商场、专业专卖店、老字号商业企业、特色商业街（市场）商户宣传离境退税政策，鼓励商业企业开展离境退税业务。11月，出台鼓励企业参与离境退税的政策，对2016年1月底前备案成为离境退税商店的给予一定资金支持。截至2015年12月31日，全市离境退税商店已有371户，居全国之首，共开具退税单1118份，购物价税合计2340.9万元，完成退税625笔，实退税额129.6万元。

（彭　峰）

【开展优质服务商店建设】市商务委会同市旅游委、市工商局指导市商联会、市旅游行业协会、市私营个体经济协会在全市范围开展优质服务商店评定工作，引导消费者到安全、放心、规范的商店购物消费，引导商业零售企业加强管理，树立窗口意识，展示首都商业形象，营造安全放心的消费环境，促进旅游消费。评选出首批123家北京市优质服务商店，分布在东城、西城、朝阳、海淀等11个区，涵盖百货、专业专卖店、超市、老字号、购物中心、“北京礼物”店以及奥特莱斯等多种业态和经营模式。

（彭　峰）

【出台节能减排促消费政策】2015年11月，市商务委会同市财政局、市发展改革委、市水务局、北京节能环保中心出台节能减排政策，对符合条件的个人消费者购买符合国家质量标准的电视机、电冰箱、洗衣机、空调、热水器、吸油烟机、空气净化器、坐便器和自行车等9类产品，按照能效等级或类别不同，给予不同程度的补贴。截至2015年年底，累计销售节能减排商品12.6万台，销售金额4.5亿元。

（易　辉）

【完善郊区商品流通网络供应链管理平台】市商务委支持相关企业开展“万村千乡市场工程”升级改造和联合采购，引入更多的供应商进入郊区市场，吸引更多的零售店铺加盟郊区联合采购平台，形成适合北京市郊区流通网络体系发展的供应链运营机制。2015年，郊区现代流通网络总销售额57亿元，联合采购商品涉及82个品牌、9000个品种，联合采购商品定单15000份，联合采购金额21亿元。

（彭　峰）

【落实酒类流通管理工作】贯彻落实《酒类流通管理办法》（商务部令2005年第25号），采取突出重点、分类推进、委托服务等措施，推动酒类流通备案登记工作。2015年全市新增酒类备案登记4305家，累计完成备案登记9.3万余家。加强酒类流通溯源宣传培训，提高酒类经营者酒类流通随附单使用率，2015年全市酒类企业使用随附单140余万份，累计推广使用机打随附单企业220余家。据市商务委对59家大中型酒类流通企业监测，2015年全市酒类商品销售量为204.5万千升，同比下降11.9%；销售额为225.1亿元，同比下降2.5%。

（胡敬轩）

储备调控

【概况】2015年，市商务委多措并举确保生活必需品市场供应，全市粮油、肉蛋、蔬菜等主要生活必需品货源充足，储备到位，市场供应和运行总体平稳；继续完善肉菜追溯试点建设，进一步提升食品安全水平；按照市政府统一部署，全力做好重要会议和重大活动供应服务保障工作；严格依法行政，加强成品油市场监管，落实清洁空气行动计划。

一、多措并举，保障生活必需品市场供应

1. 加强市场监测，做好分析预警。按照“准确监测，全面分析，科学预测，快速反应”的原则，进一步完善生活必需品市场监测制度。认真做好重点批发市场、大型连锁超市、规范化社区菜市场和直营直供新模式等样本企业蔬菜等生活必需品市场供应量的监测，及时报送信息，为政府决策提供可靠依据。根据工作需要，特别是极端天气情况下，适时扩大监测商品范围和缩短监测时间，提高生活必需品市场波动的预测、预警和预报能力。全年累计报送监测日报、供应信息（包括节假日）和运行报告278篇。

2. 巩固产销合作，保障货源供应。组织全市重点批发市场、大型连锁超市、蔬菜流通新模式企业和生活必需品政府储备企业加强与供京生活必需品主产地农合组织对接，扩大并巩固产销合作机制，积极组织货源，保障首都市场供应。2015年，组织北京市26家生活必需品保供骨干企业参加了河北、山东、内蒙古、湖北、广西、新疆等省区举办的12场次产销对接会（推介洽谈会）。1月至3月，第五次组织开展“十三省区市服务产区菜农服务首都市民蔬菜保供联合行动”。活动期间，累计增加蔬菜供应总量16.81万吨，日均增加2802吨，增幅10.7%，保障了春节和全国“两会”期间蔬菜市场供应。

二、完善政府储备管理，提升应急保障能力

1. 完善政府储备管理。根据国家和北京市相关规定，完成2015－2017年生活必需品等政府储备承储企业资质公开招标工作，重新确定了25家政府储备商品承储企业。组织召开储备仓库安全生产部署会，印发《关于加强生活必需品等政府储备仓库（含冷库）安全生产管理工作的通知》，督促企业严格落实安全生产法律法规，加强管理，确保储备商品和储备仓库的安全。强化政府储备检查，确保储备商品“储得住、管得好、调得出、用得上”。

2. 扩大蔬菜储备规模。落实商务部等四部委关于做好冬春蔬菜政府储备工作的有关精神，按照市领导批示要求，根据北京市现有储备设施库容能力，增加 2014－2015 年蔬菜政府储备数量，应急供应天数达到国家四部委“政府储备满足 5－7 天日常需求量”的要求。

3. 核查应急投放体系。核查 236 个应急投放网点和 12 个应急投放集散地，确保应急投放网络畅通。完善应急商品数据库，夯实应急保障工作基础。2015 年，数据库样本企业达到了 41 家，超过商务部规定的样本企业不少于 34 家的要求。应急商品数据库监测涉及食品、生活用品、救生器类、救灾物类等 4 大类 31 种应急商品。

4. 完成防汛安全工作。成立市商务委防汛指挥部和防汛办，完善工作方案和应急预案。汛期多次开展防汛储备物资检查，确保数量到位和储备库安全。开展防汛物资调运应急演练，检验应急指挥和响应水平，提高应急处置能力。加强防汛值守，确保通信畅通，信息传递及时，指令迅速落实。

三、严格审批制度，加强成品油市场监管

1. 坚持依法行政，规范成品油市场管理。按照法律法规认真履行职责，把好市场准入关口，坚持依法依规审批。严格执行商务部成品油企业监测周报、月报制度，按时上报信息和分析报告。累计完成 336 件成品油行政许可审批业务，报送成品油市场监测周报、月报、运行分析报告 76 期。按照商务部统一部署，完成 2014 年度全市成品油、原油经营企业经营资格检查工作。制定“成品油先照后证后续管理工作方案”，建立监督管理机制和具体的工作措施。

2. 加强日常监督检查，确保市场供应安全。加强对成品油市场安全管理，在重要会议和重大活动期间，配合市公安局、市安监局等部门联合执法检查，维护了成品油市场秩序。认真落实《北京市 2013－2017 年清洁空气行动计划》，配合市环保局、市质监局制定京Ⅵ标准车用燃油各项指标，力争 2016 年推广实施。加强京Ⅴ标准成品油供应检查。

四、完善肉菜追溯试点，提升食品安全水平

北京市作为商务部确定的第三批肉菜流通追溯体系建设试点城市，要按照商务部制定的统一规范，建设符合北京市实际的肉菜流通追溯系统。按照肉菜追溯建设试点总体目标，结合前期项目实际运行情况，2015 年将部分生猪产品中外埠肉及分割肉纳入追溯体系建设试点。做好追溯系统运维工作，针对超市门店“不开机、未录入”问题，组织召开 22 家试点连锁超市（共计 319 家门店）和追溯系统运维公司集体约谈会，进一步明确连锁超市、运维公司和市商务委的三方责任，加强管理，保障追溯系统有效运行。顺利通过商务部对北京市肉菜流通追溯体系试点建设项目中期评估。

继续推进“放心食盐进社区”工作，大力推广低钠盐。为扩大放心食盐销售，确保广大市民方便购买健康食盐，指导和配合中盐北京市盐业公司，继续开展“放心食盐进社区”和大型餐饮企业、餐饮示范街食盐直达配送工作。巩固低钠盐推广成果，继续在全市范围开展推广使用低钠盐工作。

五、圆满完成重要会议和重大活动供应服务保障任务

2015年，中央和北京市举办的重要会议和重大活动较多，供应服务保障任务艰巨，特别是抗战胜利70周年阅兵和世锦赛“两大活动”相继举办、同时筹备，时间长、任务重、标准高、要求严。在市政府领导下，市商务委圆满完成全国“两会”、抗战胜利70周年阅兵、北京田径世锦赛等21项重要会议和重大活动的供应服务保障任务。

（杨世巍）

【完成全国“两会”等重要会议的供应服务保障工作】市商务委圆满完成十二届全国人大三次会议及全国政协十二届三次会议的食品供应和服务保障工作，安全、优质、优惠的供应服务和细致、周到的服务保障，受到了全国“两会”总务组高度评价和表扬，并分别给市商务委发来感谢信。

（邵　兵）

【完成中国人民抗日战争暨世界反法西斯战争胜利70周年纪念活动供应服务保障任务】在市委、市政府及阅兵指挥部的领导下，市商务委积极参与纪念中国人民抗日战争暨世界反法西斯战争胜利70周年纪念活动服务保障筹备工作。经过历时6个多月近200天的不懈努力，克服了保障要求高、保障时间长、保障地点分散，供应品种多样等困难，出色地完成了供应服务保障任务。

（邵　兵）

【完成2015年北京国际田联世界田径锦标赛食品供应保障工作】按照市委、市政府和2015年北京国际田联世界田径锦标赛组委会的工作部署，市商务委针对大型体育赛事强化动物源性食品检测问题，通力沟通协作，及时解决问题，圆满完成了赛会的食品供应。

（邵　兵）

【继续在全市范围内推广使用低钠盐】为进一步改善市民的主要健康指标，逐步树立科学用盐意识，全面提升广大市民的健康水平，市商务委积极落实市政府《健康北京人——全民健康促进十年行动规划（2009—2018年）》。指导并督促中盐北京市盐业公司继续开展低钠盐推广工作。2015年全年销售低钠盐16103吨，约占全部小包装食盐销量的25％。

（邵　兵）

【完成北京市2015—2017年度生活必需品等政府储备承储资质的招标工作】为完善政府储备管理体系，建立健全政府储备资金使用的监管机制，公开、公平、公正地做好冻猪肉的政府储备工作，通过第三方招标机构，完成了生活必需品等政府储备承储资质的招标工作。

（邵　兵）

【完成防汛安全管理工作】2015年汛期前，成立了市商务委防汛指挥部和防汛办，建立了防汛工作制度和应急预案，修订了防汛工作方案，重新梳理了应急调拨流程，落实措施、责任到人。6月1日—9月15日汛期期间，严格执行蓝色预警委领导亲自带班、橙色预警防汛总指挥亲自带班、两名工作人员24小时值班制度，多次对防汛物资储备情况开展检查，高度重视承储企业自身防汛安全，积极组织开展防汛物资、应急物资投放演练，提高应急调拨处置水平，确保防汛物资“响应及时、供应顺畅”，圆满完成了汛期安全管理工作。

（庄　平）

【成品油、原油行政许可审批工作】2015年，审批成品油零售经营企业行政许可322件，初审成品油批发、仓储及原油经营资格行政许可事项14件。

（王云峰）

【成品油销售量增加】2015年，全市成品油表观销售量增加4.21%。其中，汽油增长9.18%，柴油下降0.85%。

（王云峰）

【加强对成品油经营企业的执法检查】落实《北京市2013—2017年清洁空气行动计划》，严格要求经营企业供应京Ⅴ标准成品油，每月对成品油经营企业销售的成品油进行执法检查。2015年出动检查人员630余人次，检查成品油经营企业242家。

（王云峰）

【完成国家对北京市大气污染防治工作检查考核任务】国家环保部等5部委组成联合检查组于4月7日至10日对北京市2014年度大气污染治理情况进行考核，成品油市场管理情况列为考核检查内容。最终，成品油市场管理工作考核成绩为满分，圆满完成了检查考核任务。

（王云峰）

【开展"车用汽柴油专项整治"活动】2015年上半年，市双打办组织开展"车用汽柴油专项整治"活动，市商务委按照要求，把成品油企业供油协议、购销台账、油品来源及证书管理作为重点，加大检查力度。贯彻落实《商务部办公厅开展石油成品油经营企业油库现场摸底检查工作的通知》要求，加强对全市油库进行现场摸查。通过活动开展，进一步促进全市成品油市场健康有序发展。

（王云峰）

【参加成品油市场安全管理联合执法】在"两节"、"两会"、APEC会议、世锦赛和抗日战争胜利70周年阅兵等重要时期，市商务委积极配合市政市容委、市公安内保局等部门开展联合执法检查工作，共检查成品油经营企业50余家次，出动检查人员60余人次。

（王云峰）

【做好全市车用燃油消费统计工作】市商务委每月对全市车用燃油消费情况进行统计汇总，每季度向市环保局通报。

（王云峰）

【继续推进肉菜流通追溯体系建设】在肉菜流通追溯体系试点建设基础上，进行系统试运行，对系统加以改进和完善。进行外埠猪肉和分割猪肉产品追溯试点建设，做好"放心肉"系统运维工作。

（侯学群）

【开展第五次蔬菜保供联合行动】为推进京津冀市场一体化发展，巩固扩大产销合作，保障春节和全国"两会"期间首都市场蔬菜货源充足、供应稳定，1月至3月，市商务委会同市农委、中国蔬菜流通协会与天津、河北、海南、广西等供京蔬菜主产区政府开展第六次蔬菜保供联合行动。此次保供联合行动在北京市7家重点批发市场、14家"农超对接"连锁超市的720家门店、10家"农餐对接"连锁餐饮企业的610家分店和17家蔬菜连锁经营企业的580家连锁经营网点同时开展。活动期间，累计增加蔬菜供应总量约16.81万吨，日均增加2802吨，增幅10.7%，其中大白菜、白萝卜、土豆、洋葱等8个居民日常所需大路菜品种增加供应总量约5.3万吨，日均增加868吨，增幅10.2%。

（陈　泽）

【蔬菜上市总量增加】2015年，监测的8家批发市场蔬菜上市量达121.4亿公斤，日均3326.7万公斤，同比增长1.3%。

（刘　璇）

【生猪屠宰量减少】2015年，监测的10家定点屠宰企业生猪屠宰总量711.8万头，日均屠宰1.95万头，同比减少21.8%。

（刘　璇）

【牛羊肉交易量减少】2015年，监测的7家批发市场牛肉交易总量7614.7万公斤，日均交易量20.9万公斤，同比减少1.5%。羊肉交易总量6978.5万公斤，日均交易量为19.1万公斤，同比减少3%。

（刘　璇）

【鸡蛋交易量增加】2015年，监测的7家批发市场鸡蛋交易总量25371万公斤，日均69.5万公斤，同比增加1.8%。

（刘　璇）

粮食流通

【概况】2015年，北京市粮食行业认真落实国家粮食安全新战略，全面深化粮食流通改革，健全粮食安全责任制，推进依法治粮、科技兴粮，加强“粮安工程”建设，加快转变粮食经济发展方式，加快推进粮食流通现代化。扎实做好“广积粮、积好粮、好积粮”，保障首都粮食市场平稳运行，促进粮食产业健康发展。

（张继红、梅　伟）

【出台《北京市人民政府关于全面落实粮食安全市长责任制的实施意见》】根据国务院《关于建立健全粮食安全省长责任制的若干意见》（国发〔2014〕69号）要求，结合北京市粮食工作发展的新形势、新要求，按照首都城市战略定位和建设国际一流的和谐宜居之都的目标，出台了《北京市人民政府关于全面落实粮食安全市长责任制的实施意见》（京政发〔2015〕52号），进一步明确市与区县政府维护粮食安全的责任，加快完善首都粮食安全保障体系，不断提高粮食安全保障能力和水平。建立了监督考核机制，市与区分级负责、责权清晰的粮食流通管理体制进一步健全。

（张继红）

【保持粮食市场平稳运行】针对北京市粮食产量持续减少、消费持续增长的形势，坚持把“抓粮源”放在首位，粮食年供给量超过600万吨，保持了充足的市场供应。国有粮食企业积极开展粮油贸易，多元主体经营活跃，丰富了市民的“米袋子”。市场机制的作用得到较好发挥，形成了统一开放、竞争有序、渠道畅通、保障有力的市场格局。全年共举办市储备粮竞价交易会14次，轮出51.3万吨，轮入71.8万吨，有效地调节了市场供求和价格，保持了供需基本平衡和价格基本稳定，北京市粮食价格涨幅低于全国平均水平。

（孔　晶、刘　钰）

【深化粮食产销合作】落实产销区省市间达成的粮食产销合作框架协议，与河南、河北、黑龙江、吉林等主产区加强产销合作，建立稳定的产销合作关系。组织参加“长春松花江大米推介会”和“2015·黑龙江金秋粮食交易合作洽谈会”。委托主产区代购代储市储备小麦2万吨、稻谷3万吨。加大政策引导和资金扶持力度，推动粮源基地提质增效。利用产销合作资金5500余万元，重点支持口粮基地和仓储加工一体化基地建设。外埠粮源基地数量达到244个，一手粮源年收购量近300万吨。

（孔　晶）

【推动京津冀粮食行业协同发展】 通过政策引导、资金扶持等措施，引导推动北京市粮食企业在河北省建立小麦、玉米粮源基地71个。在天津市建立临港油脂油源基地，满足市储备粮油轮换需要。与河北、天津省市粮食行政部门建立沟通机制，及时掌握三地市场供求情况，加强区域协调联动。北京市每年从河北省调入粮源160万吨，其中小麦95万吨、稻谷10万吨、玉米45万吨、其他10万吨。

（孔 晶）

【完成《北京市粮食收储供应安全保障工程建设规划（2016－2020年）》编制工作】 依据国家发展改革委、国家粮食局、财政部印发的《粮食收储供应安全保障工程建设规划（2015－2020年）》，结合北京市作为特大粮食主销区的定位，从"建设粮油仓储设施、打通粮食物流通道、完善应急供应体系、保障粮油质量安全、强化粮情监测预警、促进粮食节约减损"等方面，全面加强粮食收储供应安全保障工程建设。规划提出了北京市今后一段时期粮食收储供应安全保障能力建设的指导思想、目标和主要任务及政策措施，是指导粮食流通基础设施建设的重要依据。

（张继红）

【启动《粮食流通"十三五"规划》编制工作】 依据国家"十三五"规划，结合北京市粮食行业实际，全面总结评估"十二五"规划实施情况，深刻分析国际国内形势变化，找准北京市粮食流通领域存在的重点难点问题，认真开展"十三五"规划调研工作。按照北京城市战略定位，突出首都粮食行业特色，按照全面建成小康社会的总体目标，完成"十三五"规划初稿。

（张继红）

【建立权力清单和责任清单制度】 市粮食局编制并公布了行政职权事项清单，修订粮食行政处罚裁量基准制度。共梳理出权力事项56项，其中行政审批2项，行政处罚25项，行政奖励1项，行政检查15项，其他权力13项。进一步明确粮食行政管理部门职责权限，加快形成边界清晰、分工合理、权责一致、运转高效、依法保障的政府职能体系和科学有效的权力监督、制约、协调机制。

（张继红）

【推进粮食流通基础设施建设】 完善办公自动化系统、市场价格监测系统及储备粮实时监测管理信息系统。落实增产增储挂钩6亿斤仓容建设工作，确定北京市张辛粮食储备库二期工程等8个项目作为与北京市增产增储挂钩6亿斤仓容项目报送国家粮食局。项目估算总投资3.3亿元，建设仓容6.3亿斤。开展好粮食仓储设施专项调查工作，全面摸清全市粮食仓储设施基本情况。

（于燕麟）

【提高市储备粮规范化水平】 系统总结和运用多年来北京市粮食收储库的管理经验，制定了《粮食仓库仓储管理规范》北京市地方标准，为保障储粮安全提供了有力的技术支撑。组织基层检化验员参加现场检验学习比对，提高检化验能力。加强市储备粮出入库管理，落实承储合同管理制度。大力推广低温储粮、非化学药剂防治等绿色储粮技术，大幅度减少了化学药剂的使用。市储备粮绿色储粮比例达到63%，宜存率连续8年达到100%。

（孔令文）

【落实市储备成品粮监管责任】 组织市储备成品粮巡回检查67次（含异地），检查代储企业34家；加强异地储粮监管，检查黑龙江、吉林、河北、山西、山东、河南、天津等省市储备粮代储企业18家；委托开展质量抽查工作，共抽查市储备粮货位206个，代表数量42万吨。

（孔令文）

【加强市储备原粮卫生指标检测】通过采取市储备小麦轮换入库需向供货企业索取真菌毒素检测报告的措施，加强对小麦中真菌毒素限量的严格把关，初步探索和解决基层对粮食中真菌毒素实施监测把关的可行性，弥补对市储备粮入库卫生指标把关要求的空白，进一步提高发现粮食质量安全风险隐患的能力，防止不符合食品安全标准的原粮进入流通市场。

（于燕麟、黄 燕）

【规范粮食流通市场秩序】2015年，积极开展全市粮食库存检查、规范粮食市场经营行为的执法检查、节前成品粮油储备专项检查、异地储备粮检查等相关工作。市和区县两级粮食行政管理部门共开展检查725次，出动执法人员2220人次，检查企业917个次，行政处罚1起，罚款3万元。

（石红兵）

【落实退耕还林补助粮供应任务】2014年度全市退耕还林工程二轮核定面积47.2万亩。其中国家级39万亩，市级8.2万亩。截至12月20日，全市7个区已全部完成供应任务，总计供应原粮2.1万吨。

（孔 晶）

【拓宽粮食流通统计渠道】首次开展乡村居民户存粮专项调查，在全市10个远郊区县共抽取样本509份，摸清了乡村居民户存粮水平和结构。完成粮食流通统计年报、粮油加工业年报工作。全市90个粮油加工企业纳入半年报表统计范围，进一步掌握全市粮食流通和粮油加工业基本情况。完成2014年度供需平衡和2015年度乡村居民户存粮专项调查工作。对2192户城乡居民家庭、858个餐饮单位进行抽样调查，对1000家涉粮企业进行重点调查，基本掌握了全市粮油供需平衡基本情况。

（孔 晶）

【提高职业技能鉴定水平】组织2015年粮食行业特有工种职业技能鉴定工作，其中，34人取得粮油保管员（初级）证书，22人取得粮油质量检验员（初级）证书。推荐顶尖人才为“首批技能拔尖人才”候选人，2人获得“全国粮食行业技能拔尖人才工作室项目”申报资格。对粮食行业特有工种职业技能鉴定考评人员进行任期考核并换发证书；对北京市经济管理学校的北京市粮油食品检验鉴定资格进行审核并换发鉴定许可证，进一步提高北京市粮食行业职业技能水平。

（李亚捷、宫玉富）

【广泛开展爱粮节粮宣传】按照国家粮食局2015年世界粮食日活动要求，市粮食局、市农委联合印发《关于本市做好2015年世界粮食日和爱粮节粮宣传周活动的通知》（京粮发〔2015〕84号），开展爱粮节粮进生产一线、进流通领域、进消费领域。开展“尚德守法，全面提升食品安全法制化水平”主题宣传活动，提高消费者粮食食用安全意识和鉴别能力。配合国家粮食局开展“兴农惠农进万家”活动，组织北京市机关、企事业单位20人，随国家粮食局工作组赴10个粮食主产省，走访250余个行政村，宣传国家粮食收购政策，普及节粮减损知识，调研秋粮收购情况。

（于燕麟、宫玉富）

流通秩序

【概况】2015 年，流通秩序规范工作以健全市场秩序机制为重点，整顿和规范市场秩序，推进商务诚信建设，开展商业服务业服务技能大赛活动，提升商务服务业整体服务水平。

一、规范和整顿市场秩序，构建和谐商业环境

推进商业零售企业诚信促销。完善商业零售企业促销活动事前网上备案制度，加强促销活动事中、事后监管。截至 12 月底，市、区商务部门共出动检查人员 1200 多人次，检查商业企业 415 家，现场纠正不规范促销行为 15 件，并对个别商业零售企业违规行为进行了责令整改。

推进单用途商业预付卡监管。设立预付卡工作专栏，对全市 153 家预付卡备案企业进行信息公示，审核预付卡备案材料、季度报告 450 多份。组织区商务部门对全市 150 多家发卡企业进行现场检查，现场纠正物美、静雅、华联等发卡企业的违规问题。积极参与商务部《单用途商业预付卡管理办法》修订工作。

维护零售商供应商公平交易。协助商务部开展《零售商供应商公平交易管理条例》立法调研。积极发挥 12312 举报投诉平台作用，2015 年接受举报投诉 11 起，业务咨询电话 118 余次，协调零售商返还供应商金额 62 万元。北京市大型零售企业自发完善举报投诉办理平台，主动调节零供矛盾、促进公平交易。王府井、京客隆等集团公司总部纪检委负责接待受理供应商提出的各类涉及违规操作问题的投诉事宜。

二、推进商务领域诚信建设，引导诚信经营

积极推进商务部商务诚信建设试点工作，持续提高北京市商业服务行业服务水平和质量。2015 年将商业服务业“诚信服务”优质服务活动与诚信建设相结合，组织开展“诚信公约”“诚信兴商宣传月”“优质服务诚信行”等多种形式活动，宣讲诚信故事、弘扬职业道德，健全商业服务业诚信体系，为消费者提供放心和满意的服务。

根据北京市企业信用体系建设推进办公室的统一部署，积极推进商务系统企业许可资质信息、行政处罚信息的归集和公示工作。加强与市商联会合作，实施北京市商业服务业企业社会诚信项目调研，探讨加强企业诚信体系建设的基本途径和方法。配合市经信委推进全市信用联合惩戒机制建设。

三、加强服务规范建设，改善消费环境

2015 年服务技能大赛活动通过服务技能培训、岗位练兵以及服务规范与标准的全面落实，推进了全市商业服务业品质的整体提升。全市 16 个区 4 万余家企业门店的 35 万人次参加了大赛活动。一是参与行业增多，业态范围越来越广。参赛业态从传统的购物中心、商场超市扩大到家电连锁、家居建材市场等，培训范围也扩大到了民营企业和个体工商户。二是创新培训方式，提升培训效果。除了采取与政府部门联合培训、开办夜场培训、小教员集中培训等传统培训方式外，部分行业协会充分利用现代科技手段，通过协会官网、微信平台、手机 APP 等方式将培训教材电子化，让参赛选手随时随地就能够学习知识、观看视频、交流经验，大大提高了培训效率。三是聘请专家教员，注重培训质量。邀请全国劳模、中国传统技艺技能大师、国家非物质文化遗产继承人、专家学者等近百人参与员工培训，讲授案例、传授经验，提高了培训效率的质量。四是拓宽宣传渠道，努力营造氛围。推出了大赛活动标识，制作了专题网页，建立了微信公众平台，充分利用互联网、电视、媒体、新媒体等资源进行全方位、多角度宣传，引进了全社会的广泛关注。

（郑　林、康　凯、庄秋凤）

【开展商务领域反恐维稳工作】制定印发《北京市商务委员会反恐工作职责分工》等文件，督促各区商务部门、商业企业配合属地公安部门做好反恐维稳工作，落实好人防、技防和物防反恐措施。完善商务部门反恐维稳联络员机制，2015年，共出动检查人员2900余人次，对繁华商圈、特色商业街内的900余家商业企业进行反恐安全检查，发现并督促整改隐患问题248个。

（齐国清）

【促进药品行业健康发展】组织召开全市药品流通行业标准建设推进暨2015年工作会，积极宣贯商务部《药品批发企业物流服务能力评估指标》《零售药店经营服务规范》等7项行业标准，促进药品流通企业服务能力和现代化水平的提升。全市首批共12家企业通过3A级审评，共有101家典型药品批发和零售企业参加商务部网上直报统计。

（齐国清）

【规范发展大宗商品交易市场】一是增强棉花、肉类、食糖等政府平抑物价和稳定市场的能力；二是提高了棉花市场在北京乃至中国的产业主导权；三是加强对全市大宗商品现货市场的风险排查，牵头组织金融、工商、律师事务所、会计师事务所等对全市15家交易场所进行现场检查。

（刘　伟）

【强化刀具销售等管控措施】配合公安部门落实刀具销售管控和“低慢小”飞行器禁售工作，督促商业零售企业下架管制刀具和“低慢小”飞行器，组织全市商务部门开展重大活动期间的专项检查，共检查企业263家，营造首都安全放心的商业消费环境。

（刘　伟）

【推进商务领域打击非法集资工作】组织全市商务部门开展非法集资风险排查和现场检查，对商务领域非法集资种类进行细化，全年共检查企业562家，有效防范金融风险和群体性事件，靠前消除商务领域非法集资风险隐患。

（刘　伟）

【推进商业保理试点工作】组织石景山、海淀、顺义区商务部门完善保理业务监管制度和工作方案，帮助北京市中小微企业疏通融资渠道，带动投资规模和融资额度扩大。截至2015年年底，共设立商业保理公司43家，其中石景山区41家、海淀区1家、顺义区1家，共为80多家中小企业融资32亿元。

（刘　伟）

【开展节能减排工作】支持商业服务业企业开展节能减排、绿色低碳和污染控制示范项目建设。截至2015年年底，共对8家企业的节能减排示范项目给予844.8万元财政资金支持。宣贯《北京市商场超市能源消耗限额》和《北京市商场超市合理用能指南》，规范商场超市用能行为。积极推广“节能产品示范店创建”活动，有效提升节能产品市场占有率。苏宁、国美等大型零售企业的26家门店获得“节能产品示范店”称号。

（孙景东）

【推进行业协会健康发展】指导支持市总部企业协会、市商业保理协会召开成立大会。积极做好社会组织筹备申请、成立、变更、注销登记前的服务指导工作。2015年共指导14家协会按期完成换届选举，新成立2家社团组织。推行社会组织年检无纸化工作，利用电子签章实现对社会组织年检的电子化，提高年检效率。按照市民政局的统一部署，积极推进商务领域行业协会商会与行政机关脱钩试点工作。

（谢凤珍）

市场秩序协调

【概况】在市委、市政府和全国打击侵权假冒工作领导小组的领导下，按照中央统一部署，结合首都实际，创新开展工作，较好地完成了打击侵权假冒各项工作，为维护首都公平的市场秩序做出了积极努力。北京市2015年打击侵权假冒绩效考核成绩获得了全国双打机构成立三年以来中央考核各省市唯一的100分。

一、继续完善统筹协调机制

一是加强组织领导和考核督查。市领导高度重视打击侵权假冒工作。王安顺市长、程红副市长就打击侵权假冒工作做出批示6次；完成市打击侵权假冒工作领导小组调整，市级成员单位达到36家；加强基层建设，推动16个区全部建立工作机制，部分区设立专门机构，落实了打击侵权假冒机构、编制和经费。连续四年进行了各区打击侵权假冒工作绩效考核，并纳入首都综治考核体系；落实督查机制，打击侵权假冒工作列入市政府督办项目，每月报告工作进展，自觉接受督查。

二是完善案件统计和信息报送。印发《关于做好2015年打击侵权假冒信息报送工作的通知》，健全案件统计和信息报送工作长效机制。在成员单位和各区采集各类信息790条，择优上报全国双打办信息95条，中国打击侵权假冒工作网等采用94条，全国打击侵权假冒工作简报及全国会议采用7条，编印市打击侵权假冒工作专报17期。每月按时、准确向全国双打办报送执法统计数据。案件统计、信息报送、网站运行等工作走在全国前列。

三是推进京津冀协作。组织召开打击侵权假冒领域京津冀协作工作专题会，研究探讨在更高水平上的执法协作和区域合作。“京津冀打击侵权假冒区域协作”专栏在中国打击侵权假冒工作网上线，集中展示三地打击侵权假冒工作的风采。北京通州区与天津、河北等6区、市、县市场监管部门签署《服务京津冀协同发展合作协议》，在打击制售假冒伪劣、保护知识产权、规范网络交易等领域开展跨地区执法协作。

二、持续保持“双打”高压态势

2015年全市9家行政执法部门对侵权假冒行为共立案4045件；办结案件4019件，同比增长29.9%；涉案金额6398万元；捣毁制售假冒伪劣产品窝点255个；移送司法机关涉嫌犯罪案件29件。公安机关共破获侵权假冒案件2268件，抓捕犯罪嫌疑人1076人，涉案金额13亿元。检察机关共批捕侵权假冒案件194件，涉案犯罪嫌疑人235人；审查起诉案件738件，涉案犯罪嫌疑人839人。审判机关共受理侵权假冒刑事案件837件，审结825件，生效判决人数956人。

三、认真开展专项整治行动

按照全国统一部署，全市各部门先后开展了互联网领域侵权假冒专项治理、车用燃油专项整治、农村和城乡接合部市场假冒伪劣专项整治、中国制造海外形象维护“清风”行动、旅游纪念品专项整治、软件正版化等多个专项行动。开展纪念抗战胜利70周年、世界田径锦标赛“两大活动”期间打击侵权假冒工作。市领导小组办公室在上述专项行动中发挥统筹协调作用，侵权假冒专项治理工作成效显著，工作得到市领导和全国双打办肯定。农村市场整治、互联网整治、“清风”行动等相关做法或被全国会议推广，或被全国工作简报采用。

四、推进“信息公开”和“两法衔接”

打击侵权假冒案件信息公开连续两年纳入北京市政府信息公开工作要点。组织工商、质监、食药监、农业、园林绿化、知识产权、文化执法、海关、国检等9家行政执法部门召开专题会议，学习贯彻国务院、全国双打办及市领导有关信息公开的要求，9家行政执法部门全年主动公开打击侵权假冒案件信息3279件。

积极推动“两法衔接”工作。在市级层面进一步完善北京市行政执法与刑事司法衔接工作联席会议制度。市、区各级执法机关不断健全协作配合机制，如联席会议制度、信息通报制度和快速反应机制等。将打击侵权假冒“两法衔接”信息共享平台的使用列入《北京市2015年行政执法与刑事司法衔接工作计划》，平台共录入2015年度行政处罚案件信息2863件。

五、积极开展“双打”宣传工作

市打击侵权假冒领导小组办公室印发《2015年北京市打击侵权假冒工作宣传方案》。在“4·26”世界知识产权日等重要时间节点开展集中宣传，举办知识产权保护状况新闻发布会，举办侵权盗版出版物集中销毁活动，扩大影响力。制作播放《北京市打击侵权假冒公益宣传片》和《北京市打击侵权假冒工作专题片》。为《2015中国反侵权假冒年度报告》提供专题文稿，并向各区和主要成员单位发放。中国打击侵权假冒工作网北京子站在全国地方子站中首批上线；开通北京市打击侵权假冒工作网，作为对外宣传的门户网站，发布打击侵权假冒新闻信息443条。集中公布9家执法部门的监督举报电话，畅通举报渠道，接受社会监督。

（蒙　洁）

【全国双打办赴北京市现场考核】1月21日至22日，国家知识产权局副局长贺化率领全国打击侵权假冒第12考核组来京开展2015年度工作绩效现场考核。考核组听取了北京市“双打”工作汇报，查阅了工作文件和案卷，并赴北京经济技术开发区管委会、京东集团、秀水市场、北京图书批发交易市场实地检查了办公软件正版化、电子商务知识产权保护、有形商品市场监管、版权保护等工作。22日，考核组反馈现场考核意见，充分肯定2015年北京市“双打”工作，希望北京市在2016年“双打”工作中继续发挥“敢于担当、勇于创新”的精神，加强组织协调，保持良好态势，在打击侵权假冒领域创造出更多更好的经验和成效。

（张炳词）

【部署北京市2015年打击侵权假冒工作】3月18日，北京市召开贯彻全国打击侵权假冒电视电话会议精神工作会，总结2014年打击侵权假冒工作情况，部署2015

年工作。程红副市长在会议上指出，2015年，要在全面深化改革、全面推进依法治国的大背景下认识和推进打击侵权假冒工作，落实好各项任务，巩固和完善工作机制，做好案件信息公开、两法衔接、社会共治等方面的工作。

（张炳词）

【召开打击侵权假冒案件信息公开工作会】在打击侵权假冒案件信息公开工作开展一周年之际，北京市打击侵权假冒工作领导小组办公室组织工商、质监、食药监等9家行政执法部门召开会议，进一步推动案件信息公开工作。会议通报了各行政执法部门2014年6月以来案件信息公开情况，各部门介绍了案件信息公开的做法，探讨了改进工作的建议。会议要求，各部门进一步加强组织领导，抓好工作落实；加强沟通协调和工作联动；积极探索提高案件信息公开水平，在应公开、尽公开的基础上，做到信息查询清晰方便。

（韩建中）

【开展车用燃油专项整治】按照全国打击侵权假冒领导小组办公室等中央九部门的部署，北京市于2015年1-6月开展车用燃油专项整治。市领导小组办公室组织商务、环保、工商、质监等部门对部分车用燃油经营企业进行联合执法检查。专项整治期间共出动执法人员11585人次，加油站油样抽检合格率达99.84%，油气回收装置运行合格率提升近10个百分点。

（张炳词）

【开展农村市场侵权假冒专项整治】按照全国统一部署，北京市自2014年12月至2015年6月开展农村和城乡接合部市场假冒伪劣专项整治行动，成立了农资打假协调小组和工作协调机制。在2015年春耕时节，市领导小组办公室会同市农业局开展了种子执法检查。农资抽检结果显示，饲料和饲料添加剂检测合格率达99.08%；肥料监督抽检合格率为91.9%，同比提高19%；种子质量合格率91.6%，同比提高2%。

（赵文捷）

【开展互联网领域侵权假冒专项治理】北京市认真贯彻落实国家关于加强互联网领域侵权假冒行为治理的一系列部署。领导小组办公室赴龙头企业京东集团和阿里巴巴集团调研，与企业探讨互联网领域打击侵权假冒、运用大数据加强监管以及规范跨境电子商务的做法和措施。工商部门将互联网、微信等新兴领域纳入重点检查范围；食药监部门成立市食品药品互联网监测平台，设立互联网食品药品监管大队；文化执法部门积极探索网络监管新模式；质监部门组织开展北京市互联网领域电子电器产品集中打假专项执法行动；网信部门成立了网上打击侵权假冒工作小组，治理工作取得积极进展。

（张炳词）

【开展中国制造海外形象维护“清风”行动】按照全国打击侵权假冒工作领导小组《中国制造海外形象维护“清风”行动方案》要求，市领导小组办公室深入海关、电商企业、行业协会、邮递企业等重点单位，调研工作开展情况。北京海关和邮政部门密切配合，采取加强验视、“两查一考核”、集中收寄等手段加强邮递渠道的监管，打击通过蚂蚁搬家等方式出口侵权假冒商品违法行为。出入境检验检疫局建立跨境电商产品备案登记制度，实现产品的全流程可追溯，为出境产品质量或侵权纠纷提供了途径指引。

（张成成）

【开展旅游纪念品专项整治】北京市于2015年8－10月开展旅游纪念品专项整治行动。领导小组办公室发挥组织协调作用，组织开展跨部门联合执法检查。各职能部门结合纪念抗战胜利70周年和世界田径锦标赛“两大活动”服务保障及中秋、国庆“两节”开展市场监管，共出动执法人员5858人次，办理行政处罚案件59件，受理举报投诉462件，净化了首都旅游纪念品市场秩序。

（张成成）

【打击侵权假冒工作积极服务“两大活动”】在纪念中国人民抗日战争暨世界反法西斯战争胜利70周年、世界田径锦标赛“两大活动”期间，市打击侵权假冒工作领导小组办公室组织相关成员单位和区县对重点区域、重点市场加大检查督查力度，明察与暗访结合，做好“两大活动”的服务保障工作。对于出现的问题，要求相关区和单位完善市场监管和内部管理。“两大活动”期间未发现大的侵权假冒事件，未发现侵权假冒方面的负面报道。

（赵文捷）

【与中关村管委会共商打击侵权假冒】为落实程红副市长在北京市打击侵权假冒领导小组全体工作会议上的要求，围绕创新驱动战略和科技创新中心建设做好打击侵权假冒工作，市打击侵权假冒领导小组办公室赴中关村管委会调研，深入了解近年来中关村科技园区推进知识产权保护的情况。双方还就共同推进打击侵权假冒工作进行交流，明确下一步双方将在建立沟通机制、收集企业诉求、推动社会共治、利用高科技手段助力打击侵权假冒工作四个方面加强协作。

（韩建中）

【“两法衔接”平台数据对接取得新进展】北京市工商系统提供数据接口，与北京市打击侵权假冒“两法衔接”工作信息共享平台实现对接，首次完成执法机关业务平台数据向“两法衔接”信息共享平台的“个性化”传输。这标志着北京市“两法衔接”信息共享平台数据采集和信息共享工作又向前迈进了一步。北京市打击侵权假冒“两法衔接”信息共享平台于2014年年底建成并与中央平台对接，2015年平台实现了与全市执法机关业务平台的即时对接，同步采集传输数据信息。

（韩建中）

【三地联手推进京津冀打击侵权假冒区域协作】11月12日，京津冀三地打击侵权假冒工作办公室在北京召开打击侵权假冒领域京津冀协作工作会，研究探讨在更高层面上推动打击侵权假冒领域的执法协作和区域合作。会议达成三方面的共识：一是建立更紧密的工作协调机制，定期召开工作会议；二是推动各省市领导小组办公室密切协作，加强信息沟通，协调专项行动，形成长效机制；三是推动各省市领导小组成员单位和市（区、县）加强执法协作，巩固已有的协作成果，探索建立区域协作新机制。

（韩建中）

安全生产

【概况】2015年，全市商务部门和各经营单位落实行业安全生产监管责任和企业安全生产主体责任，各项工作落实到位，完成重要节日、重大活动商务行业安全保障任务。出动执法检查人员19000人次，检查经营单位6800家次，发现并督促整改隐患、问题3000项，实施行政处罚60余起，罚款

42.7 万元。行业安全生产形势总体平稳，未发生有影响的生产安全事故，荣获 2015 年度“北京市安全生产工作先进单位”。

（宋　军、陈玉全）

【做好重点时期安全保障】一是做好重要节日期间安全保障工作。元旦、春节、五一、国庆等节日期间，市商务委领导轮流带队，组织开展节日安全生产检查督查。全市商务部门以繁华商业街区、城乡接合部、高层建筑、地下空间和大型综合楼宇内的经营单位为重点，积极督促经营单位落实安全生产主体责任，做好安全生产、应急演练和事故防范工作，营造“安全、稳定、祥和”的商务运行环境。二是做好重大活动期间安全保障工作。全国“两会”、世锦赛、“9・3”阅兵系列活动期间，市商务委主要领导深入一线开展安全生产检查调研，全市商务部门对会场和代表驻地周边 200 米范围内重点经营单位开展拉网式、全覆盖检查排查，各区商务部门每日将辖区内安全生产执法检查情况及安全生产状况按时上报市商务委，市商务委每天将检查信息、督查情况通报相关区商务部门，督促落实属地监管责任，彻底消除安全隐患和问题。

（宋　军、陈玉全）

【举办安全生产大课堂】6 月 2 日，市商务委举办 2015 年商务行业“安全生产月”专题培训。各区商务部门、市商务执法监察大队主管领导和科室负责人，各商业零售和餐饮连锁集团安全生产负责人共计 120 余人参加培训。授课人员运用大量典型事故案例，从安全疏散设施是经营场所安全保障的重要内容、安全疏散设施管理基本要求及存在的问题隐患、加强安全疏散设施管理确保行业经营场所安全三个方面进行了剖析和讲授。

（宋　军、陈玉全）

【开展安全生产月活动】6 月，市商务委组织开展安全生产月活动。制发《商务行业 2015 年安全生产月活动方案》，以“强化依法治安意识，营造安全商务环境”为主题，开展用电安全警示教育、隐患排查治理、新《安全生产法》集中宣传、应急演练等 4 个不同特点的主题周系列活动。通过系列活动，提高行业安全生产防范能力，促进经营单位安全生产主体责任落实，在全行业营造浓厚的安全生产工作氛围。

（宋　军、陈玉全）

【建立安全生产责任体系】市商务委党组把行业安全生产工作列入重要议事日程，定期听取安全生产工作汇报，研究解决安全生产工作重大问题。市商务委签订“一岗三责”责任书，在实行安全生产“一票否决”的基础上，把“管行业必须管安全、管业务必须管安全、管生产经营必须管安全”和“党政同责、一岗双责、齐抓共管”的要求指标化，纳入业务处室和直属单位年度工作考核，实现行业安全生产与业务工作同部署、同推动、同考核验收。

（宋　军、陈玉全）

【建立安全生产会议制度】市商务委将全市各区商务部门划分为 4 个片区，每季度分别深入 4 个片区召开各区商务部门重点工作推进会，分析季度工作形势，听取各区重点工作进展和工作安排，部署工作重点。每半年召开一次全市商务行业安全生产工作会，总结全市商务行业安全生产工作，部署工作重点，指导各区商务部门安全生产监管工作。

（宋　军、陈玉全）

【做好安全生产协调联动】市商务委制发《安全生产工作指导意见》《2015年商务行业重点执法检查计划》《中国人民抗日战争暨世界反法西斯战争胜利70周年纪念活动期间商务行业安全生产保障检查工作方案》等部署性文件，对各项安全生产管理工作进行分解。各区商务委根据全市商务行业安全生产保障任务和属地政府统一要求，制定工作计划，对组织机构、职责任务和专项工作进行明确、分解。每季度召开专题会议、视频会议、现场会，总结行业安全生产工作情况，研判安全生产形势，交流各单位在宣传教育、隐患排查、执法检查、联组建设、标准化达标创建等方面的经验，对重点工作和专项任务进行部署。对各区商务委安全生产管理工作进行督查，实施区商务部门安全生产工作半年综合考核评分，及时将考核结果反馈各区商务委，促进行业安全生产监管责任落实。

（宋　军、陈玉全）

【开展安全生产专项治理】一是深刻吸取天津港事故教训，根据全市统一部署，先后在全市商务行业开展安全生产大检查、易燃易爆和危险物品以及电梯安全等专项治理行动，全面排查整治安全隐患；市商务委相关业务处室、各区商务部门也通过组织召开专题会议，按照“一风险一预案”的要求，组织指导全行业开展应急演练，对重点区域实施安全特殊管控。二是巩固冬春季火灾防控工作成果。全市商务部门充分发挥行业协会、企业安全生产联组的管理作用，对冬春季火灾防控工作进行广泛宣传发动，进一步提高经营单位的全员消防安全意识；组织经营单位落实火灾防控措施，加强烟花爆竹安全管理，重点对疏散通道、楼梯、屋顶、窗口、防护栏、库房等处开展可燃物清理；对列为全市禁放点的235家大型商场、超市建立了台账并进行督导；春节前安监处对参与烟花爆竹销售的商业零售经营单位进行了调查摸底和全覆盖安全检查，指导经营单位开展应急演练，确保消防安全。三是做好预防煤气中毒工作。建立了全市规模以上使用燃气和炭火经营的餐饮经营单位台账。各区商务部门加强与安监、消防等部门的协同配合，采取联合查、重点查等形式对规模以上餐饮企业预防煤气中毒工作开展了集中检查，督促经营单位特别是利用炭火经营的餐饮企业落实各项安全措施，防止因通风不畅发生煤气中毒事件。

（宋　军、陈玉全）

【开展安全生产联合执法检查】市商务委充分利用市安全生产委员会的综合协调平台作用，把一些检查督查发现的应该由其他部门处置的问题，及时通过市安委会加以解决。组织市、区两级安监、消防、商务等部门对50多家重点经营单位开展了联合执法检查，集中整治了大型综合楼宇内疏散通道被挤占、疏散指示标志缺损和无购物出口、应急广播设置不符合要求等反复查反复出现的安全问题。

（宋　军、陈玉全）

【开展安全生产法律法规宣传教育】市商务委制作了《用电安全管理》《疏散设施安全管理》等示范教材，举办了全市商务行业安全生产百人大讲堂活动；在各区和连锁企业集团开展多个场次《用电安全管理》和《疏散设施安全管理》巡讲；相关处室针对加油站、储备库、快餐等不同行业经营特点开展安全生产培训。各区商务部门采取专题培训、搭建网络通信平台、开展现场咨询、组织综合应急演练和联组建设等形式，广泛开展安全教育培训活动。在“安全生产月”期间，全行业共设置电子显示屏170块，张贴海报12000余张，发放宣传材料40000余张，开展各类安全生产集中培训300余次，培训人数30000余人次，取得良好社会效果。在全市安全生产宣传教育工作评比中，市商务委获得优秀组织奖和最佳活动实践奖等称号。

（宋 军、陈玉全）

【开展安全生产隐患排查治理】市商务委在2015年工作指导意见中明确属地监管的“六个规定动作”要求，全面指导各区开展隐患排查治理工作。2015年，以“全覆盖、零容忍、严执法、重实效”和“一企业一标准，一岗位一清单”的要求，在全市商务行业组织开展了安全生产大检查、深化“六打六治”、打非治违和危险化学品易燃易爆物品“三项行动”以及火灾防控、地下空间整治、燃气安全等隐患排查治理专项行动。针对物美集团安全问题较多的现象，以“钉钉子”的精神，持续不断地对其所属门店开展“四不两直”检查，督促企业彻底整改。同时，由市商务委安全生产主管领导挂帅，组成隐患排查治理专项督查组，对16个区商务部门31项行业监督管理任务进行了督查，并及时向所属区通报督查情况；对3个落实行业安全生产监督管理工作不到位的区商务部门，约谈了单位的主要领导。

（宋 军、陈玉全）

【开展连锁企业安全生产培训】2015年，市商务委举办商务行业安全生产监管工作和重点企业安全生产管理工作培训班，培训的对象主要是市商务执法监察大队和各区商务委的主管领导、科室负责人、安全监管工作人员，全市大型商业连锁企业集团安全负责人和城区重点商业零售、餐饮经营企业代表，累计集中培训各类人员180余人次。在培训活动中，授课老师以法规为基础，辅以生动鲜活的案例，从监督管理、执法检查、安全投入、教育培训等八个方面深入浅出地讲解了如何更好落实行业安全生产监管责任和企业主体责任。

（宋 军、陈玉全）

【推进安全生产标准化建设】2015年，完成10家大型商业零售和餐饮经营单位二级标准化资料审核和现场复核。经过市、区两级商务部门的积极促进，全市2500多家商业零售和餐饮经营单位达到安全生产标准化水平。充分发挥社会力量对安全生产工作的保障作用，推动300余家本行业企业投保安全生产责任保险。

（宋 军、陈玉全）

四、生活服务业和特殊流通行业

生活服务业

【概况】 2015年，为深入贯彻落实习近平总书记“2·26”重要讲话精神，落实首都城市战略定位，加快建设国际一流的和谐宜居之都，市商务委以问题为导向，突出创新引领，强化公共利益，制定并实施了《北京市提高生活性服务业品质行动计划》，大力推动生活性服务业规范化、连锁化、便利化、品牌化、特色化发展。

便利店（超市）、早餐、蔬菜零售、洗染、美容美发、家政服务、代收代缴和再生资源回收等8项基本便民服务在城市社区基本实现全覆盖。持续加强“一刻钟社区服务圈”建设，推动服务圈向农村地区延伸。2015年，全市建成207个“一刻钟社区服务圈”示范点，累计建成1236个，覆盖2341个社区，惠及1454万社区居民，覆盖率达到80%。规范再生资源回收网点，探索推进城市垃圾分类与再生资源回收融合发展，提升了城市环境综合治理水平。

鼓励传统社区商业和互联网融合发展。“悠购东城”、“181便民服务站”、“乐智屋”以及一站式物流平台等“互联网＋社区商业”服务模式，将生鲜水果供应、日用百货销售、洗衣、物流配送等便民服务进行线上线下融合，在方便周边居民的同时提升了人力和空间资源的使用效率。

探索便民服务综合体发展模式。截至2015年年底，东城区、西城区等建设了东直门“生活性服务业一条街”等18个便民服务综合体，涵盖早餐、便利店、生鲜水果销售、家政、修理、主食厨房、便民理发等多种便民服务业态，同时还具备预约服务、上门配送等拓展服务功能，社区居民生活便利度和满意度得到提升。

鼓励连锁超市、便利店和老字号企业扩大直营连锁规模。培育和促进庆丰包子、护国寺小吃、丰大农业、好邻居便利店等知名连锁企业发展，品牌化网点覆盖率不断提高。2015年，全市新增商业特许经营备案企业83家，累计达到674家，在企业数量、从业人数和企业规模等方面居全国首位，涉及零售、餐饮、洗染、医药、服装服饰、教育培训等20个行业。

提升行业技能和服务水平。支持并引导家政、洗染、美容美发、家电维修、摄影、沐浴六类生活性服务业，累计培训从业人员6万多人。开展商业服务业服务技能大赛系列活动，共设18个竞赛项目，涉及11个承办协会，全市16个区4万余家企业门店参与，参加人次达35万。

（王喜艳、周丽霞）

【制定并实施《北京市提高生活性服务业品质行动计划》】 由市商务委牵头制定的《北京市提高生活性服务业品质行动计划》（以下简称《行动计划》），经第166次市委常委会议和第82次市政府常务会议审议通过后于2015年7月29日由市政府正式印发实施。《行动计划》提出，到2020年，全市生活性服务业的服务水平和质量效益明显提高、行业组织化、信息化程度明显提高、品牌影响力明显提高、法治化营商环境建设水平明显提高。行动计划明确了加快实施品牌建设工程、营商环境建设工程、人才培养与岗位技能培训工程等三项重点工程，全面推进便民网点建设、促进新型商业模式发展、探索服务功能集成、引导业态转型升级、深化开放合作、推动绿色发展等六项重点工作。

（王喜艳）

【设立北京生活性服务业发展基金】市商务委会同市财政局以合伙制的基金治理结构设立北京生活性服务业发展基金。基金总规模10亿元以上，其中财政资金出资5亿元，重点支持生活性服务业“规范化、连锁化、便利化、品牌化、特色化”发展，聚焦“互联网＋生活服务业”新模式，推动移动互联网、云计算、物联网等与生活性服务业结合，重点投向具备一定实力和发展前景的生活性服务企业、公共服务平台、基础设施以及生活性服务业京津冀合作项目等领域。

（王喜艳、安玉新）

【继续开展家政“春节保供”活动】为保障2015年春节、元宵节期间家政服务市场供应，市商务委指导北京家政服务协会和96156社区服务平台组织家政服务企业在“两节”期间开展家政服务市场“春节保供”活动，百余家家政服务企业参与，组织万名家政服务员错峰回家或进京保障春节家政服务市场，累计服务市民100余万人次。

（王喜艳）

【家政协会新评定19家星级门店】2015年评定19家星级门店，其中五星4家，四星6家，三星7家，二星2家，促进了家政服务行业规范化、规模化、连锁化、标准化管理。

（王喜艳）

【鼓励家政服务从业人员参加“行业技能大赛”】市商务委组织30家家政企业的330人参考“行业技能大赛”，通过服务知识考核、技能操作考核和岗位实地考核等程序，评选出优秀选手，以竞赛的形式带动行业服务质量提升、员工素质提升和行业整体形象改观。

（王喜艳）

【加强岗位技能培训】市商务委指导生活性服务业行业协会通过集中培训、入店巡讲、校企合作等方式，开展形式多样的岗位技能培训工作，逐步形成政府、协会、企业多方参与的多层次培训体系。2015年支持并引导家政、洗染、美容美发、家电维修、摄影、沐浴六类生活性服务业累计培训从业人员6万多人。

（王喜艳）

【完成“北京家政服务网”升级改造】按商务部要求，市商务委将“北京家政服务网”作为北京市与商务部“全国家政服务运营监测管理系统”对接的家政服务平台，并将96156社区服务信息平台作为“网络中心”与该系统进行对接，启动了北京市家政行业数据整合工作。

（王喜艳）

【鼓励外资投资设立老年人服务机构】截至2015年年底，北京市有2家外商投资的养老企业、4家提供与养老服务相关的技术服务外资企业，可提供住宿、餐饮、护理、生活照料等养老服务及养老设施设计、老年护理和呼叫求助产品、远程医疗系统等技术支持和服务。

（王喜艳）

【规范正规废品回收站点经营行为】配合首都环境建设，对废品回收站点进行规范化治理。截至2015年12月底，全市商务主管部门共检查回收站点2521个，出动车辆875车次，出动人员1520人次，规范整改回收站点682个，配合有关部门清理无照经营废品回收点351个。

（魏　拓、曹　民）

特殊流通业

【概况】2015年，北京市拍卖、典当企业增长较快，批准设立拍卖企业55家、典当企业29家。截至2015年年底，全市拍卖企业591家、分支机构3家，典当企业349家、分支机构138家。2015年，开展了拍卖企业、典当企业2014年度核查，对70家拍卖企业、72家典当企业开展现场检查。通过年度核查和现场检查，进一步规范了企业经营行为。

引导规范拍卖行业发展。加强行业宣传，继续开展北京拍卖季活动。为贯彻《中华人民共和国拍卖法》《拍卖管理办法》，落实《北京市服务业扩大开放综合试点总体方案》，探索对拍卖等服务业企业的管理模式创新，市商务委、市工商局、市文物局联合组织开展了以“拍卖业新机遇”为主题的2015北京拍卖季活动。通过多渠道、多层次、分波段、差异化的投放与传播，让更多普通消费者提升对拍卖行业的认知度和参与度，促进交易活跃度，增强拍卖市场对北京经济发展和消费市场扩容的促进作用，同时也让更多海内外拍卖企业和收藏家关注北京拍卖市场。做好拍卖行业审批工作，加强事中、事后监管。根据《中华人民共和国拍卖法》《全国人民代表大会常务委员会关于修改〈中华人民共和国电力法〉等六部法律的决定》《拍卖管理办法》等有关规定，为贯彻行政审批改革的有关精神，将拍卖企业设立、变更等事项预审查下放到区商务委管理，为进一步做好拍卖企业审批工作，加强拍卖企业属地管理及拍卖行业的事前、事中、事后动态监管奠定了基础。加强信息化监管。在市商务委、市工商局、市文物局建设的北京市拍卖行业管理信息系统基础上，进一步完善相关功能，市、区相关部门可通过该系统的数据归集功能，掌握行业发展动态，加强行业监管。同时也实现了拍卖企业设立、变更事项申报的预申报、预审核，方便了企业。

加强汽车流通行业管理。截至2015年年底，全市正在运营的报废汽车回收拆解企业7家、备案二手车交易市场6家。2015年，积极推动国家老旧汽车报废更新补贴政策和北京市老旧机动车淘汰更新政策实施，二手车交易量同比减少6%，报废机动车回收量同比增长10%。组织开展报废汽车回收拆解行业和二手车交易市场安全检查，按照企业自查、区县全面检查、市里重点抽查三个步骤对报废汽车回收拆解企业和二手车交易市场组织安全隐患大检查，有效堵住了安全漏洞，消除了安全隐患。

加强内资融资租赁企业管理。积极贯彻商务部《融资租赁企业监督管理办法》有关要求，向商务部推荐内资融资租赁试点候选企业，1家企业获得试点资格。全市累计有内资融资租赁试点企业27家，试点企业数量居全国各省市之首。督促试点企业填报全国融资租赁企业管理信息系统，实现内资融资租赁行业信息化监管。为进一步加强对融资租赁行业的监督管理，切实守住不发生系统性、区域性风险的底线，在全市开展融资租赁行业风险排查工作。

（魏　拓、曾　青、孟祥伟）

【新增拍卖企业55家】2015年，批准拍卖企业设立55家。

（魏　拓、曾　青）

【387家拍卖企业通过年度核查】根据《中华人民共和国拍卖法》、商务部《拍卖管理办法》的有关规定，对拍卖企业2014年度经营资质、经营情况、拍卖人员情况及企业变更事项等进行了核查，共有387家拍卖企业通过了核查。

（魏　拓、曾　青）

【成功举办第九届北京拍卖季活动】第九届北京拍卖季活动于2015年10月至12月举办，100多家企业参加本届拍卖季活动。本届拍卖季被纳入第十届中国（北京）国际文化创意产业博览会系列活动之一。

（魏　拓、曾　青）

【新增典当企业及分支机构29家】2015年，北京市新增典当企业12家、典当分支机构17家。

（魏　拓、孟祥伟）

【典当总额同比增长32.6%】2015年，北京典当企业达到349家、典当行分支机构138家、从业人员4746人。2015年全市典当总额554.1亿元，同比增长32.6%；典当余额94.1亿元，同比增长19.1%；利润总额4.3亿元，同比增长4.9%；应交税金3.0亿元，同比增长47.5%，充分发挥了面向中小微企业和居民的融资服务功能。

（魏　拓、孟祥伟）

【开展典当企业年度核查】开展北京市典当企业及外省分支机构2014年度核查。334家典当企业和外省分支机构评为A类企业、13家典当企业评为B类企业、1家典当企业暂缓通过年审、1家典当企业被收回《典当经营许可证》。

（魏　拓、孟祥伟）

【新增1家内资融资租赁试点企业】根据商务部、国家税务总局《关于从事融资租赁业务有关问题的通知》，北京中煤融资租赁有限责任公司获得商务部、国家税务总局批准的内资融资租赁试点企业资格。2015年，全市累计有27家内资融资租赁试点企业，是全国获批试点企业最多的省份。

（魏　拓、孟祥伟）

【新增二手车鉴定评估机构5家】2015年，新增二手车鉴定评估机构5家。

（周丽霞、曹　民）

【新增汽车品牌经销商备案2家】2015年，新增汽车品牌经销商备案2家。

（周丽霞、曹　民）

【淘汰老旧机动车38.9万辆】2015年，市商务委积极配合相关部门推进北京市老旧机动车淘汰更新工作，共淘汰老旧机动车38.9万辆，完成年度任务总量的194%。

（周丽霞、曹　民）

【回收报废汽车量增长较快】2015年，北京市7家报废汽车回收拆解企业回收报废汽车总量13.8万辆，同比增长10%。

（周丽霞、曹　民）

【发放国家老旧汽车报废更新补贴】根据《老旧汽车报废更新补贴资金管理办法》和《财政部办公厅、交通运输部办公厅、商务部办公厅关于印发2015年度车辆购置税收入补助地方资金用于交通运输节能减排、公路甩挂运输试点、老旧汽车报废更新项目申请指南的通知》（财办建〔2015〕13号）的有关要求，市商务委组织开展全市老旧汽车报废更新补贴资金发放工作，共审核通过老旧汽车报废补贴 140 辆。其中，半挂牵引车 115 辆，中型载货 6 辆，重型载货 19 辆。

（周丽霞、曹　民）

【开展报废汽车回收拆解企业和二手车交易市场专项联合检查】市商务委下发《关于开展报废汽车回收拆解企业和二手车交易市场专项联合检查的通知》，按照企业自查、区县全面检查、市里重点抽查三个步骤，会同公安交通管理部门，对报废汽车回收拆解企业和二手车交易市场组织了安全检查，有效堵住了安全漏洞，消除了安全隐患。

（周丽霞、曹　民）

五、物流业

【概况】 2015 年，北京市物流业重点围绕落实首都城市战略定位、非首都功能疏解、京津冀协同发展的总体要求，服务首都居民生活品质提升的需要，着力增强物流业保障城市运行的能力，积极推动物流业调整升级和创新发展。

加强规划对接，推动区域物流合作。认真贯彻中央对北京的功能定位、京津冀协同发展的要求，对京津冀一体化背景下北京物流业发展定位、发展思路等重点问题进行深入研究，与河北省物流专项规划进行对接。积极疏解区域性物流设施；开展环京鲜活农产品物流设施专项调查，调研北京市大型超市连锁企业以及农业部门在环北京周边蔬菜基地物流设施建设情况和河北农产品基地物流设施情况，为启动和有效推动“环京津 1 小时鲜活农产品物流圈”建设打下基础。

推动物流标准化试点，着力提升城市配送水平。通过公开征集、专家评审和公示，确定了 29 家物流标准化试点企业。为规范试点资金使用，制定出台《关于做好北京市物流标准化试点工作有关事项的通知》。强化过程跟踪服务，主动指导企业开展对接合作。北京在推进物流标准化中“建设三个体系、推广四种模式、实现两个突破”的思路创新，已形成可在全国复制和推广的模式，成效明显。一是标准化托盘使用量快速增长。29 家试点企业标准托盘使用量提高 39.5%，完成带托运输超过 300 万板次。二是企业物流效率大幅提升、成本明显降低。试点企业人工效率提高超过 50%，货物破损率明显降低，装卸人员成本降低 50%以上。三是有效缓解商业设施周边交通压力。新增交接货免验收企业（门店）400 余个，货物装卸效率、交接效率平均提高了 2 倍以上。四是助力京津冀协同发展效果凸显。支持北京企业在津冀区域投资建设物流项目累计投资近 6000 万元，带动该区域物流标准化、一体化建设。

开展纯电动物流车运营示范，推动构建绿色物流体系。贯彻落实《北京市 2013—2017 清洁空气行动计划》和《北京市电动车 2015 年工作计划》，稳步推进电动物流车示范运营工作。市商务委与市财政局、市科委等部门联合发布《关于购买纯电动专用车有关财政政策的通知》，明确了对纯电动物流车购置的补贴政策。与市公安交管、交通部门深入研究电动物流车发放货运车辆通行证的具体办法、车辆运行管理等，推动解决纯电动物流车上路通行权限问题。经过公开征集、专家评审、公示等程序，确定了 8 家电动物流车运营试点企业。以 8 家企业为骨干，全年推广纯电动物流车超过 500 辆，在推广模式方面积累了经验。与市交通委、北京铁路局等单位建立研究工作沟通机制，调查了解北京市城市配送企业对铁路货运的需求特点，开展利用轨道、铁路交通的方式进行物流配送转运专项研究工作，对城市开展公铁联运、降低公路使用强度提出建议。

进一步完善城市物流配送网络，提升末

端配送服务水平。优化末端配送网络布局，创新便民配送网点的拓展模式，鼓励配送企业与商业服务业企业、社区街道、便民店等对接合作，加快便民配送网点的建设，为市民提供快件发送、包裹自取、上门配送等服务，不断提升百姓生活服务品质，满足百姓对城市末端“最后一公里”的配送需求。截至2015年年底已累计建立末端配送网点260余个、智能快件箱200多组，服务上千个社区及高校。

（卓海静）

【正式启动物流标准化试点】1月23日，市商务委发布《关于开展物流标准化2015年试点项目申报工作的通知》（京商务物流字〔2015〕1号），标志着北京市作为国家首批物流标准化试点城市，在探索确定试点思路、制定试点实施方案基础上，正式启动了物流标准化试点工作。

（卓海静）

【京津冀共商推动物流标准化】7月7日，由财政部经济建设司、商务部流通发展司牵头组织，京津冀三地财政、商务部门共同就推进物流标准化试点工作在京进行研讨。

（余　博）

【部署全市物流行业安全管理工作】为加强全市物流行业安全生产工作，预防和减少各类事故，提高对安全生产的认识，9月1日印发《关于加强全市物流行业安全管理工作的通知》，对各区商务委、各物流基地管委会、各有关单位提出了安全生产要求。一是提高思想认识，严格落实责任；二是开展安全评估，排查安全隐患；三是完善相应预案，加强应急处置；四是加强安全培训，强化安全宣传。

（卓海静）

【新增5家5A级物流企业】8月，中国物流与采购联合会发布第20批A级物流企业名单，加之2月份公布的第19批A级物流企业名单，北京市年内新增5A级物流企业5家、4A级物流企业9家。截至第20批，北京共有A级物流企业73家，其中5A级物流企业27家，4A级企业23家。

（卓海静）

【新增国际货运代理企业备案数量114家】2015年共完成国际货运代理经营资格备案116个，变更175个。办理国际货代经营资格注销2个。

（卓海静）

六、对外贸易

货物贸易

【概况】 2015年，全市外贸工作以稳增长、转方式、调结构为主线，认真落实国家贸易便利化政策措施，创新监管模式，优化营商环境，建立联动机制，出台鼓励政策，全力促进外贸发展。据北京海关统计，北京货物进出口3195.9亿美元，同比下降23%。其中，出口546.7亿美元，同比下降12.3%；进口2649.2亿美元，同比下降25%。

一、主要特点

主要进出口商品量增价跌。成品油、钢材、集成电路出口数量分别增长31.8%、47.6%、24.8%，但出口价格分别下跌38.8%、25.1%和21.5%。原油、铁矿砂和粮食进口数量分别增长8.1%、9.2%和88.2%，但进口价格分别下跌45.7%、39.5%和17.5%。

出口结构更加优化。一般贸易出口299.5亿美元，同比增长5.6%，占全市出口总额54.8%，较2014年同期提高9.3个百分点。“双自主”企业出口88.0亿美元，占比达16.1%，比2014年提高2.6个百分点。出口5000万美元以上的“双自主”企业27家，其中有13家保持两位数以上增长。

对新兴市场出口增势良好。对拉丁美洲、大洋洲以及委内瑞拉、阿根廷出口分别增长1.5%、55.7%、30.7%、58.5%，占出口总额的比重分别较2014年提高1.3%、1.1%、1.0%和0.4%。

民营企业进口、出口均增长。民营企业进出口增长11.7%，占进出口总额比重7.8%，较2014年提高2.4个百分点。其中，出口96.3亿美元，增长23.2%，占出口总额17.6%，占比较2014年提高5.1个百分点。

地方企业出口多于中央企业。地方企业出口294.3亿美元，占地区出口总额53.8%；在京央企出口252.0亿美元，同比下降8.5%，占地区出口总额46.1%。

二、主要工作

落实外贸稳增长措施。加强工作部署，落实督查责任。市商务委组织召开16个区商务委和开发区、综保区外贸稳增长工作部署会，分解目标任务，加强工作督查。建立工作机制，做好跟踪服务。建立“市级推动、市区联动、政企互动”三级联动工作机制，成立保出口增长联合工作组，及时召开调度会落实工作；组织召开各种政策咨询服务会，鼓励重点企业扩大出口。市区联动、委内联动，分片包干跟踪服务重点企业出口。加强政策引导，深挖出口潜力，出台2个外贸稳增长奖励政策。推进跨境电商、飞机维修、卫星发射、软件出口等出口纳统工作，挖掘出口新增量。

推动跨境电子商务发展。创新监管模式，建成跨境电商公共信息平台。6月实现全部功能上线运行，是目前全国管理模式最先进、功能最完善、服务水平最高的开放型跨境电子商务公共信息平台。创新监管模式，完善监管场所。国门商务区、北京站跨境电商监管场所投入使用，首都机场快件监管中心试运行，国货航监管场所完成设备安装。创新运作模式，推动跨境电商特色化发展。支持跨境电商综合服务平台发展，天竺综保区、平谷口岸、亦庄保税物流中心等跨境电商产业园区建设取得积极进展。研究出台跨境电子商务发展支持政策，共支持9家企业11个项目，支持金额970多万元。

推进外贸转方式、调结构。加强政策支持与引导，设立外经贸发展引导基金和担保平台，完成中小企业及“双自主”企业国际市场开拓资金拨付审核工作，涉及1152家次企业3994个项目，支持金额9784万元。发挥出口信保作用，全年信保支持北京市一般贸易出口128亿美元，同比增长9.5%；短期出口信用险项下累计向企业支付赔款1.02亿美元，同比增长126%。促进“双自主”企业扩大出口，“双自主”企业出口占比达到16.1%，比上年提高2.6个百分点。

促进贸易便利化。积极落实出口退税分类管理，市商务委与市国税局联合发布《关于进一步推进出口退（免）税快捷服务促进外贸加快发展的意见》。深化京津冀通关一体化改革，开展在京总部企业全国通关一体化试点。落实“三互”推进大通关建设，制定《关于落实“三互”推进口岸工作促进外贸发展的实施方案》。进一步完善口岸功能，首都国际机场整车进口口岸全年进口整车549辆；平谷口岸建立关检联合查验平台，实现“三个一”；丰台铁路货运口岸铁路专用线正式恢复运营，百子湾海关监管场所成功发送和接收国际货运专列。督促清理进出口环节收费，北京海关先后清理取消了ATA单证册调整费等8个收费项目，北京国检局清理动物隔离期间服务费等8个收费项目。简化行政审批，缩短审批办理时限，加工贸易许可证立等可取，自动进口许可证全部实现网上申报，三分之二以上的批准证实现无纸化。

开展规划方案研究。研究制定“十三五”时期开放型经济发展规划，开展新机场综保区规划方案研究。

（刘　军）

【全力以赴促进外贸稳增长】2015年，面对严峻复杂的外贸形势，市委市政府高度重视外贸稳增长工作，主要领导专题研究部署，带队现场调研督导；相关部门组成保出口增长联合工作组，市商务委、市财政局联合出台第四季度出口增量和12月当月出口奖励政策，实施便利通关、完善出口退税快捷服务、出口信保优惠等一系列措施。11月、12月，挖掘跨境电商邮政小包、卫星发射、软件等新模式、新业态出口增量20多亿美元并纳入贸易统计，全市外贸出口连续2个月实现正增长，分别达到5%、18%，在东部地区省市中出口增幅最高。

（柏际平）

【外贸发展新动能正在形成】通过调结构、转方式、抓改革、促转型，外贸发展新动能正在形成，涌现了一批竞争力更强的市场主体。“双自主”企业出口占比由2010年的6%上升到2015年的16.1%。通信设备、集成电路、显示器、医疗器械等出口额占北京本地出口总额的40%，成为新兴外贸支柱产业。同时，涌现了一批极具增长潜力的新型业态和新产品，如“小笨鸟跨境电商平台”已在45个国家设置了75个站点，带动全国出口4亿美元；精雕科技公司坚持走高端发展路线，产品居世界领先水平，获得苹果、三星、微软等公司的认同和采用。

（柏际平）

【跨境电子商务发展取得突破】6月，北京跨境电子商务公共信息平台全部功能上线运行，实现全程交易信息电子化、政府部门之间信息共享与协调联动、全程可追溯。出台北京地区跨境电子商务发展支持政策，创新商业模式，形成O2O个人直购、平台中的平台、特色外贸综合服务企业等具有北京特点的运行模式。2015年跨境电子商务邮政小包出口8700多万件，纳入海关货物贸易统计13.3亿美元，据估算占全国跨境电商出口的四成以上。

（柏际平）

【出台出口退（免）税快捷服务措施】为积极落实出口退税分类管理，市商务委与市国税局联合发布《关于进一步推进出口退（免）税快捷服务促进外贸加快发展的意见》，在原快捷服务基础上进一步完善出口退税快捷服务措施。全市有2000家左右企业被评定为一类和二类企业，退税额约占全部退税额的87%；其中一类企业100余家，可实现2个工作日内退税。

（柏际平）

【开展总部企业全国通关一体服务试点】在深化京津冀区域通关一体化改革的基础上，开展总部企业全国通关一体服务试点，实现了企业自主选择性增强、通关效率提升和通关成本费用大幅降低。

（柏际平）

【短期出口信用保险支持外贸稳定增长】2015年，短期出口信用保险支持北京市一般贸易出口128亿美元，同比增长9.5%。

（刘均环）

【短期出口信用保险企业覆盖面居全国前列】2015年，新增投保短期出口信用保险企业1013家，享受统一投保政策企业累计达到5900余家，全市出口信用保险企业覆盖面超过82%，居全国前列。

（刘均环）

【出口信用保险为出口企业提供风险保障】2015年，短期出口信用险项下累计向企业支付赔款1.02亿美元，同比增长126%。其中，向22家小型出口企业支付赔款1607万元，有效地发挥了风险保障作用。

（刘均环）

【出台支持“双自主”企业投保短期出口信用险专项措施】为推进外贸结构调整，提升对外贸易国际竞争力，引导北京市“双自主”企业不断提高自主创新能力，2015年，市商务委和中国出口信用保险公司联合出台北京市“双自主”企业投保短期出口信用险专项支持措施，加大了对“双自主”企业在短期出口信用保险承保、理赔等方面的支持力度。

（刘均环）

贸易管理

【农产品进口关税配额企业情况】2015年，北京市羊毛、毛条进口关税配额企业7家；食糖农产品进口关税配额企业2家。

（谢　江）

【原油、燃料油非国营贸易进口企业情况】2015年，北京原油非国营贸易进口企业4家；燃料油非国营贸易进口企业22家。

（谢　江）

【出口配额、出口资质管理的出口企业情况】2015年，北京共有铁合金出口资质企业13家；柠檬酸出口资质企业1家；甘草出口配额招标中标企业3家；水镁石出口配额招标中标企业1家；磷矿石出口配额企业1家；供港活牛出口配额企业1家。

（谢 江）

【大麦、高粱、木薯和玉米酒糟纳入自动进口许可管理】根据商务部、海关总署2015年第34号公告，将大麦、高粱、木薯和玉米酒糟纳入自动进口许可管理，自2015年9月1日起执行。

（谢 江）

【天津等10个海关实行通关作业无纸化】根据海关总署、商务部2015年第35号公告，扩大自动进口许可证通关作业无纸化试点。自2015年8月1日起，试点海关由上海自贸区相关海关扩展至包括天津、福建、广东3个新设自由贸易试验区和宁波、苏州2个国家级进口贸易促进创新示范区在内的10个海关，分别为天津、上海、南京、宁波、福州、厦门、广州、深圳、拱北、黄埔海关。

（谢 江）

【取消肉鸡进口资质管理】根据商务部、海关总署“关于废止《关于肉鸡进口有关问题的通知》的公告”（2015年第3号），从2015年1月12日起，废止原外经贸部、海关总署《关于肉鸡进口有关问题的通知》（〔2001〕外经贸管发第20号），取消肉鸡进口资质管理。

（谢 江）

【钨及钨制品、钼、稀土取消出口配额管理】根据商务部、海关总署2014年第94号公告，2015年钨及钨制品、钼、稀土由出口配额许可证管理，改为出口许可证管理。

（谢 江）

【调整钢铁颗粒粉末、稀土、钨、钼等产品的出口关税】根据国务院关税税则委员会关于调整部分产品出口关税的通知（税委会〔2015〕3号），自2015年5月1日取消钢铁颗粒粉末、稀土、钨、钼等产品的出口关税，对铝加工材等产品出口实施零税率。

（谢 江）

【办理各类货物进出口许可证12462件】2015年，市商务委为北京市进出口企业办理各类货物进出口许可证12462件（不含机电产品）。其中，签发农产品进口关税配额证69件；进出口商品配额管理8件；易制毒化学品进出口审批（核）193件；货物自动进口许可管理（非机电类）8409件；授权范围内出口许可证3783件。

（谢 江）

机电产品进出口

【建立机电招投标防风险机制】7月，市商务委制定发布《机电产品国际招标投标活动投诉处理办法（试行）》。该制度围绕依法行政和风险防范，建立了集体会商机制和专家咨询论证机制。

（方耀华）

【搭建服务央企商务平台】8月13日，市商务委与市政府外联办共同组织以“合作共赢 走向世界”为主题的对接交流活动。95家央地企业实现供需对接、跨界合作，现场签约近12亿美元，搭建了全市首个服务央企平台。

（孙 诺）

【开展京津冀三地商务部门联合培训】8月18日，为贯彻京津冀协同发展战略，深化三地机电产品外贸融合交流，共同培育机电产业国际化平台，京津冀三地商务部门在河北省廊坊市联合举办了京津冀机电进出口工作交流暨联合培训会。

（方耀华）

【搭建京津冀三地企业共同开拓国际市场平台】 9月19－22日，市商务委会同天津、河北商务部门组织三地企业共同组成“京津冀联合展团”参加中国国际汽车商品交易会，三地商务部门以统一形象公开亮相，联合参加国际性活动。

（方耀华）

【搭建汽车产业与境外园区对接平台】 11月10日，市商务委召开汽车示范区企业国际化对接交流培训会，搭建了全市首个汽车企业、金融机构和境外园区沟通对接的交流平台。

（孙 诺）

贸易促进

【概况】 2015年，市商务委多措并举，重点推进北京进出口贸易发展，帮助进出口企业开拓国际、国内两个市场。全年办理新备案外贸经营企业5246家；核发外国人来华邀请函25195份，邀请人数为27279人；审批在京举办的对外经济技术展会198个。

（王 孜）

【组团参加第117届和118届广交会】 第117届广交会北京交易团参展企业共264家，展位1244个，其中品牌展位108个，北京交易团累计成交1.64亿美元。第118届广交会北京交易团共有249家企业参展，展位1228个，其中品牌展位104个，北京交易团累计成交1.65亿美元。

（王 孜）

【举办英国进口商品购物节】 6月12日，市商务委联合商务部外贸发展局和英中贸易协会在五棵松卓展购物中心举办2015年第三届“英国进口商品购物节”，活动历时10天，来自英国的19家企业带来38个品牌商品亮相本次购物节活动。通过连续举办三届英国进口商品购物节，英国本土品牌知名度进一步扩大，中英商务交流活动更加丰富，为英国商品品牌进入北京市场进行了预热。

（王 孜）

【举办2015侨商北京洽谈会】 7月5日，市商务委联合市侨办、市国资委等单位共同主办“2015侨商北京洽谈会”，共有来自53个国家和地区的150余名海外侨商和150余名在京企业代表和嘉宾参会。在“企业走出去”专场推介洽谈会上，首钢总公司、北汽集团、北控集团、中法经济贸易合作区、北京内联升鞋业有限公司先后进行了项目推介，介绍企业海外市场开发需求、企业“走出去”战略。

（王 孜）

【开展外贸培训36期】 针对外贸企业的实际需要，市商务委委托北京进出口企业协会组织开展各类专题讲座36期，参与培训的企业1813家次、人员3577人次。

（王 孜）

【组织企业参加境内外展会】 2015年，组织北京市77家次企业参加中东实验仪器展、德黑兰国际工业展、荷兰广播电视设备展、莫斯科秋季国际服装展览会、萨尔瓦多“中华人民共和国贸易展览会”、古巴哈瓦那国际贸易博览会、东京产业交流展等7场境外国际展会活动；组织北京市66家次企业参加“华交会”“渝洽会”“中国－俄罗斯博览会”“中国一南亚博览会”“中国一东盟博览会”“亚欧商品贸易博览会”“中国一阿拉伯国家博览会”等7场境内大型国际展会活动。

（王 孜）

服务贸易

【概况】2015年，北京市实现服务贸易总额达1302.8亿美元，同比增长17.8%，占本地对外贸易中的比重达29%，占全国服务贸易中的比重达18.3%。其中，服务出口额达490.7亿美元，同比增长12.8%，占全国服务出口总额的比重达17.0%；服务进口额达812.1亿美元，同比增长21%，占全国服务进口总额的比重达19.1%。全年离岸服务外包合同执行金额达45.0亿美元，同比下降15.5%。全市技术贸易合同金额达106.2亿美元，同比下降9.6%。全市文化贸易额达30.28亿美元，同比增长3.6%。

（张华雨）

【实现离岸服务外包执行额45.0亿美元】2015年，北京市离岸服务外包执行金额为45.0亿美元，同比下降15.5%。其中，信息技术外包（ITO）30.4亿美元，业务流程外包（BPO）7.9亿美元，知识流程外包（KPO）6.7亿美元，分别占离岸服务外包执行总额的67.5%、17.5%、15.0%。发包额位居前五位的国家为美国、爱尔兰、新加坡、日本与芬兰，外包执行额分别为15.5亿美元、4.2亿美元、4.0亿美元、3.2亿美元、3.0亿美元，各占全市离岸服务外包执行总额的34.4%、9.4%、8.9%、7.1%、6.7%。

（于新成、许 鑫）

【技术贸易合同金额106.2亿美元】2015年，北京市技术贸易合同登记1267项，合同金额106.2亿美元，同比下降9.6%。其中，技术进口合同金额26.4亿美元，同比下降8.9%；技术出口合同金额79.7亿美元，同比下降9.9%。技术进口以专有技术的许可或转让和技术咨询、技术服务及计算机软件的进口为主，进口行业主要为制造业及信息传输、计算机服务和软件业，主要进口国家和地区为美国、韩国、德国。技术出口以技术咨询、技术服务出口为主，出口行业主要为信息传输、计算机服务和软件业及制造业，主要出口国家和地区为美国、中国香港、芬兰和瑞典。

（郑 勇、巨振乐）

【对外文化贸易同比增长3.6%】2015年，北京市对外文化贸易总额达30.28亿美元，同比增长3.6%。其中，进口16.93亿美元，同比下降7.5%；出口13.35亿美元，同比增长22.2%。全市核心文化服务进出口总额23.02亿美元，同比增长2.6%。其中，进口11.66亿美元，同比下降11.6%；出口11.36亿美元，同比增长22.9%。全市核心文化产品进出口总额7.26亿美元，同比增长6.7%。其中，进口5.27亿美元，同比增长3.0%；出口1.99亿美元，同比增长18.0%。全市核心文化服务中，视听和相关服务出口同比增长96.9%，增长显著。全市核心文化产品中印刷品、视觉艺术品、乐器、声像制品进出口总额占北京核心文化产品进出口总额的比重较大，其中印刷品进出口总额占比达61.4%。

（李 倩、车欣薇）

【完成服务外包及软件出口合同登记全

面下放改革】2015 年上半年，市商务委印发《关于全面下放我市服务外包及软件出口合同登记管理的通知》。自 2015 年 6 月 1 日起，全面下放全市服务外包及软件出口合同登记工作，按照区商务委审核、市商务委审定、商务部核查三级负责制的管理体系进行管理。通过改革，创新服务机制，优化服务贸易发展环境，为服务贸易企业发展提供便利条件。

（刘树民）

【研究促进对外文化贸易的政策措施】为贯彻落实国务院印发的《关于加快发展对外文化贸易的意见》（国发〔2014〕13 号）文件，市商务委积极与市委宣传部、市贸促会、市财政局、市文资办等沟通协调，开展促进全市对外文化贸易工作方案和政策措施研究，研究提出《北京市落实国务院关于加快发展对外文化贸易的意见》报市政府审定。

（车欣薇）

【完成 2015—2016 年度国家文化出口重点企业和重点项目申报】积极组织全市文化贸易企业申报 2015—2016 年度国家文化出口重点企业和重点项目。根据商务部公示，北京市 70 家企业被认定为国家文化出口重点企业，38 个项目被认定为国家文化出口重点项目。

（车欣薇）

【利用展会平台推动北京服务“走出去”】2015 年，市商务委组织企业参加了第三届上交会、第十三届软交会、第七届中国服务外包交易博览会、台湾服务贸易对接活动、德国科隆游戏展、日本 IT 博览会、美国高德纳外包峰会等；举办了第十届文博会北京对外文化贸易政策暨国际合作项目推介会；支持海淀区和北京服务外包企业协会举办主题为“跨界融合——信息服务助推传统零售转型创新”的 2015 年软件与信息服务国际企业对接会。其中，在第十三届软交会上荣获优秀组织奖，11 家参展商共获得 18 项各类奖项。

（李家旭）

【国际服务外包和技术出口支持资金交由地方执行】根据《财政部、商务部关于 2015 年度外经贸发展专项资金申报工作的通知》，自 2015 年开始，承接国际服务外包和技术出口支持资金的审核执行交由各省市执行。市商务委制定了全市鼓励承接国际服务外包业务和技术出口资金实施细则，新增支持老员工能力提升、企业创新研发水平提升等内容，促进北京服务外包向高端化、国际化发展。

（郑 勇、于新成）

【全市服务外包业务疏解初现成效】截至 2015 年年底，全市 15 家本土服务外包重点企业共在全国设立了 125 个分支机构。近两年，北京服务外包企业统计系统中登记离岸业务额的企业共有 376 家。经调查，有 21 家企业在河北和天津两地设立分支机构，合计员工人数在 2000 人左右。

（于新成、许 鑫）

京交会筹备

【概况】根据中央外办有关要求，中国（北京）国际服务贸易交易会（以下简称“京交会”）调整为两年一届，第四届京交会定于 2016 年 5 月 28 日至 6 月 1 日在国家会议中心举办。2015 年，在京交会的轮空年，京交会组委会重点围绕京交会品牌维护、提高筹办水平、夯实发展基础三方面开展方案策划、宣传推介、招商招展、展览会务等筹备工作。

精心策划总体方案。积极开展服务业、服务贸易发展趋势和会展业发展态势研究，特别是对国内外同类服务贸易展会进行专项研究，开展服务贸易重点领域及拓展策略研究工作，为做好两年一届京交会筹备工作提供理论支撑和经验总结。在广泛征询参会各方和第三方评估机构意见建议基础上，策划《第四届京交会总体方案》，并于11月7日经市政府专题会议研究通过。

积极开展国际招商。赴德国、瑞士、法国、俄罗斯、印度、港澳地区开展京交会推介活动，拜会德国、瑞典等32家驻华使馆及美中商协会、英中贸易协会等12家商协会，取得了良好效果。共有英国、荷兰、捷克、立陶宛、巴西、乌拉圭、新加坡、孟加拉、泰国、斯里兰卡、伊朗、日本、加拿大魁北克省、澳大利亚、法国、中国香港、中国澳门、中国台湾，以及非洲展团拟组织的肯尼亚、尼日利亚、加纳、南非、塞舌尔、马达加斯加、毛里求斯、埃塞俄比亚、贝宁等27个国家和地区初步确认参展参会，比上届增加10个。其中，法国、荷兰、捷克、立陶宛、孟加拉、伊朗、加拿大魁北克省、日本东京都等8个国家和地区首次参加京交会；尼日利亚、加纳等9个非洲国家首次以非洲展团方式参加京交会。

务实开展境内招商。赴中国一东盟博览会、东北亚博览会、中阿博览会、中国（上海）国际技术进出口交易会、中国（重庆）国际投资暨全球采购会、中国国际软件和信息服务交易会、澳门第二十届国际贸易投资展览会开展推介招商。内地31个省区市、新疆生产建设兵团、深圳和厦门2个计划单列市确认组团参展参会，浙江、贵州、宁夏、上海、天津、深圳、北京7个省区市确定举办主题日及专场活动，其中宁夏为首次举办。

创新推进宣传推广。制作完成京交会多语种宣传推介片；设计印制多版本宣传资料、展板及电子海报，满足不同推介需求；着眼新媒体传播优势，通过微博、微信、Facebook、Twitter全年同步推送近200条原创京交会信息，公众关注度持续增长；完成京交会组委会专访等多项集中宣传工作；以客商需求为导向，开展了京交会官方网站改版和内容更新工作，开发京交会手机APP平台。

精细推进展览会务工作。规划完成展场布局方案，基本确定会议场地分配方案；初步完成京交会票证管理方案；完成京交会注册系统改造工作，于5月28日开启注册系统。择优选择29家境内外机构承办相关专题活动，收到国际组织、承办机构举办活动方案95份。组织召开2次承办机构工作会，就承办方案落实、招商招展、项目报送及注册等工作进行部署和督促。

（柴　华）

【京交会首次设立国际合作机构】国际贸易中心、世界贸易网点联盟、世界贸易中心协会将作为京交会首批国际合作机构，并在第四届京交会期间组织系列活动。国际贸易中心将于会期举办第一届20国集团跨境电商对话会并组织展览展示活动；世界贸易网点联盟将于会期举办2016世界地理标志（原产地）产品分销服务推介会、国际创意经济（北京）论坛等活动。

（柴　华）

【部市领导会商部署京交会筹备工作】8月21日，商务部副部长房爱卿、北京市副市长程红召集商务部服务贸易和商贸服务业司、世界贸易组织司、外事司、市商务委、中国国际经济技术交流中心、北京市国际服务贸易事务中心，召开了第四届京交会第一次部市领导会商会议。会议原则同意第四届京交会总体方案，对第四届京交会筹办思路、国际合作、宣传方向、展览展示重点与形式以及保持品牌延续性提出了指导性意见，并详细部署了驻华使馆及商协会交流会、省区市工作会等事项。

（柴　华）

【举办第四届京交会倒计时集中宣传活动】京交会组委会办公室分别于7月31日和11月10日组织召开了第四届京交会倒计时300天和200天活动暨媒体见面会。倒计时300天时，组委会办公室向新华社、北京日报、香港大公报等境内外主流媒体发布了第四届京交会筹备情况。倒计时200天时，新华社、人民日报、香港大公报等境内外主流媒体对市商务委主任闫立刚进行了专访，34家境内外媒体刊发了第四届京交会特色亮点。

（柴　华）

【成功举办第四届京交会第一次省区市筹备工作会】8月25日，京交会组委会办公室召开第四届京交会第一次省区市筹备工作会。商务部服贸司、中国国际经济技术交流中心负责同志和31个省区市及4个计划单列市的商务部门相关负责人参加了会议。会议初步确定了省区市展位，部署了组团工作方案、主宾省申办、示范案例征集、供需对接等工作。各省区市代表对第四届京交会筹备工作提出意见及建议，并表示将积极组团参会。会后参会代表参观考察了国家会议中心。

（柴　华）

【成功举办驻华使馆及商协会交流会】11月10日，第四届京交会驻华使馆及商协会交流会在亮马河大厦会议中心举办，商务部副部长房爱卿、北京市人民政府副市长程红出席。来自波黑、法国、牙买加、希腊等21个国家的驻华大使、公使、经济商务参赞和有关负责人近百人参加了交流活动。京交会组委会与参会的各国驻华使节、商协会代表进行了沟通交流，与会嘉宾对京交会表示出浓厚兴趣。

（柴　华）

世贸事务

【概况】2015年，我国对外贸易摩擦形势依然严峻，北京市出口企业频遇贸易壁垒。市商务委积极指导企业应对国外贸易摩擦，深化产业安全预警体系建设，推进贸易政策合规工作，公平贸易环境建设取得进一步成效。全年北京市出口产品遭遇贸易救济调查共计40起（反倾销30起，反补贴5起，保障措施5起），占我国遭遇贸易救济调查总数的42.6%，比2014年增加10起，增幅为33.3%；涉案产品出口额约为0.76亿美元，同比下降逾五成。同时，以质量和安全为由的技术性贸易措施和检验检疫措施壁垒、以知识产权保护为由的337调查与诉讼不断增多，逐渐成为贸易摩擦中的热点。此外，WTO争端案件中，美国诉中国外贸转型升级示范基地和外贸公共服务平台出口补贴措施案（DS489）涉及北京市相关贸易政策。

强化政府部门横向协作，指导企业主动应对国外贸易壁垒。按照“案件预警、快速响应、跟踪协调、服务支撑”的工作模式，不断加强对重大典型案件的分类指导和跟踪服务。11 月上旬，市商务委与市贸促会、市知识产权局在京成功举办“国外对华贸易摩擦应对暨维护产业安全报告会”“美国 337 调查案件分析会”。

加强贸易环境研究，深化产业安全预警。面对严峻复杂的国内外经济贸易形势，市商务委会同相关单位开展“北京市贸易环境与重点产业分析”“技术性贸易措施对本市进出口贸易的影响”等课题研究，并及时推出《北京贸易摩擦动态》商务信息专刊，为共同应对国外贸易环境变化提供服务支撑。同时，不断优化北京市产业安全数据库样本企业的代表性，初步完成龙头企业筛选上报工作，涉及机械制造、汽车、医药、电子信息等重点行业。

推进贸易政策合规工作，加强 WTO 规则宣传。制定上报《积极推进北京市贸易政策合规工作实施方案》，完成贸易政策梳理、市区相关部门培训、全市联系制度建设和专家库研究等基础性工作。利用“12·4 全国法制宣传日”，在北京物资学院开展“世贸规则进校园”活动，活动中发放《WTO 规则透视与解读》等宣传材料 500 余份，接受现场咨询逾 300 人次。

（阎竞新、梅　焱、饶丽丽）

【成功化解北京市贸易政策所涉 WTO 争端诉讼】美国诉中国示范基地和公共服务平台项目相关措施案（DS489）涉及北京市相关贸易政策。按照国家统一部署，市商务委会同市财政局按时完成了所涉政策的梳理和调整工作。

（梅　焱、饶丽丽）

【有序推进北京市贸易政策合规工作】按照国务院办公厅《关于进一步加强贸易政策合规工作的通知》（国办发〔2014〕29 号）精神和市领导批示要求，以服务业扩大开放综合试点获得国务院批复为契机，市商务委制定上报了《积极推进北京市贸易政策合规工作实施意见》，先后完成了全市范围贸易政策梳理、市区相关部门培训、合规工作机制建立等基础性工作。

（梅　焱、饶丽丽）

【举办全市贸易政策合规工作培训会】6 月 26 日，市商务委组织召开了全市贸易政策合规工作培训会，会议围绕加快构建开放型经济新体制、积极完善法治化营商环境主题，由商务部世贸司、条法司有关负责人对国家贸易政策合规工作与世贸规则进行了详细解读，并通过涉及地方的典型案例分析，增进了参会人员对贸易政策合规性问题的理解，为推进北京市贸易政策合规工作、提高贸易政策质量奠定了基础。

（梅　焱）

【指导企业应对知识产权海外纠纷】为帮助企业妥善解决在应对美国 337 调查中遇到的实质壁垒，有效保障企业的合法权益，10 月 11 日，市商务委协调召开了“应对美国 337 调查分析会”。北京医疗器械企业怡和嘉业、医科达公司在会上分别介绍了案件进展、应对策略及反制措施。商务部贸易救济调查局、反垄断局、北京市知识产权局、北京市贸促会相关负责人结合本单位职能对企业提出了意见和建议。

（梅　焱）

【召开国外对华贸易摩擦应对暨维护产业安全报告会】11 月 10 日，由市商务委与市贸促会、北京国际商会共同主办，北京商业信息咨询中心、天津市贸促会、天津国际商会、河北省贸促会、河北国际商会等单位协办的“国外对华贸易摩擦应对暨维护产业安全报告会”在京召开。与会专家、领导围绕新形势下国际贸易投资环境与贸易壁垒形势、贸促系统应对国外贸易摩擦的服务举措，以及提高产业国际竞争力等当前经贸领域热点和重点问题，从不同角度进行了深入分析解读。

（梅 焱）

【优化产业安全数据库结构】为贯彻落实总体国家安全观，在商务部指导下，市商务委不断优化北京市产业安全数据库样本企业的代表性，初步完成了北京市龙头企业名单的筛选上报，共计147家龙头企业，涉及机械制造、汽车、医药、电子信息等重点行业。

（梅 焱、饶丽丽）

七、口岸通关

【概况】 2015年，北京口岸运行良好，通关客货再创新高，海关监管进出口货物在京津冀通关一体化改革效应拉动下呈现高增长，达4274.3万吨，增长103.4%；出入境人员总人数在内地居民拉动下稳定增长，达2329.7万人次，增长5.2%。

首都国际机场旅客吞吐量达8993.9万人次，增长4.4%；进出境旅客达2323万人次，增长5.4%，占首都国际机场吞吐量的25.8%；72小时过境免签旅客19905人次，下降0.6%。北京西站铁路口岸全年运送出入境旅客6.7万人次，下降27.7%，其中外籍人员0.4万人次，下降24.2%。

北京丰台货运口岸铁路专用线集装箱运输功能恢复，全年累计海关监管进出口货物1.78万吨，增长2.5%；海关征收关税及代征税9872.0万元，增长1.8%。

北京朝阳口岸海关监管货物11.6万标箱，增长1.6%，海关征收关税及代征税120.5亿元，下降4.2%；平谷国际陆港海关监管货物3.1万标箱，下降1.4%，海关征收关税及代征税20.3亿元，下降4.2%。

（谭　峰）

【新机场口岸开放申报准备工作基本完成】 北京市人民政府口岸办公室会同口岸工作组各成员单位，以可行性研究报告为总纲，分阶段稳步推进新机场口岸开放申报工作。制定了《北京新机场口岸非现场设施建设方案》《北京新机场口岸非现场设施立项建设主体方案》《北京新机场口岸相关单位机构设置和人员编制方案》。在此基础上，同步开展新机场口岸开放可行性研究工作，形成了可行性研究报告，并于2015年11月27日经主管市领导专题会议审议通过。

（张竞天）

【全面启动大通关建设改革】 北京市人民政府口岸办公室积极推动口岸大通关建设改革，配合筹建北京市大通关建设改革协调推进机制。与市商务委、北京海关、北京国检局等有关部门共同梳理措施、明确思路，研究制定了北京市《关于落实“三互”推进口岸工作促进外贸发展的实施方案》。

（田　颖）

【北京电子口岸平台升级改造项目立项】 2月，北京电子口岸建设领导小组办公室由北京海关调整至北京市人民政府口岸办公室。由北京市人民政府口岸办公室负责统筹协调北京电子口岸建设，并加挂电子口岸办公室的牌子，补充调整了人员力量，进一步强化地方政府主导作用。按照市信息化项目升级改造立项程序和有关要求，联合各共建单位，历时一年，完成了北京电子口岸平台升级改造项目评审，并同步开展应用软件开发等项目招标工作。

（田　颖）

【推进关检合作“三个一”模式】 按照海关总署、国家质检总局的统一部署，深入推进关检合作“一次申报、一次查验、一次放行”便利通关模式。北京市人民政府口岸办公室与北京海关、北京国检局积极开展

"一次申报"系统全国统一版试点工作，建立运维保障机制，并全面上线运行了统一版"一次申报"系统。

（田　颖）

【首都机场地区文明服务水平显著提高】首都机场地区文明办（北京市人民政府口岸办公室航空港处）按照首都文明办的工作部署，以社会主义核心价值观为主线，积极推进首都机场地区精神文明建设工作，年内组织2次机场地区文明单位交流活动。推动首都机场地区获得"首都学雷锋志愿服务站（岗）"称号的单位组织开展志愿服务活动，组织驻场员工向"北京榜样"学习；加强对首都机场出行旅客依法出境、文明出行的政策法规宣传，推动"文明旅游我最美"宣传工作开展，提升公民出境游的文明素质。

（吕宛颗）

【推进首都机场地区社会治安综合治理工作】3月，首都机场地区综治委召开2015年第一次全体（扩大）会议。会上签署了《综治责任书》，对《2015年首都机场地区社会治安综合治理工作要点》进行说明；同时对2014年度工作进行总结并部署2015年相关工作安排，有力推动了首都机场地区综治工作新局面。

（魏　增）

【正式实施24小时过境免检政策】4月15日，首都国际机场正式实施24小时过境免检政策。自此，搭乘航班从首都机场过境前往第三国或地区，在机场停留不超过24小时且不离开口岸限定区域的旅客，可免办边检查验手续。该政策实施后，首都国际机场过境旅客通关人均时间由原来45秒缩短至10秒左右，对进一步提升首都国际机场对国际中转旅客的吸引力和国际中转服务竞争力具有重要意义。

（魏　增）

【实施北京市离境退税政策】7月1日，首都国际机场开始正式实施离境退税政策。截至2015年年底，首都国际机场航空口岸累计开具离境退税申请单1118张，销售金额2340.9万元，退税额合计158.4万元。境外旅客办理离境退税手续625单，共涉及退税额129.6万元，离境退税政策效应逐步显现。

（魏　增）

【完成亚信非政府论坛首次年会抵离迎送任务】5月25－26日，亚信非政府论坛首次年会暨论坛成立大会在北京举行，北京市人民政府口岸办公室牵头成立抵离迎送部，累计迎送参会贵宾171人。其中，迎接76名代表（外方69人，中方7人）及10名外方代表随行人员；送走75名代表（外方67人，中方8人）及10名外方代表随行人员。

（李亚平）

【完成亚投行协定签署仪式和特别财长会抵离迎送任务】《亚洲基础设施投资银行协定》签署仪式和特别财长会议于6月29日在北京举行。期间，由北京市人民政府口岸办公室牵头组织协调，17家相关单位参与的抵离迎送工作自6月26日正式启动，至7月1日结束，共迎送参会人员120批254名。迎送VIP贵宾73批188人，其他参会代表47批66人。其中，迎送副总理级代表团6个24人，正部级代表团43个110人。韩国、哈萨克斯坦、约旦等国贵宾亲笔写下感谢信，表达对抵离迎送工作的满意和肯定。

（范　硕）

【完成2015年北京国际田联世界锦标赛机场抵离迎送任务】2015年北京国际田联世界田径锦标赛于8月22日至30日在北京成功举办。北京市人民政府口岸办公室牵头成立抵离迎送处，从8月15日至9月1日，克服航班信息不完整、突发情况多、特殊行李通关、迎送人流集中等困难，坚持24小时值守，连续奋战18天，共迎接抵京代表1985批4974人，其中运动员代表748批2863人，非运动员代表1185批1989人，贵宾代表52批122人，涉及203个国家和地区。

（李亚平）

【完成北京申办2022年冬奥会系列机场抵离保障工作】自2015年3月起至北京“申冬奥”成功，北京市人民政府口岸办公室按照市委、市政府和冬奥申委的要求，牵头负责北京申办2022年冬奥会系列机场抵离保障工作。在首都机场各相关单位大力支持下，完成了冬奥会评估团抵京、“申冬奥”申报报告通关、“申冬奥”代表团往返等一系列、多批次的服务保障任务。

（范　硕）

【首都机场举办“请来口岸找笑脸”食品安全宣传活动】6月25日，按照首都机场地区食安办关于《2015年食品安全宣传周工作方案的通知》，首都机场国检局在北京空港配餐有限公司举办“请来口岸找笑脸”食品安全宣传活动。此次活动以“尚德守法、全面提升食品安全法治化水平”为主题，旨在宣传口岸食品安全量化分级管理、强化政府监管的同时，唤醒和激发每一个利益相关方的积极性和全社会的正能量，从而最大限度凝聚共识，推动口岸食品安全整体水平的提高。活动中，企业代表提出倡议，倡导所有食品生产经营者履行社会责任，增强主体责任意识，确保消费者的安全权等各项权益。

（张津瑞）

【北京丰台货运口岸集装箱业务恢复运营】1月26日，经中国铁路总公司运输局批准，北京丰台货运口岸铁路专用线增加集装箱运输业务功能，因丰台站改造而停运四年的丰台货运口岸铁路专用线集装箱业务正式恢复。恢复运营后，停运期间需要汽车摆渡到大红门或百子湾车站发运的集装箱货物，可实现口岸内办理到发作业，缩短货物运输时间，节约运输成本，进一步完善了北京铁路口岸功能，优化了口岸通关环境。

（宋自力）

【完成Formula E赛车及赛事物资的通关运输】10月，丰台货运口岸完成第二届国际汽联电动方程式锦标赛（Formula E）赛车及赛事物资的运输通关工作。此次铁路运输路线是汉堡—满洲里—北京，运输货品包括电动F1赛车主体框架、电池、电动机、变速器等精细设备以及赛事物资共计20TEU，运输时间为18天。

（宋自力）

【首列国际联运专列在丰台货运口岸完成通关】12月20日，首列从德国发出的铁路集装箱国际联运专列抵达北京石景山南站，并于12月22日开始，通过铁路专用线分两批次运至丰台货运口岸内通关。该专列从德国启运，通过满洲里口岸入境，整列直通北京，全部运输时间为16天，货物为汽车车灯、隔热垫、开关等奔驰汽车配件，共44个40英尺集装箱，总货重290余吨，货值约475万欧元。

（宋自力）

【开展灭火疏散演练促进口岸安全运营】 6月和11月，丰台货运口岸两次联合北京消防43中队在口岸内进行灭火疏散演练活动。演练由专业消防人员现场讲解火场逃生、正确报警、防火注意事项以及灭火器的使用方法等知识，并实地模拟火灾现场，组织参加人员进行灭火实操练习和火场逃生演练。

（宋自力）

【举办第十二届进出口政策服务咨询会】 11月24日，北京市人民政府口岸办公室协助市商务委举办第十二届进出口政策服务咨询会，向参会企业介绍了丰台货运口岸的运营情况，宣传了丰台货运口岸的仓储物流、铁运与海运报关、精细产品运输等特色服务。通过咨询会向进出口企业传递了口岸最新的服务信息，为进出口企业和物流企业、货代企业之间搭建了良好的沟通桥梁。

（宋自力）

【推动平谷国际陆港实现特色口岸转型升级】 平谷国际陆港获批成为临时对外开放口岸和进口肉类指定口岸后，2015年1月又获批国家进口冷冻水产品指定口岸。通过一系列政策支持，为平谷国际陆港发展奠定了基础。

（宋红军）

【加强陆港口岸通关模式研究】 根据京津冀协同发展的总体要求，加紧研究京津口岸直通工作。一是成立平谷国际陆港通关工作组。二是开展专题调研。到天津口岸一线调研，基本掌握了天津口岸进出口业务流程和各项通关费用明细。三是梳理通关的有关流程。摸清各项通关的全部流程，形成口岸直通的初步建议方案，报请国家相关主管部门审批。

（宋红军）

【积极应对天津滨海新区爆炸事故带来的通关不利因素】 8月12日天津滨海新区瑞海公司所属危险品仓库发生重大爆炸事故后，北京市人民政府口岸办公室会同北京内陆口岸管理、运营部门和北京海关、北京国检局等部门于8月13日立即采取应对措施，确保内陆口岸安全高效运行。

（宋红军）

【通州口岸建设取得实质性进展】 11月3日，通州口岸项目首期2块物流用地被口岸建设主体北京北建通成国际物流有限公司依法取得。12月8日在第七届北京投资洽谈会上，通州口岸经营主体北京北建通成国际物流有限公司与天津港集团正式签约，成立天津港北建通成国际物流有限公司，合作开发口岸进出口专用堆场，仓储设施等项目，实现京津两市口岸运营企业互相投资，利用经济纽带促进口岸合作发展。

（宋红军）

八、利用外资

外资发展

【概况】2015年，在复杂严峻的国内外经济形势下，北京市抓住服务业扩大开放试点契机，以稳增规模、提高质量为着力点，吸收外资规模保持快速增长，引资结构进一步优化，在全市转变经济发展方式、调整经济结构和聚集高端要素中发挥了积极作用，有力推动了开放型经济发展。

一是引资规模再创新高，实际利用外资当年首次突破100亿美元、累计突破1000亿美元。全市新设外商投资企业1386家，同比增长5.2%；实际吸收外资130亿美元，同比增长43.8%，连续14年保持增长，占全国份额由“十一五”末期的6%升至10%。

二是引资结构更加优化，金融、科技等服务业扩大开放重点领域吸收外资大幅增长。服务业新设外商投资企业1350个，同比增长5.4%；入资123.2亿美元，同比增长55.4%，占全市实际利用外资94.8%。服务业扩大开放六大重点领域新批项目1068个，实际入资95.5亿美元，分别增长10.2%和62.5%，分别占全市77.1%和73.5%；其中金融、科技领域入资分别增长15.7倍和14%，分别占全市56.4%和7.6%。生活服务业利用外资踊跃，全年引进健康医疗项目36个，文体娱乐项目51个，餐饮和居民服务项目55个。

三是引资方式加快拓展，并购、增资、跨境人民币投资成为引进外资的重要方式。以央企并购方式引入外资90.7亿美元，占全市实际利用外资69.8%。全市962家存量企业增资达187.9亿美元，占全市合同外资58.1%。以跨境人民币方式投资企业38家，投资额46.6亿元人民币，占全市实际利用外资5.8%。

四是项目质量不断提高，外资总部、研发机构等高端功能性机构继续聚集。新增外资总部企业9家，累计达268家，其中155家为北京市认定的境外跨国公司地区总部；新增外资研发机构29家，累计达532家。全市新增境外跨国公司总部企业和研发机构38家，累计达到800家。新增世界500强企业投资项目20个，累计有287家世界500强企业在京投资了718个项目。

五是项目体量成倍增长，大项目平均入资金额大幅提高。75个千万美元以上大项目入资121亿美元，同比增长62.4%，占全市实际利用外资93.1%，项目平均入资1.6亿美元，同比增长2倍。其中68个服务业千万美元以上大项目入资115.3亿美元，同比增长77.9%，占全市实际利用外资88.7%；上亿美元大项目入资105.5亿美元，同比增长1.7倍，占全市实际利用外资81.2%。

六是投资来源地和引资区域相对集中。香港地区实际投资99.3亿美元，占全市76.4%，主要投向金融、科技、商务和信息服务等领域。英属维尔京群岛实际投资19

亿美元，占全市 14.6%。此外，“一带一路”64 个国家和地区在京实际投资 1.7 亿美元，占全市 1.3%。城六区引资 116.5 亿美元，同比增长 66.6%，占全市实际利用外资 89.6%，其中朝阳区引资 93.4 亿美元，同比增长 1.4 倍，占全市 71.9%，主要投向金融服务和商务服务领域；海淀区引资 13 亿美元，占全市 10%，主要投向科学技术服务、互联网和信息服务领域。

（韦　肖）

【实际利用外资累计突破 1000 亿美元】 改革开放 37 年来，北京市抓住经济全球化深入发展的机遇，不断扩大开放，积极合理有效吸收外资。截至 2015 年 10 月，全市累计实际利用外资已达 1001.6 亿美元，占全国实际利用外资的 6.2%。其中服务业引资达 813.5 亿美元，占比 81.2%，商务、信息、金融、科技服务业分别占 24.6%、12.2%、9.8%和 5.5%。实际入资千万美元以上大项目 1490 个，实际入资 819.2 亿美元，占比 81.8%，其中 1201 个服务业大项目实际入资 683.2 亿美元，占比 68.2%。香港地区投资占 43.4%，欧洲、日本、美国投资分别占 12.1%、7.8%和 4.3%，自由港投资占 20.4%。

（马俊杰）

【完成 2015 年外商投资企业联合年报工作】 根据商务部等四部委通知，为进一步转变政府职能，改善投资环境，加强对外商投资事中事后协同监管，在全国范围内开展外商投资企业年度投资经营信息联合报告工作。市商务委牵头组织全市外资企业联合年报工作，会同市财政和统计部门，加大联合宣传、监督及催报力度，全市参加年报的外商投资企业 13512 家，参报率 85%。年报数据显示，申报企业累计投资额达到 2349.6 亿美元。2014 年企业营业收入 31431.3 亿元，同比增长 13.7%；纳税总额 3264.5 亿元，同比增长 15.3%；从业人数 135 万人，同比增长 3.4%。

（焦　刚）

【中国香港等国家和地区成为外资主要来源地】 根据 2015 年北京市外商投资企业联合年报数据，北京市外资来自 140 多个国家和地区，其中中国香港、日本、维尔京、德国、开曼、韩国、美国、新加坡、荷兰、法国等 10 个国家和地区的企业数和实际外资分别占全市参报外资企业的 79.5%和 89.5%，中国香港以 4902 家企业和 469.5 亿美元位居榜首。

（崔晶雪）

【中国香港等 10 个国家和地区投资企业纳税和就业贡献突出】 根据 2015 年北京市外商投资企业联合年报数据，2014 年中国香港、奥地利、韩国、日本、德国、维尔京、美国、新加坡、荷兰、法国等 10 个国家和地区投资企业纳税总额 2536.6 亿元，占全市参报外资企业的 77.7%；从业人数 108.7 万人，占全市参报外资企业 80.5%。

（崔晶雪）

【举办第四届京交会香港推介会】 第十九届京港研讨会于 11 月 27－28 日在中国香港举办，市商务委与香港贸易发展局、香港总商会、市投资促进局共同主办“北京服务业扩大开放新商机暨第四届京交会香港推介会”。中央人民政府驻港联络办公室副主任仇鸿，北京市人民政府常务副市长李士祥、副市长程红，香港特区政府财政司司长曾俊华、香港贸易发展局总裁方舜文、香港总商会主席彭耀佳等出席活动。市商务委与香港贸易发展局签署了第四届京交会合作备忘录，北京商务服务业联合会与香港总商会、北京外商投资企业协会与中国香港（地区）商会签署了合作备忘录，国家会议中心与亚洲国际博览馆签署了合作意向书。

（霍志杰）

外资管理

【概况】2015年，共完成外商投资企业设立及变更（含非独立法人分支机构设立）审批1347件，初审报商务部审批20件。合同外资323.8亿美元，扣除两年各自的偶然项目，比2014年增长78%。格式化审批推行一年多来，全市批准新设外商投资企业1492家，格式化文本使用企业1276家，使用率86%。持续开展外资企业延长经营期限提示工作，年内完成第5批、第6批两批延期提示，服务企业807家。积极配合做好服务业扩大开放综合试点工作，落实国家放宽服务业准入限制措施，牵头推进北京市推广上海自贸区经验工作。探索融资租赁企业监管新模式，完成外商投资融资租赁企业出资情况核查工作。

（侯明迪、杨　洋）

【首单飞机维修外方控股合资协议在北京签署】北京市服务业扩大开放试点“飞机维修取消中方控股限制”取得实质性进展。12月8日，北京通用航空有限公司与法荷航集团签署合资协议，双方将在北京成立一家合资公司，开展民航飞机航线维修业务。因适用北京市服务业开放措施，首次实现了外方控股。合资的外方是世界第二大民航维修企业，2014年、2015年连续两年荣获全球最佳MRO维修企业称号。合资更有利于双方在技术管理市场等方面优势互补，促进北京市飞机维修服务行业整体水平提升，与国际接轨。

（杨　洋）

【举办北京台湾名品博览会】11月12—15日，2015北京台湾名品博览会在北京农业展览馆新馆再度成功举办。本次博览会由市商务委、市台办和台湾贸易中心共同主办，市国际服务贸易事务中心承办，参展产品档次高、特装形象展区面积大、来自台湾地区的本土厂商比例高、后续洽谈合作商机大。展出规模13000平方米，261家台湾地区有出口业绩或得奖记录的厂商参展，展出万余种商品。同时，加大对电子商务平台买主的推介力度，亚马逊中国、Yoka时尚网、中华网等电商平台，以及国际台国广东方、乐视网电视购物等前往洽谈。通过组织数十场厂商对接活动，达成明确采购意向12亿元人民币。展会4天客流量11万人次，现场销售额超过千万元。

（张　岩、叶卫东）

【北京环球主题公园项目报商务部预审】北京环球主题公园项目位于北京市通州文化旅游区内，项目由中方首寰公司与美方康卡斯特NBC环球集团及其所属的环球主题公园及度假区集团（UPR）共同投资、共同开发、共同管理。中美双方将组建合资公司开发运营一期各项目，合资公司中首寰占股70%，环球占股30%。10月，市商务委协助首寰公司将合资公司的合资合同、章程等材料报商务部外资管理部门进行非正式审阅。

（张　岩）

【推动服务业扩大开放各项措施落实】市商务委分批次分小组，对北京市服务业扩大开放11条开放措施的行业管理部门进行实地走访调研。11月2日，《北京市服务业扩大开放措施办事指南一览表》通过新闻发布会正式向社会公布，同时在市商务委网站公开。

（杨 洋）

【外资批准证书实行“立等可取”】市商务委在调研认证基础上，提出外资批准证书发放流程简化方案，集中培训工作人员，并进行试运行。7月13日，新的外资批准证书发放流程正式运行，取消了“预约打证”工作环节。办理变更类事项企业（占批准证书发放业务量90%以上）获得批复后，批准证书发放实现“立等可取”；办理新设类事项企业持市质监局发放的《赋码通知书》“即到即打证”。

（杨 洋）

【探索融资租赁企业监管新模式】按照商务部外资司《关于请协助核查外商投资融资租赁企业出资情况的函》要求，市商务委会同市租赁行业协会，向74家企业发放《关于外商投资融资租赁企业报送出资情况的紧急通知》，要求企业完整准确及时填报《出资情况核查表》。根据外汇管理部门反馈的外汇验资情况，对企业《出资情况核查表》反映的入资情况，进行了进一步核实，顺利完成核查工作。

（杨 洋）

【落实国家放宽服务业准入限制措施】市商务委积极落实国家放宽服务业准入限制措施，贯彻落实商务部“允许融资租赁公司兼营与主营业务有关的商业保理业务”等新开放措施。2015年，北京市有5家外资融资租赁企业申请增加了此项经营范围。

（杨 洋）

【牵头推进推广上海自贸区经验工作】根据《国务院关于推广中国（上海）自由贸易试验区可复制改革试点经验的通知》，市商务委制定《北京市推广试点经验工作方案》，会同各成员单位进行阶段性总结，形成《北京市推广中国（上海）自由贸易试验区可复制改革试点经验工作进展情况》，经市政府同意后，报告商务部。

（杨 洋）

九、对外经济合作

【概况】2015 年，全市对外投资合作工作以加快实施“走出去”战略、积极参与“一带一路”建设为指导，以培育和引领国际经济合作竞争新优势为目标，推动北京市企业对外经济合作各项工作深入开展，成效显著。

一、基本情况

境外直接投资创历史新高。2015 年，北京市企业在 57 个国家和地区的 581 家境外企业，累计直接投资额达 95.55 亿美元，同比增长 74.95%，境外投资国家和地区、新设企业数量及累计投资额均创历史新高。传统行业投资稳步发展，科技、文化“走出去”趋势明显。信息传输、软件和信息技术服务业，文化、体育和娱乐业境外投资增速分别较 2014 年增长 6.4 倍和 10.5 倍。亚洲和美洲地区投资平稳，依然是北京市企业境外投资集中地区。欧洲、大洋洲和北美洲地区投资增长迅速，累计境外直接投资额较 2014 年分别增长 3.1 倍、3.0 倍和 1.7 倍。跨国并购成为对外投资的重要方式，北京市企业参与国际并购的案例达到 204 个，是 2014 年的 3.5 倍，中方协议投资额 112.48 亿美元，为 2014 年的 6 倍。

对外承包工程企业稳步发展，队伍不断壮大。2015 年，北京市企业对外承包工程新签合同额 46.48 亿美元，同比增长 8.24%；完成营业额 35.49 亿美元，同比基本持平。对外承包工程业务主要集中在亚非地区，项目主要集中在交通运输建设、房屋建筑、水利建设领域。全年新批对外承包工程企业 14 家，全市具有对外承包工程资格企业超过 200 家。

对外劳务合作保持规范有序发展。2015 年，北京市外派各类劳务人员 15503 人，期末在外劳务人员 34183 人，实现劳务收入 1.6 亿美元，期末在外人数及劳务收入同比分别增长 16%和 2 倍。

二、主要工作

深化改革，简化境外投资备案管理程序，便利企业“走出去”。深入推进“备案为主、核准为辅”的投资管理体制改革和实施，进一步简化境外投资管理流程。从 2015 年 10 月份开始，推行境外投资项目无纸化备案管理。加强境外投资管理部门之间的沟通与协调，完善境外重大投资项目的协同服务机制，在市商务委备案的企业数量为 2014 年的 2.8 倍。

搭建平台，积极帮助企业寻求境外投资合作项目机会。充分利用领导高层访问、友好城市交流及商务展示活动等机会，积极为企业开展境外投资和项目合作搭建对接交流平台。2015 年 5 月习近平总书记访问白俄罗斯期间，北京市组织企业参与中国—白俄罗斯地方经贸论坛，与白俄罗斯地方企业进行对接洽谈，签订项目合同 2 项，达成合作意向 4 项。利用友好城市交流机会，市商务委协助雅典、贝尔格莱德、华盛顿等来访代表团举办投资推介会，向北京市企业介绍所在国家及城市的投资环境及引资项目。组织

"走进大使馆"系列活动，与部分"一带一路"沿线国家驻华使馆合作，举办北京市企业与"一带一路"沿线重点国家的企业洽谈会，促进北京市企业参与"一带一路"市场建设。截至2015年年底，北京市在"一带一路"沿线30个国家有境外直接投资，投资领域主要涉及能源资源开发、装备设备制造、房地产开发及农业合作项目。

加强督查，提升对外劳务合作企业严格自律和规范经营意识。认真贯彻落实《对外劳务合作风险处置备用金管理办法（试行）》（商务部、财政部令2014年第2号），重新修订颁布了《北京市对外劳务合作经营资格暂行管理办法（修订）》，自2015年初开展对外劳务合作风险处置备用金专项检查以来，取得显著成效。2015年，全市对外劳务合作企业管理到位、经营有序、制度健全，在开展对外劳务合作企业规范经营的专项检查中，未发现重大违法违规现象。2015年新申请资格的5家企业都能按要求自觉学习相关法规条例，已按要求及时制定、提交规范管理制度。

强化联动，及时化解对外劳务合作纠纷和矛盾。深化与市外办、市国资委等对外劳务合作管理部门的合作机制，加强对外劳务合作法律法规宣传，定期深入对外劳务合作企业，掌握企业业务进展动态，指导企业按照法律法规要求开展对外劳务合作业务。妥善处置了北京六建集团和衡水劳务人员两起境外劳务纠纷事件，涉及劳务人员500余人。

（王智勇）

【出台《北京市关于进一步促进企业境外投资合作发展的实施方案》】市商务委会同相关部门研究制订北京市促进境外投资发展的实施方案，6月召开行业协会及境外投资合作重点企业征求意见座谈会，10月与市发展改革委联合印发《北京市关于进一步促进企业境外投资合作发展的实施方案》。该方案提出"坚持企业主体、政府引导原则，坚持结构调整、转型升级原则，坚持互利共赢、共同发展原则，坚持发展与风险防控兼顾原则"四项工作原则以及九个方面的工作任务。

（王智勇）

【多部门共同建设"走出去"联合工作机制】为加强政策沟通，促进工作联动，进一步做好服务北京市企业"走出去"工作，市商务委于12月24日组织召开"走出去"工作座谈会，市国资委、市投资促进局、市工商联、市贸促会和中关村管委会等单位参会。会议达成四点共识：加强北京市推动"走出去"发展的工作机制建设，加快推进支持企业"走出去"各类平台发展，整合各方资源促进国际化人才培养和储备，联合组织国际化投资合作及展览展示活动。

（王智勇）

【境外投资实行网上无纸化备案管理】深入推进"备案为主、核准为辅"投资管理体制改革和实施，进一步简化境外投资管理流程，从2015年10月份开始，推行境外投资项目无纸化备案管理，备案类境外投资事项已全部实现无纸化管理，运行顺畅，进一步节省了企业办事的"脚底成本"，为企业提供了便利，获得了企业认可。

（孙 健）

【北京市企业在"一带一路"沿线国家投资高速增长】2015年，北京市企业在"一带一路"沿线17个国家累计直接投资额4.96亿美元，同比增长1.5倍，远超全国在"一带一路"沿线国家投资 18.2%的增速。其中，北京市企业在"一带一路"沿线国家投资排名前三位的国家是新加坡、沙特阿拉伯和印度尼西亚，直接投资额分别为 4.43 亿美元、2000 万美元和 1548 万美元。截至 2015 年年底，北京市在"一带一路"沿线 27 个国家累计直接投资 12.66 亿美元，占北京市境外直接投资存量的 3.4%。排名前五位国家为新加坡（6.97 亿美元）、沙特阿拉伯（1.23 亿美元）、柬埔寨（1.10 亿美元）、蒙古（8997 万美元）、白俄罗斯（5914 万美元），占比 85.2%。

（周　煊）

【境外投资大项目不断涌现】日产（中国）投资有限公司在巴西并购成立日产巴西自动车有限公司，主营汽车和汽车零部件的制造、销售和经销以及相关的进出口活动等。博纳影业集团有限公司在美国新设成立博纳环太平洋电影投资（美国）有限公司，主营电影投资、合拍电影，发行、制作电影等业务。完美世界（北京）网络技术有限公司在香港地区设立完美晨光在线有限公司，主要从事研究、开发游戏软件，开展技术转让、技术咨询、技术服务，技术进出口、代理进出口等业务。北京中信投资中心（有限合伙）全面收购柏盛国际集团有限公司，从事研发、生产和销售高科技介入性医疗产品。

（周　煊）

【北京市 4 家企业入选全球最大 250 家国际承包商】2015 年度 ENR（《工程新闻记录》）全球最大 250 家国际承包商排名，我国内地共有 65 家，北京市有 4 家企业上榜，分别为中地海外集团有限公司、北京建工集团有限责任公司、北京城建集团有限责任公司、北京住总集团有限责任公司。

（李　恩）

【"一带一路"沿线国家对外承包工程项目显著增多】2015 年，北京市企业在"一带一路"沿线 34 个国家开展对外承包工程业务，新签合同额 18.36 亿美元，完成营业额 12.29 亿美元，其中 5000 万美元以上对外承包工程项目共 8 个。北京城建集团有限责任公司马尔代夫易卜拉欣纳西尔国际机场改扩建项目，合同额 4.4 亿美元；中国电气进出口有限公司白俄罗斯铁路电气化改造二期项目，合同额 9497 万美元。

（李　恩）

【外派劳务项目审查工作顺利】按照商务部相关规定，全年共审核北京市对外劳务合作项目 20 个，审核备案登记输港澳劳务项目 1192 个。

（袁　渤）

【开展对外劳务合作规范经营专项检查工作】依据《商务部关于开展对外劳务合作规范经营专项检查工作的通知》（商合函〔2015〕221 号），市商务委召开北京市对外劳务合作规范经营专项检查工作动员部署会。相关区商务委、市商务执法监察大队、国际经济技术合作协会、对外劳务合作企业等单位共计 60 余人参加会议。会议结合北京市对外劳务合作经营情况，通报了对外劳务合作违规经营案例，对《对外劳务合作管理条例》等文件的执行情况进行了讲评，对开展对外劳务合作规范经营专项检查的有关工作进行了安排部署。会后开展了专项检查工作。

（袁　渤）

【援外项目实施企业均纳入资格认定】10 月 29 日，商务部颁布施行《对外援助项目实施企业资格认定办法（试行）》（商务部令 2015 年第 1 号），各类援外项目实施企业均纳入资格认定，包括：援外成套项目总承包企业和物资项目总承包企业实施资格审查方式；成套项目管理企业、技术援助项目实施单位、人力资源开发合作项目实施单位和咨询服务单位实施资格招标方式。市商务委共审核上报北京市 27 家企业申报援外成套项目总承包企业资格，31 家企业申报物资项目总承包企业实施资格。

（李　恩）

十、商务服务

【概况】2015年，市商务委着力打造商务服务业政府部门协调促进工作平台、商务服务业运行监测与公共信息服务平台、商务服务业集聚区和商务楼宇发展促进公共服务信息平台、商务服务业“走出去”境外发展促进服务平台、会展业发展促进服务平台等5个服务平台，开展“走进集聚区共谋发展”系列活动，促进商务服务业向高端化、国际化、品牌化、规模化发展。2015年，北京租赁与商务服务业实现增加值1766.8亿元，在地区生产总值中占比为7.7%。全市限额以上租赁和商务服务企业法人单位数4151个，营业收入7524.9亿元，同比增长0.8%。实现利润总额4954.6亿元，同比增长56.7%。从业人员平均人数80.5万人，同比增长10.8%。

（林丛军）

【支持10座商务楼宇、3个集聚区升级改造任务】13座楼宇（集聚区）建筑面积共191.5万平方米，改造计划总投入资金11023万元，其中支持资金2100.3万元。驻楼（集聚区）企业2135家，其中商务服务业企业1017家，占比48%。驻楼企业总收入966亿元，楼均收入74亿元；缴税163亿元，楼均缴税12.5亿元；从业人员59702人，楼均从业人员4592人。

（胡　滨）

【商务服务业运行监测服务平台运行】北京商务服务业运行监测与公共信息服务平台有重点企业289家，参与报数的用户共计121家，其中楼宇用户51家，集聚区8家，会员单位38家，会展场馆6家，会展企业18家。完成2015年度商务服务业企业运行监测报告。

（胡　滨）

【开展企业“走进集聚区共谋发展”系列活动】年内，开展3期“商务服务业企业（总部企业）走进集聚区共谋发展”系列活动，邀请90多家知名商务服务业企业（总部企业）负责人走进集聚区，深入了解集聚区的基本情况及发展前景，搭建北京市商务服务业企业、总部企业与集聚区开展合作的桥梁，推进产业合作。在活动现场达成合作协议及意向18项。

（胡　滨、朱忠文、杜大琳）

【引导会展业国际化、规模化、品牌化发展】发布2015年北京市引导支持品牌展会名录31个。4个2014年北京市引导支持品牌展会项目、1个引进国际大型展会项目、1个同质同类展会整合项目通过财政第三方评审，奖励资金613.5万元。

（范　启）

【加强北京会展业国际宣传推广】在国际展览业协会（UFI）年会上开展北京会展业宣传推介活动。在“一带一路”沿线国家阿联酋（迪拜）、印度（孟买）举办两场北京市展览业推介活动，进一步提高北京会展业的知名度，增强品牌展会的影响力和业界的关注度。

（范　启）

十一、总部经济

【概况】2015 年，市商务委不断优化总部企业发展环境，全面做好总部企业发展促进工作。总部经济引领首都经济发展，2015 年北京市总部企业一般公共预算收入占全市的 39.6%，比 2011 年提高了 8.1 个百分点。据《财富》杂志公布的 2015 年世界 500 强企业榜单，总部在北京的世界 500 强企业数量保持 52 家，连续三年位居全球城市第一。跨国公司地区总部数量小幅提升，截至 2015 年年底，北京市外资总部企业达到 268 家，累计认定 155 家跨国公司地区总部，有 92 家世界 500 强企业在京设立跨国公司地区总部。引入国外非企业经济组织常驻代表机构 3 家，累计达到 153 家。2015 年，跨国公司地区总部实现一般公共预算收入 139.4 亿元，同比增长 11.1%。跨国公司地区总部以占全市总部企业 3.9% 的数量，完成了 7.5% 的全市总部企业一般公共预算收入。

总部企业在支撑北京市经济发展的同时，对京外其他区域的影响力增大。以入选世界 500 强的北京总部企业为例，其业务扩散辐射力指数达到 36 左右，即京外经济活动总量是京内经济活动总量的 36 倍左右。中关村是北京市创新型总部企业聚集区，大量高新技术企业利用北京科技资源优势在全国布局发展，在中关村成交的技术近六成输送到京外进行成果转化。

北京市 7 个总部经济集聚区（金融街、CBD、中关村海淀园、东二环高端服务业发展带、中关村电子城科技园、中关村丰台园、首都临空经济核心区）与 4 个总部经济发展新区（环渤海高端总部基地、兴谷开发区、雁栖开发区、密云生态商务区）共入驻总部企业 1815 家，占全市总部企业总数的 46.1%。

（朱忠文）

【修订总部经济发展政策】为进一步优化总部经济发展环境，市商务委完成《关于鼓励跨国公司在京设立地区总部的若干规定实施办法》《关于加快总部企业在京发展的若干规定实施办法》两个总部经济政策的修订。

（朱忠文、刘晓芳、殷惠龙）

【进一步健全“两个机制”与“一个平台”】加强与总部经济中介组织联系，召开中介组织座谈会，走访调研中介组织，了解中介组织引进总部企业情况、拟引进总部企业的线索，健全总部企业重大项目投资发现机制；优化总部企业管理服务信息系统，增加总部企业认定、总部功能、配套服务等模块，健全总部企业跟进服务机制。

（朱忠文、殷惠龙）

【科技创新型轻资产总部纳入总部经济发展政策支持范围】市商务委召开民营总部企业、外汇集中运营管理总部企业、科技型轻资产总部企业、跨国公司地区总部等各类型总部企业座谈会，开展专题调研，了解各类总部企业的服务需求与政策诉求，研究促进总部企业发展相关政策。召集市发展总部经济联席会议，研究优化调整发展总部经济的措施，将科技创新型轻资产总部纳入总部经济发展政策支持范围。

（朱忠文、殷惠龙、杜大琳）

【稳步推进总部经济服务工作】据不完全统计，2015 年中介组织引进注册资本 1 亿元以上的企业 112 家，注册资金总计逾 470 亿元。为 53 家次跨国公司地区总部企业办理 54 名外籍高管及 59 名配偶子女居留许可。

（殷惠龙、朱忠文）

【成立北京总部企业协会】11 月 18 日，北京总部企业协会成立大会召开，近百家总部企业参加会议。该协会是由京粮集团、中车投资租赁、北京金隅股份、正大（中国）投资、戴姆勒大中华区投资等 46 家总部企业共同发起成立的社团组织，具有会员企业实力强、涉及行业领域广、企业类型多、业务关联性强的特点。

（朱忠文、殷惠龙）

【搭建服务平台引进总部企业人才】为贯彻落实《关于加快总部企业在京发展的工作意见》（京政发〔2013〕29 号），做好在京总部企业服务工作，市商务委组织在京总部企业参加市人力社保局举办的“2015 年北京地区毕业生就业服务月暨公共就业和人才服务进校园活动”，分别走进北京信息科技大学、中国人民大学、中国农业大学等七所高校进行现场招聘。活动期间，共有 10 余家知名总部企业参加招聘会，提供岗位需求 20 余个，洽谈高校毕业生百余人次，达成就业意向 40 余人。

（朱忠文、杜大琳）

【稳步推进总部经济集聚区培育和公共服务平台建设项目工作】积极做好 2015 年总部经济集聚区培育和公共服务平台建设项目的征集、申报、审核、评审、监督管理、验收等工作。2015 年，支持中关村软件园（海淀园）园区服务品质提升及基于 GIS 的企业信息公共服务平台（二期）项目、北京临空经济核心区总部企业公共孵化平台一期项目等 5 个项目。

（朱忠文、杜大琳）

【在京世界 500 强企业实力稳步提升】在京 52 家世界 500 强企业呈现以下特点：一是位次继续前移。52 家上榜企业中 36 家位次前移，其中有 3 家新上榜，分别是中国光大集团（第 420 位）、中国航天科技集团公司（第 437 位）和中国保利集团（第 457 位）；中石化排名上升一位，成为按营收排名的全球第二大公司。二是实力不断增强。52 家上榜企业营业收入达 4.1 万亿美元，同比增长 3.4%，占中国上榜企业的 62.9%，占世界 500 强企业的 13.1%，同比提高 0.3 个百分点。三是央企占绝大多数。52 家中有 48 家央企（含金融央企），占比 92.3%；2 家市属国有企业（北汽集团和首钢集团）；2 家民营总部企业（联想集团、中国民生银行）。

（朱忠文、殷惠龙）

十二、服务业扩大开放

【概况】2015年5月5日，国务院批复同意北京市开展服务业扩大开放综合试点，北京市成为全国首个服务业扩大开放综合试点城市，与4个自贸试验区、粤港澳服务贸易自由化共同构成中国服务业对外开放多层次、宽领域、大范围的试点格局。与4个自贸试验区服务业开放相比，北京市服务业扩大开放综合试点是首次在全市市域范围内开展的试点工作，其覆盖区域范围更广、试点行业集中度更高、配套支撑体系更完善。通过试点，北京市将打造服务业开放窗口，推动服务业向高端化、集聚化、国际化方向迈进，服务京津冀协同发展，推动更大范围的服务业开放。

根据国务院批复，北京市服务业扩大开放综合试点的主要内容，可以简要概括为"'6+1'+5"，即构建"6+1"扩大开放格局、优化5大配套支撑体系。"6"，即聚焦科学技术、互联网和信息、文化教育、金融、商务和旅游、健康医疗六大重点服务领域，逐步向各类资本扩大开放，降低或取消外资股权比例限制、部分或全部放宽经营资质和经营范围限制，实现投资主体多元化。"1"，即深化对外投资管理体制改革，主要是通过实行"备案制"等管理创新，加快企业"走出去"步伐。"6"着眼于"引进来"，"1"立足于"走出去"，促进双向互动开放。"5"，即优化5大配套支撑体系，主要在优化社会信用环境、改革市场监管模式、创新高端人才聚集机制、加大金融保障力度、提高通关便利化水平5个方面，通过创新体制机制，转变政府监管和服务方式，构建科学规范、高效透明的服务业促进体系，建设国际化、市场化、法治化的营商环境，为开放提供有效保障。

（赵　珲）

【国务院批复北京市服务业扩大开放综合试点】5月5日，国务院印发《关于北京市服务业扩大开放综合试点总体方案的批复》（国函〔2015〕81号），同意在北京市开展服务业扩大开放综合试点，北京市成为全国首个服务业扩大开放综合试点城市，与现有的自贸试验区、粤港澳服务贸易自由化共同成为国家构建开放型经济新体制的重要探索。

（申　玖、孙文超、杨梦麟）

【服务业扩大开放综合试点实施方案落地】9月13日，商务部与北京市共同印发《北京市服务业扩大开放综合试点实施方案》，明确了141项具体试点任务。

（朱　静、赵文捷）

【召开服务业扩大开放综合试点动员部署大会】9月14日，市委、市政府召开北京市服务业扩大开放综合试点动员部署大会，市委书记郭金龙、商务部部长高虎城讲话，市长王安顺主持会议，副市长程红介绍了综合试点工作情况并部署工作，商务部和北京市领导钱克明、张工、隋振江，市政府秘书长李伟、商务部部长助理刘海泉出席会议。

（朱　静、赵文捷）

【召开服务业扩大开放综合试点新闻发布会】9月15日，北京市服务业扩大开放综合试点新闻发布会在国务院新闻办新闻发布厅召开，副市长程红和商务部部长助理刘海泉出席会议，介绍北京市服务业扩大开放综合试点有关情况，并答记者问。

（孙文超、杨战雄）

【国务院在北京市暂时调整相关行政法规】10月15日，国务院印发《关于在北京市暂时调整有关行政审批和准入特别管理措施的决定》（国发〔2015〕60号），对北京市服务业扩大开放综合试点首批11条开放措施中部分由行政法规或经国务院批准的部门规章设定的行政审批和准入特别管理措施予以调整，为北京市服务业扩大开放提供了必要的法制保障。

（申 玖）

【公布服务业扩大开放综合试点首批措施】11月2日，北京市服务业扩大开放综合试点首批开放措施新闻发布会召开，市商务委、市文化局、市旅游委、市银监会、市保监局等单位介绍北京市服务业扩大开放综合试点有关情况，并答记者问。

（孙文超、王 乐）

【首批11项开放措施陆续落地生效】取消外商投资飞机维修项目中方控股的限制，对中外企业在飞机维修方面的国际合作起到决定性作用；实行以备案制为主的对外投资管理模式并全面实现网上办理，办理时间由15个工作日缩短至3个工作日；在北京市4个特定区域允许设立外商独资演出经纪机构，北京市有关服务领域开放程度进一步提升。

（朱 静、赵文捷）

【22项改革创新措施初见成效】推行外资企业“就近办理、跨区登记”的通办服务，已有1000余户新设外资企业实现就近登记；推广集成电路设计企业保税监管模式试点，北京成为全国首个对该项试点资质全面放开的城市；扩大跨境电子商务外汇支付试点范围，北京市试点机构数量和交易规模均位居全国省市之首。

（杨梦麟、杨战雄）

十三、商务领域社团组织

截至2015年年底，由市商务委作为业务主管单位的社团组织60家。按照市社团登记管理部门的分类统计，学术性社团3家（北京国际经济贸易学会、北京商业经济学会、北京市商业文化研究会），联合性社团8家（北京外商投资企业商工联合会、北京市商务服务业联合会、北京国际志愿人员协会、北京外企海外联谊会、北京服务贸易协会、北京老字号协会、北京国际贸易与投资促进会、北京灰霾防治合作交流协会），专业性社团11家（北京国际商会、北京市国际技术贸易协会、北京国际投资促进会、北京国际经济贸易发展协会、北京服务外包企业协会、北京中外企业人力资源协会、北京市商业企业管理协会、北京市供销合作经济组织协会、北京市对外经济贸易会计学会、北京中国饮食文化研究会、北京中华茶艺协会），民办非企业单位1家（北京京商流通战略研究院），行业性社团37家（除上述3类以外的社团组织）。

市商务委按期完成了社团组织年度检查的初审工作，指导14家社团组织完成了换届工作，新成立2家社团组织（北京国际贸易与投资促进会、北京灰霾防治合作交流协会）。

北京市商务领域社团名录

序号	单位名称	会长	秘书长	联系人	联系电话	传真	单位地址	邮编
1	北京国际商会	熊九玲	张 钢	鲁旭辉	88070442/0303	68061030	西城区南礼士路头条 3 号	100045
2	北京国际会议展览业协会	刘 洋	张学山	张 玲	88070431/0324/0343	68061030	西城区南礼士路头条 3 号	100045
3	北京国际经济贸易学会	张 钢	康乃馨	康乃馨	88070425	68014008	西城区南礼士路头条 3 号	100045
4	北京市国际技术贸易协会	林云生	张 涛	韩翼龙	82825690 82826079		海淀区东北旺西路 8 号中关村软件园 1 号楼信息中心 C 座一层	100731
5	北京市国际货运代理行业协会	李建华	李 荣	李小蕾	64621398/99	64615507	朝阳区亮马桥路 44 号海昌大厦 209 室	100016
6	北京国际经济技术合作协会	马铁山	王晓兰	周京华	63927887	63927830	西城区广莲路 1 号建工大厦 1201 室	100055
7	北京国际经济贸易发展协会	王大路	谭成海	董小华	87211326	87211326	丰台区芳星园三区 16—17 号楼 207 室	100078
8	北京外商投资企业协会	幸公杰	周卫民	王 颖	65543163/3164	65543163	朝阳门北大街 8 号富华大厦 F 座 408 室	100027
9	北京市对外经济贸易会计学会	徐小溪	赵京娥	赵京娥	65280245	65280245	丰台区芳群园四区 21 号楼 450 室	100078
10	北京服务贸易协会	李露霞	杨丽君	赵运宽	88070414	88070414	西城南礼士路头条 3 号南楼 325 室	100045
11	北京服务外包企业协会	钟明博	李 劲	宋国彪 刘 双	82825690—1820	82825690—1073	海淀区东北旺西路 8 号中关村软件园 1 号楼信息中心 C 座一层	100094
12	北京市进出口企业协会	陈 伟	叶长有	陈 红	84289882/9001	84289902	朝阳区和平里小黄庄北街 2 号 C 座	100013
13	北京国际贸易与投资促进会	汪国武	孙 飞	刘 杨	53668630		朝阳区建国路 89 号 3 号楼 509 室	
14	北京中外企人力资源协会	李建波	牛沥杰	马 静	57041996	57041998	朝阳区西大望路 15 号外企大厦 B 座 1906 室	100022
15	北京灰霾防治合作交流协会	郝吉明	李军洋	孟 烨	64046170—61	64026180	东城区建国门内大街 18 号恒基中心第 3 办公楼 913 室	100005
16	北京市商务服务业联合会	刘建华	曹 磊	杨雪松	52656250		石景山区石景山路 20 号中铁大厦 1713 室	
17	北京百货商业协会	孟卫东	施燕青	赵志毅	64070692	64010352	东城区魏家胡同 20 号	100007
18	北京市商业企业管理协会							
19	北京焙烤食品糖制品协会	高 波	张 漪	刘俊欣 董月霞	63265499	63265499	宣武区广安门外广华轩 6 号楼	100052

（续）

序号	单位名称	会长	秘书长	联系人	联系电话	传真	单位地址	邮编
20	北京市餐饮行业协会	汤庆顺	贺保贵	冯　颖	66035722	66039210	东城区安定门外大街 183 号京宝花园 M201 室	100050
21	北京市茶业协会	白文祥	付光丽	刘秀荣	68337903 68339188	68337903	西城区北礼士路甲 98 号阜成大厦 A 座 4 层 421 号	100037
22	北京典当行业协会	杨　永	郝凤琴	郝凤琴	84544366	84544368	东城区永内东街中里 13 号	100050
23	北京电子商务协会	丁同欣	林　亚	朱红霞	63435415	51814650	西城区莲花池东路丙 1 号 312 室	100045
24	北京市豆制品协会	张振山	卢桂芳	金桂华	63521149	63521149	丰台区桥南马场 138 号	100071
25	北京蜂产品协会	杨寒冰	赵增莲	钟一鸣	67869258	67869021	北京经济技术开发区同济中路 7 号兴盛工业园3 栋	100176
26	北京市供销合作经济组织协会	任　军	刘甫强	李占领	63520898	63520898	朝阳区小营北路 11 号和泰大厦 7 层 710 室	100101
27	北京市化工商业协会	邓五一	刘志刚	高世国	87612660 67603818	87612660	丰台区永外宋家庄顺八条 1 号	100078
28	北京家政服务协会	庞大春	张明辉	张明辉	63432818/5414	63432818	西城区莲花池东路丙 1 号	100006
29	北京健身器材流通协会	彭石英	陶瑞军	曹　洋	87861315	87861315	丰台区大红门西马场甲 14 号	100068
30	北京老字号协会	刘小虹	仵文贞	仵文贞	66023478 62370448	62002277	西城区西绒线胡同 51 号北门四川饭店内	100029
31	北京礼品流通协会	郑康淳	谢　辉	崔吟絮	64529406		朝阳区林萃桥北 200 米路东	100101
32	北京市连锁经营协会	卫停战	李秀珍	李秀珍	62262236 62218069	62262236	海淀区北三环西路明光北里 2 号	100088
33	北京美发美容行业协会	卢连德	李瑞明	张佳祺	63188435	63188437	西城区珠市口西大街 120 号太丰惠中大厦 1137 室	100050
34	北京农业生产资料协会	吴　山	陈永峰	王宣伟	83828509	83828769	丰台区西四环南路 30 号院 8－1 供销农资大厦 12 层	100161
35	北京品牌协会	孟卫东	夏　明	夏　明	58260938	58260938	朝阳公园西里南区 6 号楼副楼 503 室	100125
36	北京拍卖行业协会	甘学军	姚光锋	任春声 李　冰	68334469	68337868	西城区北礼士路甲 98 号阜成大厦 B 座 305 室	100083
37	北京肉类食品协会	司京成	刘金英	吴　萍	63266413/26	63324813/ 26	宣武区广安门外广华轩 6 号楼	100055
38	北京市商业联合会	于学忠	丁淑芬	田旭升	63435418/22/29	51814665 63435416	西城区莲花池东路丙 1 号	100045
39	北京商业经济学会	臧洪阁	赖　阳	魏　刚	85932083	65128343	东城区礼士胡同 41 号	100010

（续）

序号	单位名称	会长	秘书长	联系人	联系电话	传真	单位地址	邮编
40	北京市商业服装行业协会	陈普照	朱名华	曾 龙	65136644 63032991	65123749	宣武区前门大街掌扇胡同甲 2 号	100051
41	北京市商业文化研究会	张连登	胡庆平	魏 刚	85932083	89532213	东城区东四南大街礼士胡同 41 号	100010
42	北京市石油流通行业协会	陈立国	王顺增	赵秋萍	85835928	85836509	朝阳区十里堡 1 号恒泰大厦七层 7002－7006 室	100054
43	北京市摄影行业协会	朱秀英	高鸣时	高凤玲	66039982	66039982	西城区大酱坊胡同甲 26 号	100032
44	北京市调味品协会	杜吉信	陈尤太	陈 杰	63863799	63863799	西城区北礼士路 8 号	100044
45	北京文化用品行业协会	张 军	周文安	田秀丽	67226062	87297093	崇文区永外东革新里 42 号	100077
46	北京物流协会	王国丰	林友来	黄少阳	63435426/9	63435428	西城区莲花池东路丙 1 号	100045
47	北京西餐业协会	魏 青	许 萌	渠迎春	64810615	64810615	海淀区羊坊店路 18 号光耀东方广场 S 座 505 室（西客站北广场东北角）	100038
48	北京市洗染行业协会	潘福增	高云丽	高云丽	63972756	63972756	丰台区莲花池西里 20 号宝辰洗衣厂四楼	100073
49	北京市眼镜行业协会	孟卫东	刘多宁	钱 铮	67059782	67059782	东城区天坛路 57 号院内东楼 4 层 401	100062
50	北京市印章行业协会	王汉平	文 节	文 节	62072107	62072107	西城区新明胡同 2 号楼	
51	北京孕婴童用品行业协会	邓正学	孟宪忠	孔金焕	84602486	84440576	朝阳区曙光西里甲 6 号院 8 号楼时间国际 708 室	100028
52	北京市租赁行业协会	张巨光	王 梅	王 铮	67150700	67150700	东城区法华南里 26 号 404 室	100061
53	北京京商流通战略研究院	赖 阳	黄爱光	黄爱光	65230718	65594609	东城区礼士胡同 41 号	100010
54	北京外企海外联谊会	霍晨光	肖林光	束 燕	67772614	67772655	朝阳区西大望路 15 号外企大厦 B 座 11 层	100022
55	北京外商投资企业商工联合会	姜仲群	刘贻长	刘贻长	65056010	65056110	建外大街 1 号国贸西楼 516 室	100004
56	北京中国饮食文化研究会	李士靖	赵振华	孙淑萍	65193131	65193259	北京市正义路 2 号市政府 2 号楼	100744
57	北京中华茶艺协会	郝 莹	李延海	崔克萍	66056287	66056287	西城区八宝胡同 5 号	100033
58	北京市旅店行业协会	丁同欣	张 宏	张惠云	63156367	63156367	宣武区棕树斜街 42 号	100051
59	北京国际投资促进会	孙长泰	李保卫	张 桐	65546203	65543161	朝阳门北大街 8 号富华大厦 F 座 406 室	100027
60	北京国际志愿人员协会	王 粤	刘 军	闫 颖	84000561/0562	64097913	东城安定门东大街 28 号庸和大厦 C 座 11 层	100007

第四部分

海关、检验检疫

北京海关

基本职能

北京海关是海关总署直属的正局级海关，依据中华人民共和国海关法和其他有关法律、法规，负责监管北京关区进出境运输工具、货物、行李物品、邮递物品和其他物品，征收关税和其他税费，查缉走私，编制海关统计和办理其他海关业务。

内设机构

办公室、法规处、关税处、监管通关处（行邮监管处）、加工贸易监管处、综合统计处、稽查处、风险管理处（企业管理处）、缉私局、技术处、财务处、关务保障处、人事处、教育处、督察内审处。

内部工作机构

机关党委（思想政治工作办公室、政治部办公室）、监察室、离退休干部办公室。

隶属海关

首都机场海关、中关村海关、北京经济技术开发区海关、天竺海关、北京西站海关（筹）。

派驻机构

审单处、驻邮局办事处、驻朝阳办事处、驻平谷办事处、驻顺义办事处、现场业务一处、现场业务二处、现场业务三处。

海关总署外脑机构

海关总署北京加工贸易单耗管理办公室、进出口商品归类办公室。

事业单位

机关服务中心、中国电子口岸数据中心北京分中心。

群众组织

机关工会。

人员编制

北京海关共有人员1831名（其中从事海关业务人员1598名，从事缉私业务人员233名）。

业务工作

【概况】2015年，在海关总署和北京市委、市政府的正确领导下，北京海关深入贯彻落实全国海关关长会议各项部署，以“政治大关”“业务大关”“文化大关”三大关建设为目标，以改革和服务为着力点，圆满完成了“十二五”收官之年的各项工作任务。全年累计实现税收入库590.9亿元人民币，审核进出口报关单157.5万票，监管进出口商品总值5414.2亿元人民币；监管进出境人员物品2086.9万人次，监管进出境飞机12.6万架次，监管进出境快件2712.4万件，监管进出境印刷品、音像制品1907.7

万件。年内，北京海关紧密围绕首都“四个中心”的新定位，结合地区外贸发展的新形势、新特点，推出了支持北京市服务业扩大开放综合试点、推动空港贸易便利示范区建设等一系列促外贸、稳增长的政策措施，积极助推首都开放型经济持续健康发展，得到了北京市委、市政府领导和地区广大进出口企业的充分肯定。

（杨　帆）

【出台17项措施支持北京市服务业扩大开放综合试点】研究制定了《北京海关支持北京市服务业扩大开放综合试点若干措施》（以下简称《若干措施》），共包括“支持服务业重点领域发展，构建扩大开放格局”“打造空港贸易便利示范区，助力口岸服务业发展”“创新海关监管制度，提高服务业贸易便利化水平”三方面17项具体措施。经海关总署批复同意，《若干措施》于2015年12月11日正式印发实施并向社会发布。

（杨　帆）

【跨境电商监管业务拓展至三个监管现场】在国门商务区、首都机场跨境电子商务快件库和国际邮局3个监管现场正式开展跨境电商监管业务，主要采取个人物品直购进口和口岸一般出口两种业务方式。国门商务区自2015年4月开通个人物品直购进口业务，截至年底个人物品直购进口业务共验放申报清单13.3万票，验放商品30.8万件，价值3635.72万元。首都机场跨境电子商务快件库“直购进口”模式试运行，截至年底共计验放跨境电商包裹4677票4959件11706公斤，总价237万元。国际邮局监管现场2015年跨境电商出口报关单结关货值约13亿美元。

（杨　帆）

【O2O保税展示体验店落户天竺】依托天竺综合保税区保税仓储物流、展览展示等政策功能优势，积极对接“互联网+”创新思维，采用“分类备案、集中办理”的监管模式，积极探索跨境电商新模式，助推林德帕希姆O2O保税展示体验店顺利落户天竺综合保税区。自2015年5月开业运营至年底，共计成交订单3190笔，销售金额约351.8万元。

（杨　帆）

【支持中关村生命科学联合创新服务中心建设】积极争取总署支持，批准设立中关村联合创新（北京）生物科技有限公司公用型保税仓库（面积1000平方米），于2015年12月8日完成了对该保税仓库的验收。同时，依托中关村生命科学联合创新服务中心，构建“随到随检、随检随放、分批出库、集中报关”的关检联合监管制度，实现生物材料进出口审批、通关、报检、查验的一站式服务。

（杨　帆）

【深化集成电路设计企业保税监管模式试点】放开试点资质，扩大试点范围，在2015年2月全国首个集成电路产业链跨关区保税监管试点圆满成功的基础上，于11月对第二家集成电路设计企业启动了新的试点工作，完成了电子手册设立，备案进口金额109万美元，出口金额334万美元。同时，积极推动科教用品减免税设备开放共享，将中科院在京院所和在京重点高校共753台进口设备纳入管理，促进了设备资源的有效利用。

（杨　帆）

【启动境外旅客购物离境退税试点】自2015年7月1日执行境外旅客离境退税政

策后，全年共办理退税验核业务684票，审核退税商品金额共计1792万元。同时，为京交会、国际汽车展、国际电影节等国际展会提供了量身定制的通关服务，引导海运展览品报关运输企业应用京津冀区域通关一体化模式，节约企业通关成本，全年共办理展览会备案239个，监管进出境展览品2632票，展览品价值逾34亿美元，展览品货量4644.4吨。

（杨　帆）

【提升首都机场货运口岸整体通关效率】结合企业资信等级和货物风险情况，实行“快慢车道”差别化通关制度，着力提升空港货运便利化水平，让更多守法企业享受到通关便利；实行进口查验“双车道”作业方式，提高查验货物通关时效，降低企业物流操作成本。经测算，首都机场口岸货物整体通关时效较2014年提升了30％左右。

（杨　帆）

【优化旅客通关环境】积极推动现代化海关旅检业务现场示范点建设，在旅客托运行李智能先期机检、出境旅客智能信息比对系统等方面进行了有益探索。商务要客自助通关启动试运行，2015年共监管进出境商务旅客548批次807人次。在国航6个美国站点9条航线探索试行通程航班海关查验“全委托”模式，带动通程航班和国际中转旅客量分别增加了6.2％和25％，有效提升了空港口岸国际旅客吞吐能力。

（杨　帆）

【支持航空公司开展套飞、串飞业务】2015年完成6条航线航空公司间特殊比例分摊协议（SPA）备案业务，支持俄罗斯空桥货运航空公司开展“莫斯科—北京—郑州—莫斯科”航线货包机串飞业务，该航线开通3个月以来，共执行航班25架次，装载进出口货物2571.2吨。同时，积极支持“全球航材共享保税支援项目”发展，探索试行保税仓库异地委托监管及保税料件“一体化”通关模式，推动建成辐射全球的航材存储、维修集散基地。

（杨　帆）

【首都机场整车进口量同比增长1.6倍】支持首都机场整车进口口岸业务健康发展，推出“3＋3”工作模式，即跨关区、跨部门、跨系统“三跨”工作机制和专门通道、专员对接、专项支持“三专”贴心服务，提升效率，降低成本，打造“汽车飞行通道”，有力地提升了空运整车进口口岸的吸引力和影响力。整车通关时间由原来的平均3～4天缩短为1.5天，最快通关时间仅需0.5天。2015年全年进口整车549辆，是2014年的2.6倍。

（杨　帆）

【企业信用管理持续深化】坚持“守法便利、违法惩戒”原则，给予AEO认证企业通关便利措施。进一步健全了海关与企业的协调员制度，对企业开展“一对一”服务，及时帮助企业解决其在通关和海关事务中的困难。截至2015年年底，北京关区共有高级认证企业155家，一般认证企业757家。

（杨　帆）

【积极落实各项惠企政策】取消和降低进出口环节经营服务性收费。相继取消了证明联打印费、条码工本费等6项相关收费，降低收费标准项目4个，停止保税仓库监管系统、快件物品监管系统等6个项目对企收费，对企业免费开放电子口岸QP系统，主动降低自筹资金建设的易速口岸数据平台收费价格，切实帮助企业减负增效。同时，积极引导企业用好用足国家减免税优惠政策。全年共审批减免税总货值93.8亿美元，同比增长2%；减免税合计95.2亿元，同比增长1%。

（杨　帆）

【统计分析职能有效发挥】不断优化海关统计口径，提高统计分析质量。全年累计向总署报送《监测预警报告》150篇次，其中多篇获得总署要情以及中办、国办采用。向北京市委、市政府领导报送《统计专报》等报告17篇，其中多篇分析报告获得市政府领导批示肯定。

（杨　帆）

【“五大战役”打私行动成效显著】2015年共结处刑事案件21起，涉嫌案值4816.3万元；结处行政案件950起，案值81660万元。查获走私象牙制品、玳瑁、熊胆等167.17千克，收缴各类毒品4608.7克；同时，深入开展打击走私综合治理，针对疫区牛肉走私、电子产品走私、骗取出口退税等开展多部门集中整治、联合打击，取得良好成效。

（杨　帆）

【侵权货物扣留数量同比增长51%】深入贯彻海关总署及北京市政府关于开展维护中国制造海外形象的“清风”行动工作部署，精准打击侵权进出口行为，切实维护权利人和公众的合法权益。2015年共扣留侵权嫌疑货物6372批次，同比增长51%。扣留货物数量共计1.4万余件，涉及50余个国家和地区，合计保护知识产权权利110余项。

（杨　帆）

【受理业务咨询同比增长24.5%】继续通过12360服务热线、互联网咨询等方式向关区进出口企业和管理相对人提供及时、准确的咨询服务，充分发挥北京海关12360政务微博的平台作用，拓宽海关与社会的沟通渠道。全年共受理各类业务咨询6.1万条，同比增长24.5%，即时答复率达到99.8%，回访满意率为100%。

（杨　帆）

2015 年北京海关主要业务情况一览表

序　号	项　目	数　额	比 2013 年同期增减（%）
1	监管进出口货物总值（亿元）	5414.2	−2.8
2	监管进出口货运量（万吨）	4406.0	108.6
3	验放出入境人员物品（万人次）	2086.9	9.0
4	监管印刷品、音像制品（万件）	1907.7	−64.2
	监管进出口快件（万件）	2712.4	46.4
4	结处刑事案件（起）	21	−50.0
	案值（万元）	4816.3	−95.9
6	结处行政案件（起）	950	−31
	案值（万元）	81660.0	5.4
7	征税入库总金额（亿元）	590.9	−1.1
	其中：关税税款（亿元）	110.4	−2.1
	代征税款（亿元）	480.5	−0.9
8	审批减免税总货值（亿美元）	93.8	2.1
	审批减免税总金额（亿元）	95.2	1.1
9	备案加工贸易电子手册总金额（不含 E 账册，亿美元）	34.7	−53.9

（杨　帆）

2015 年北京地区进出口总值一览表

项　目	价值（万亿元人民币）	比 2014 年增减（%）
进出口总值	1.98	−22.3
出口总值	0.34	−11.3
进口总值	1.64	−24.2
出口差额（+出大于进；−进大于出）	−1.30	−26.9

（杨　帆）

名　录

单位名称：北京海关　　电　话：85736789

法人代表：高融昆　　传　真：85736080

通讯地址：北京市朝阳区光华路甲 10 号　　网　址：beijing. custom. gov. cn

邮政编码：100026

（杨　帆）

北京出入境检验检疫局

基本职能

中华人民共和国北京出入境检验检疫局（以下简称“北京检验检疫局”）是国家质量监督检验检疫总局设在北京并授权依法管理北京地区出入境检验检疫工作的行政执法机关和涉外经济监督部门。

机构概况

目前北京检验检疫局机关内设17个处室及三个派驻纪检组，主要业务处室有：通关业务处、卫生检疫监管处、动植物检疫监管处、食品安全监管处、检验监管处、认证监管处。并根据工作需要分别设立了首都机场出入境检验检疫局、丰台出入境检验检疫局、北京经济技术开发区出入境检验检疫局、顺义出入境检验检疫局、通州出入境检验检疫局、海淀出入境检验检疫局、北京西站出入境检验检疫局、北京朝阳出入境检验检疫局、国际展览检验检疫办事处、平谷办事处、天竺综合保税区办事处、中关村办事处、邮件办事处、特种检疫办事处。下属有检验检疫技术中心、国际旅行卫生保健中心、机关服务中心、动物隔离场、北京出入境检验检疫协会等技术检测和服务单位，配合行政执法的需要，形成了全方位的出入境检验检疫监督管理体系。

业务工作

【概况】截至2015年12月31日，北京检验检疫局共检验检疫出入境货物18.96万批次，同比减少5.25%；货值123.03亿美元，同比减少16.89%。其中出境1.67万批次，同比减少13.54%；货值10.80亿美元，同比减少29.05%。入境17.29万批次，同比减少4.36%；货值112.23亿美元，同比减少15.50%。

共查验出入境人员2401.08万人次，出入境航空器12.20万架次，出入境国际列车366车次，查验入境集装箱4.12万标箱。签发各种原产地证书4.09万份，累计为北京地区出口企业减免进口国关税8241万美元，免收货物检验检疫费4418万元。

（唐茜茜）

【完善传染病疫情防控体系】北京检验检疫局加强对埃博拉出血热、中东呼吸综合征、脊髓灰质炎等传染病疫情防控，改变以往主要依靠入境排查模式，通过采取从严防控重点航班、从严落实防控措施、从严实施交通工具查验和卫生处理、从严排查有症状人员、切实加强与相关部门沟通合作、切实加强防控人员调配和物资储备、切实加强防控检测技术支持、切实加强疫情防控对外宣传等八项措施，构筑了涵盖境外、空中、列车、口岸和境内的立体化传染病疫情防控体系。全年，共转运埃博拉出血热留观人员40例，居全国口岸之首；发现来自中东呼吸综合征疫区有症状人员46人。率先研发国境口岸入境人员检验检疫信息采集系统，并首次与京九直通车沿线五个直属检验检疫局（河北、河南、湖北、湖南、广东）联合开展随车检疫。

（唐茜茜）

【加强动植物疫病疫情监测】2015 年，北京检验检疫局共截获进境植物有害生物 250 种 2140 种次，同比分别增长 35.14%和 29.93%。其中，截获检疫性有害生物 22 种 439 种次，同比种类增长 29.41%、种次下降 1.35%。从智利进口羊驼中检出牛病毒性腹泻抗原阳性 6 头，Q 热抗体阳性 3 头；从澳大利亚进口奶牛中检出副结核病抗体阳性 2 头。上述动物均做扑杀销毁处理。

借助“一机双屏”、增加查验设施等手段，实现了工作时间内对所有查验场地的进境邮寄物全过机查验。2015 年邮检截获禁止进境物 3410 批次，其中动植物及其产品 3029 批次，是 2014 年的 6.1 倍。众多截获物品中包括外来生物箭毒蛙、多肉植物及活体昆虫等高风险物品。

（唐茜茜）

【助推京津冀一体化，实施“三通”“两直”】北京检验检疫局制订《北京出入境检验检疫局全面推广“通报通检通放”工作方案》，并在门户网站下发《关于在北京地区全面推广“通报通检通放”工作模式的通知》。通过系统改造升级和流程再造，对检验检疫风险程度较低的入境货物，按照高信用等级报检企业的需求，自主选择目的地机构报检并查验和口岸机构报检目的地机构查验两种模式，实现“就近申报、就近检验、就近取证”。北京辖区内高信用等级报检企业在出口货物时，经检验检疫合格，可以自主选择辖区机构或口岸机构领取检验检疫证单。实施“三通”突破了传统的口岸申报—转单辖区的工作模式，变“单选”为“可选”，解决了北京辖区内转单时间长、企业两头跑的难题，为企业节约了库存成本。

“两直”即出口直放和进口直通。对区域内生产的出口货物（散装商品、危险化学品及其包装等少数商品除外），经产地检验检疫合格后，除按产地局要求进行必要的风险监控措施外，天津口岸不再进行查验，直接出具“通关单”。对符合条件的出口企业，与海关联合实施无纸化通关，产地检验检疫机构直接将电子通关单数据发送至口岸海关，企业无需办理口岸换证手续，实现口岸“零等待、零成本”。对进口货物，通过改进已有电子转检系统，在京津两地率先实施进口直通，对清单外的货物，在天津口岸实施必要的检疫处理后，企业可直接向北京辖区的各检验检疫机构报检，进一步缩短口岸滞留时间，京津两地转检信息传递由 1～2 天缩短至 1 小时内。2015 年 3 月在京津进口直通的基础上，将该模式复制到河北，之后又将“两直”模式延伸至山西。

（唐茜茜）

【完善“中关村模式”，扶持生物医药产业发展】2015 年 12 月，进境动植物源性生物材料和特殊物品监管“中关村模式”获质检总局年度“质检创新”奖。“中关村模式”主要包括两方面改革内容：一是对进境生物材料监管改革，二是构建特殊物品创新全流程一体化监管模式。

进境生物材料监管改革主要包括“简、免、放、助”四方面内容。“简”，即对 24 大类动植物生物材料开展授权审批，审批由 2 级 6 个环节，缩减为 1 级 2 个环节，时限由 20 个工作日缩短为 3 个工作日，许可证有效期延长至 12 个月，并准许核销；“免”，即对 4 大国际细胞库和 8 大类动物诊断试剂实施审批免办，减免进境动物诊断试剂、四级风险产品和指定细胞库细胞系的输出国官方卫生证书要求；“放”，即京津冀三地在国内首次开展SPF动物遗传物质准入，放宽进境SPF鼠隔离检疫要求；“助”，即构建服务平台，量身打造了一次报检、一次查验、一次放行的“一站式服务”绿色平台，实施信息化监管。

构建特殊物品创新全流程一体化监管模式主要包括以下内容：一是构建特殊物品全流程监管一体化平台，开展高风险产品集中查验、低风险产品远程查验，从报检到放行最快仅6.5小时；二是实施审批单无纸化，实行“一次审批，多次核销”，审批时限由20个工作日缩短至3～5个工作日；三是对入境高风险血液、含血液质控品和人体组织等特殊物品开展风险评估。

2015年12月18日，全国首家“一站式”特殊物品及生物材料进出口公共服务平台——中关村生命科学联合创新服务中心正式启动运行。

（唐茜茜）

【加强跨境电子商务监管】2015年，北京检验检疫局制订《北京地区跨境电子商务检验检疫申报与放行管理规范（试行）》《特殊监管区个人自购物品入境检验检疫监管措施》，对跨境电子商务入境产品实行便利备案、便利申报、便利放行。对综保区“保税备货”的跨境电商物品比照个人境外自购物品实施检验检疫。通过降低查验比例，支持国际快件中心、北京中邮物流监管中心开展跨境电子商务业务。完成“北京跨境电子商务公共信息平台”与北京检验检疫局业务系统对接。

（唐茜茜）

【推出原产地签证便利措施】2015年，北京检验检疫局推出“3221”便利签证措施，即“三简化、两定制、两自主、一取消”。“三简化”指简化登记手续、简化随附材料、简化产品调查；“两定制”指根据企业需求，定制宣传培训服务，定制优惠便利措施；“两自主”指自主选择签证地点，自主选择申办企业；“一取消”指取消定期年审。采用无纸化申报，以报检电子数据替代纸质化单据，实现网络化操作，企业签证成本降低80%，同时签证时间缩短50%。向北京市政府报送的《北京出入境检验检疫局关于报送利用自由贸易协定促进外贸出口情况的报告》获北京市副市长程红批示。

（唐茜茜）

【促进首都经济增长】2015年5月，北京检验检疫局从深化监管模式改革、推进行政审批制度改革、服务首都特色经济、推广自贸区成功经验、营造良好外贸环境及规范收费行为六方面入手，出台十七项发挥职能作用、促进经济稳定增长的具体措施，着重推进会展业、跨境电商、生鲜食品及农产品、全球维修再制造和第三方检验鉴定机构采信等领域发展，促进服务业扩大开放。

（唐茜茜）

【深化食品、化妆品监管模式改革】北京检验检疫局印发《北京出入境检验检疫局出口食品及进口化妆品风险分类监管便利化措施实施方案（试行）》。对出口食品实施验证放行、抽样放行、监管放行模式。对进口化妆品，分类实施验证放行、抽样放行、监管放行、加严检验模式。

在生鲜食品监管方面，印发《生鲜食品类快速消费品进口检验检疫监管便利化措施实施方案（试行）》。通过延伸进口生鲜快消食品检验监管链条，建立覆盖进口前、进口时、进口后的全过程监管体系，实现口岸功能的前伸后移，压缩进口货物在口岸检验检疫流程时限，冰鲜水产品、保鲜蔬菜、巴氏消毒乳等生鲜食品最短1天、最长5天即可通关。

（唐茜茜）

【完善进出口工业品检验监管】北京检验检疫局开展危险化学品及其包装质量安全专项督查工作，共发现涉及危险化学品相关企业的问题8类，检验监管工作相关问题5类，对99家危险化学品企业逐一下发排查情况通报。通过优化工作流程、创新监管模式，制订专门作业指导书，引入第三方机构开展出口成品油监装监卸、重量鉴定、适载性检验，建立“出口成品油电子监管系统”四种方式，加强出口成品油检验监管。

（唐茜茜）

2015 年北京地区部分出入境法检商品质量情况一览表

项目		检验批次	批次合格率（%）	合格率比上年增减（%）
总计	出境	16692	99.80	0.81
	入境	172944	97.92	0.61
出境	动物及产品	2616	99.96	0.81
	植物及产品	1986	99.80	1.10
	食品及化妆品	5980	99.85	0.30
	纺织品	55	96.36	−1.34
	轻工品	2951	99.97	0.72
	矿产品	88	100.00	0.94
	金属及制品	169	98.22	1.12
	化工品	809	99.51	0.89
	机电产品	654	98.78	1.65
	特殊物品	2202	99.91	0.82
	其他货物	44	100.00	2.38
入境	动物及产品	13691	98.65	0.41
	植物及产品	7008	94.12	−1.03
	食品及化妆品	19864	94.01	3.73
	纺织品	7008	91.74	−0.73
	轻工品	7446	98.68	−0.01
	矿产品	690	100.00	0.96
	金属及制品	2741	99.60	0.25
	化工品	17218	99.67	0.31
	机电产品	105186	99.04	0.36
	特殊物品	8689	99.14	0.24
	其他货物	198	100.00	0.00

（唐茜茜）

名　　录

单位名称：北京出入境检验检疫局

局　　长：刘德平

通讯地址：北京市朝阳区甜水园街 6 号

邮政编码：100026

电　　话：58619900

传　　真：58619014

网　　址：www.bjciq.gov.cn

电子信箱：fazhi@bjciq.gov.cn

（唐茜茜）

第五部分
开发区、各区商务

北京经济技术开发区

概　　况

2015年，北京经济技术开发区（以下简称开发区）地区生产总值首次跨入千亿级大关，达到1081.4亿元，增长8.9%，增速比全市高2个百分点。2015年完成工业投资184亿元，同比增长26.4%，占投资总量的46.3%。开发区新批企业投资总额192.6亿美元，同比增长26%，内资投资总额增长1.4倍。2015年，开发区社会消费品零售额354.5亿元。

（刘夏阳）

商业流通

【商业综合体运营平稳】城乡世纪广场6月18日开业；华联力宝运营稳定。

（刘夏阳）

【电子商务企业发展趋势显著】京东商城顺利入驻开发区。

（刘夏阳）

【商业安全生产】企业安全生产监管和市场秩序整治力度进一步加大。通过完善制度、落实措施、建立机制、监督整改等方法确保了安全生产。

（刘夏阳）

【强化安全检查，重在消除安全隐患】为切实发现和解决企业存在的安全隐患，每半年联合消防、安监、卫生等部门对所有企业进行一次拉网式检查，完善档案管理的“两本帐”；每季度分行业进行一次集中的安全隐患整治；每月对重点企业和重点部位进行一次定点检查，对存在一般问题的现场整改，对存在较大问题的限期整改，并每天一查，对存在重大安全隐患的停业整改，定人定点监督整改。

（刘夏阳）

对外经贸

【货物进出口总额】2015年，开发区完成货物进出口146.6亿美元。其中完成出口总额52.6亿美元，完成进口94亿美元。

（刘夏阳）

【利用外资】2015年，开发区新批企业投资总额192.6亿美元，同比增长26%。

（刘夏阳）

【加工贸易审批】2015年审批加工贸易企业23家，批准证份数为145份。进出口金额总计42.5亿美元，同比下降35%。

（刘夏阳）

【召开企业座谈会推动企业出口增长】10月13－14日，开发区按照程红副市长专题会部署，组织重点进出口前10家及电商企业召开座谈会，传达会议精神，了解企业2015年进出口情况及问题，并对四季度和全年进出口形势进行预测分析。其中，出口前10家企业1－8月份完成出口额22.8亿美元，占全区比重68.1%，6家是高新技术企业。10月16日，开发区配合市商务委组织召开钟山副部长调研外贸工作座谈会，并提出支持电商企业在北京开展跨境出口业务、医疗企业开展大型医疗设备维修业务的建议。

（刘夏阳）

名　　录

单位名称：北京经济技术开发区商务局
局　　长：刘　力
地　　址：北京经济技术开发区荣华中路15号
邮政编码：100176
电　　话：67887165
传　　真：67881476
网　　址：www.bda.gov.cn

（刘夏阳）

北京天竺综合保税区

概　　况

北京天竺综合保税区（以下简称天竺综保区）于2008年7月23日获得国务院批复（国函〔2008〕64号），2009年7月28日正式通过海关总署等国家10部委联合验收，成为全国首家依托空港口岸设立的综合保税区。

天竺综保区是促进首都经济又好又快发展的重要阵地，是完善城市功能，提升首都四个服务水平的重要战略性基础设施，是扩大对外开放、提升外向型经济发展水平的重要平台，是优化发展环境、壮大总部经济的重要机遇，是提高通关效率、提升为企业服务水平的重要措施。

（刘昕琪、王晓彤）

经济指标

2015年，天竺综保区实现货物进出口总值780.9亿美元；完成关税及代征税387.9亿元；其中，保税功能区实现进出口总值49.9亿美元。首都国际机场整车口岸进口空运一般贸易整车549辆，同比增长2.6倍。

（刘昕琪、王晓彤）

投资环境

【地理位置优越】天竺综保区位于北京东北方向，与首都机场实现无缝对接，距离市区15公里，距天津港160公里，往来北京城区、天津港口、环渤海地区顺畅便捷，周边交通路网发达，包括机场高速1号线和2号线、机场北线、六环、京承等6条高速公路；101国道、顺平快速路、顺通快速路、机场辅路等4条市级公路；机场及M15城市轻轨2条，具有得天独厚的区位优势。

（刘昕琪、王晓彤）

【区港一体化】天竺综保区与首都国际机场口岸无缝对接，真正实现了区港一体化。北京海关创新推行“先入区后报关”的“直通式分拨”模式；北京国检局突破性地开展进口货物“集中报检、集中查验、分批核销、后续监管”的查验模式；货物通关时间缩短至2至6小时，最快只需30分钟，通关速度在全国海关特殊监管区域中首屈一指。

（刘昕琪、王晓彤）

【国家对外文化贸易基地】国家对外文化贸易基地（北京）是我国北方地区唯一、全国仅有的三个国家级对外文化贸易基地之一。其战略定位是成为首都文化创意产业功能区的示范区、国家对外文化贸易体制的创新实验区、国际化文化贸易市场、中国文化“走出去”的能力培养区。发展目标是成为集文化贸易口岸、协同创新平台、企业集群式发展于一体的国家级对外文化贸易基地。

（刘昕琪、王晓彤）

【汽车整车进口口岸】首都国际机场汽车整车进口口岸是全国首个依托空港型综合

保税区设立的汽车口岸。汽车整车进口口岸的投入运营满足了在京各国驻华使馆、跨国公司总部、汽车经销商及消费者在内的进口汽车整车的需求，是北京优化经济发展环境，提高贸易便利化的重要举措。

（刘昕琪、王晓彤）

招商引资

2015 年，新引进入区项目 57 个。其中，跨境电商企业呈现初步聚集态势，林德物流、日上免税行、聚优澳品等一批跨境电商企业均在区内设立公司开展跨境电商业务。中航租赁、南车投资基金等新型金融业态企业增势明显。三浦灵狐、世纪新峰等文化贸易类企业入驻国家对外文化贸易基地，北京国际科技贸易基地顺利揭牌，园区贸易服务平台得到进一步完善。截至 2015 年年底，天竺综保区已经形成了航空、医药、文化、金融四大特色为主的产业格局，四类企业的营业额占到总量的 60%。医药进口量已占全国的 15%，航材进出口量占到全国的 12%。跨境电子商务、保税拍卖、云计算等新兴产业发展良好，实现了从出口加工向服务贸易为主导的转型升级，服务贸易营业收入所占比重达 90%。

（刘昕琪、王晓彤）

发展亮点

【创新跨境电商运营模式】林德、日上免税行、诚商网、聚优澳品等电商企业落户天竺综保区，德国商品保税展示店于 5 月 21 日开业，由北京林德帕希姆经济技术合作有限公司运营，与帕希姆保税网上商城相配合，采取线下保税仓储、展示体验结合线上销售的 O2O 模式（即 Online To Offline），正成为北京跨境电子商务发展的新特色，这种商业模式在华北地区尚属首例，在全国也具有较强的示范效应。

12 月，北京首家大洋洲进口商品保税展示店在天竺综保区开业。大洋洲进口商品保税展示店由聚优澳品（北京）供应链管理有限公司运营，采取“境外备货＋保税展示＋网上直购＋空运直邮”的 O2O 跨境电子商务模式。展示店 100%自营，无其他加盟商和渠道商，保证大洋洲直采、原产、正品。商品涉及母婴用品、日化品、羊毛制品、保健品、奶制品、中小食品、红酒及水果生鲜等多个品类，贴近中国消费者日常需求。

（刘昕琪、王晓彤）

【推动与临空经济核心区融合创新发展】推动出台《北京市顺义区人民政府关于推动北京天竺综合保税区与北京临空经济核心区融合创新发展的实施意见》（顺政发〔2015〕45 号），该意见共涉及产业、规划、功能等五个方面，20 项具体工作任务，为推动与临空经济核心区的融合发展奠定了坚实基础。

（刘昕琪、王晓彤）

【北京国际科技贸易基地揭牌】4 月，北京国际科技贸易基地举行揭牌仪式。该基地以天竺综保区特有的功能政策平台为基础，整合科技政策、资源，着力打造口岸、研发、贸易三大板块。口岸板块重点建设服务外包、高新技术综合进出口、中国高新技术及装备出口口岸；研发板块鼓励发展电子信息技术、生物医药等产品和服务的保税加工，建设高科技产品服务全球的检测维修中心；贸易板块利用国际、国内两个市场，提供全球高新技术产品的展览展示交易服务，探索中国技术新产品（服务）应用推广。

（刘昕琪、王晓彤）

【进境食用水生动物指定口岸通过验收】 9月，北京天竺综保区进境食用水生动物指定口岸顺利通过国家质量监督检验检疫总局专家组考核验收，将为北京市开展相关产品进口业务搭建起一条绿色通道，有利于提高入境速度、降低进口成本、保证产品安全。验收通过后，口岸将快速突破年进口量5千吨、进口额1亿美元的水平，有望成为华北地区高档进口食用水生动物产品集散地，进而拉动物流、贸易等相关产业的发展。

（刘昕琪、王晓彤）

名　录

单位名称：北京天竺综合保税区管理委员会（正局级）

党组书记、主任：高　朋

党组副书记、常务副主任：林向阳

副 主 任：庄　杰、李燕凌、杭金亮

委　　员：吴耀新、张爱冬

地　　址：北京市顺义区金航中路1号院2号楼

电　　话：69478686

邮　　编：101300

网　　址：http://www.bjftz.gov.cn/

（刘昕琪、王晓彤）

东城区

概　　况

2015年，东城区商务委围绕推进京津冀协同发展的战略部署，以非首都功能疏解和低端业态升级为重点，推动商品交易市场疏解外迁和生活性服务业品质提升。全年关停6家市场，疏解商户2500户，疏解人口5000人，腾退市场面积15万平方米。摸清全区生活性服务业底数，拟定《东城区生活性服务业品质提升三年行动计划》及各街道生活性服务业配置规划。举办年货购物季、美食体验季、金秋购物季、双十一线上营销、岁末购物周等促销活动，推动“百年商贾 悠购世界”东城商业品牌建设。2月，“悠购东城”智慧商务平台正式发布。5月，出台《北京市东城区促进老字号发展实施意见》。全年实现社会消费品零售额985.9亿元，同比增长7.9%。完成66家规模以上企业安全生产标准化达标工作，占全区总指标的16.5%。

（贺蔚蔚）

商业流通

【举办2015东城年货购物季】2月8日至18日，支持区商联会举办以“悠办年货，聚惠新春”为主题的2015东城年货购物季。数字东城网站开辟洋年货专区，举办“洋洋得意一洋年货评选”活动；红桥特色商业街区举办“APEC瓷公开展暨国宴汉光瓷首博捐赠纪念版发行仪式”“景德镇学院教授作品展”等精彩展览；百货大楼推出“年货大放送”活动；北京apm推出“温馨贺卡，送祝福”活动；工美大厦推出“喜气洋洋迎羊年”活动；天雅珠宝城推出“心有千千结 旧貌换新颜”活动；新中国儿童用品商店推出新年促销活动。

（贺蔚蔚）

【举办2015东城美食体验季】6月1日至8月13日，举办2015东城美食体验季——夏日美食“惠”东城活动。包括转发有礼、免单体验、试吃、光盘行动、看图猜名等活动，人民网、北京电视台、中国新闻网等十余家媒体对活动进行报道。活动期间，移动端参与用户2740208人，其中月活跃用户41918人，人均浏览量2.89次。餐饮业基本保持2.5%左右的增速，好于2014年同期1.1%左右的增速。

（贺蔚蔚）

【举办2015东城金秋购物季】9月21日至10月31日，举办以“金秋大悦宾，实惠在东城”为主题的2015东城金秋购物季。参与商家包括7家老字号：稻香村、便宜坊、东来顺、月盛斋、全聚德、东单菜市场、中国照相馆；7家商场：百货大楼、金宝汇、崇文门国瑞城、崇文门新世界、北京APM、东直门银座、来福士商场；3条商街：王府井、红桥、南新仓。开展商家促销、老字号东单菜市场开业、重阳节敬老O2O活动、微博微信互动、“老字号+名特优”进社区等五项活动，增加支付宝与微信支付模式。10月，综合零售业实现销售收入54.3亿元，增速比上月提高0.8个百分点。

（贺蔚蔚）

【举办东城双十一O2O营销节】 11月9至11日，举办2015双十一营销活动。延续多平台整合模式，加入老字号自有电商平台，如王府井网上商城、东单菜市场悠惠生活馆等，开展老字号品牌促销、商场线上平台推广、微信微博转发推广等活动。活动期间，老字号企业销售情况良好，盛锡福销售收入增长13%，吴裕泰、同升和增长30%左右，稻香村增长371%。

（贺蔚蔚）

【举办2015东城岁末购物周】 12月24日至2016年1月1日，举办2015东城岁末购物周。活动汇集王府井、崇外、东直门、前门等各大商圈、地区的40余家老字号、餐饮品牌、商场、娱乐休闲机构，举办70余项促销活动。通过东城智慧商务综合服务平台、东城区商联会微博、东城区老字号协会微信平台等自有平台发起4个活动，分别为点亮东城、转发好礼、不要霾只要买和爱心商家评选。本次购物周活动有两个特点：一是紧密结合互联网，尤其是老字号企业，通过线上带动线下销售，在促销同时提升品牌影响力。活动期间，便宜坊在百度糯米团购收入达113753元，有716人参与团购。二是秉承公益理念，将防霾环保、绿色出行等社会责任观念融入活动中。

（贺蔚蔚）

【商品交易市场腾退进展明显】 全年关停6家市场，占全区市场总数的15%。包括红桥天乐玩具市场、红桥天环商品交易市场、东环里小商品市场3家小商品市场和大众彩虹菜市场、望兴隆菜市场、钟楼菜市场3家菜市场。全力推进区域性专业市场批发、仓储、物流等非首都功能疏解外迁，全年疏解商户2500户，疏解人口5000人，腾退市场面积15万平方米。

（贺蔚蔚）

【优化生活性服务业网点布局】 全年新建崇远万家便民菜店16家，总数达到50家；升级改造规范化社区菜市场3家；新建或改造规范早餐固定门店8家、搭载早餐服务便利店48家；社区商业连锁化率达到36.3%。

（贺蔚蔚）

【摸清生活性服务业底数】 全区现存生活性服务业网点6013个，实体经营网点5345个（不含代收代缴668个），总营业面积超过62.8万平方米，占全区商业总面积的19.3%，平均千人拥有生活性服务业网点6.6个，营业面积693平方米。

（贺蔚蔚）

【老字号进社区】 10月30日上午，“北京知名品牌进社区暨首届东城老字号进社区”活动在和平里街道兴化社区举行。活动由北京市商务委员会和东城区商务委员会指导，北京品牌协会、北京商报、东城区工商联和东城区老字号协会主办，同升和、吴裕泰等东城知名老字号企业，黑龙江、新疆、湖北、河北等地名优特产企业，以及社区O2O服务知名企业参加活动。“北京知名品牌进社区暨首届东城老字号进社区”活动第二站在朝阳门街道举行。

（贺蔚蔚）

【加大行业监管】 全年出动检查人员1699人次，累计检查企业789家次。实施行政处罚3起，受理12312商务举报投诉

136件，完成酒类经营者备案登记263家，推广酒类随附单24.2万份，保障区域商务环境优化。

（贺蔚蔚）

【典当行业规模扩大】全区有经批准注册的典当法人单位45家，分支机构14家，实收注册资本17.83亿元，全行业资产总额28.15亿元，全年典当总额157.98亿元。

（贺蔚蔚）

【企业集中办公区运行平稳】崇文商务大厦企业集中办公区全年审批新入驻企业28家，清理、清退企业669家。截至2015年年底，有注册企业482家，注册资金189.4亿元，税收金额3.64亿元。

（贺蔚蔚）

【会展助力企业发展】3月17日，区商务委举办东城区首个“会展助力企业发展”主题交流活动，副区长王中华、市商务委商务服务业发展协调处处长林丛军出席，区会展业、区商联会、国际商会东城商会、贸促会东城支会、东城外商投资企业协会、东城区老字号协会及集中办公区的百余家企业参加活动。

（贺蔚蔚）

对外经贸

【概况】东城区对外经贸工作由区商务委主管。年内，新设外商投资企业71家，其中合资16家，独资55家；实现合同外资7.14亿美元，同比下降50.3%；实际利用外资5.27亿美元，同比上升3.3%。全年货物进出口额139.65亿美元，同比下降7.46%。出口29.81亿美元，同比下降11.3%。

（贺蔚蔚）

【扶持外贸企业】年内，办理对外贸易经营者备案登记420件；兑现2014年度跨国公司地区总部补助和奖励资金1972.82万元；1204家企业通过2015年度外商投资企业年度经营信息联合报告；指导企业申报“双自主”企业资质，东城区“双自主”企业数量达57家；审批服务外包及软件进出口企业13家，执行合同37笔，金额1309万美元；完成中小企业国际市场开拓资金初审，涉及企业50家，项目102个，资金204万元。

（贺蔚蔚）

【宣传推介外贸企业】年内，组织华江文化发展有限公司、东方文化资产运营公司、大道信通科技发展有限公司等71家企业参加14场投资促进与政策宣讲活动。组织唐朝盛世科贸有限公司、北京东方金润科技有限公司参加第23届中国昆明进出口商品交易会。组织贝利可轻工进出口有限公司、北京鼎能开源电池科技有限公司等9家外贸企业参展第三届北京国际商品交易博览会。

（贺蔚蔚）

名　　录

单位名称：北京市东城区商务委员会
党组书记：刘　健
主　　任：刘　健
地　　址：北京市东城区永内东街中里13号
邮　　编：100050
电　　话：67079146
传　　真：67142224
网　　址：shwj. bjdch. gov. cn

（贺蔚蔚）

西城区

概　况

2015年，西城区商务委扎实做好稳增长、促改革、调结构、惠民生工作，通过“设立标准、建立机制、研究政策、搭建平台”的具体措施，在“深化改革、惠及民生、产业升级、促进消费、协同发展、安全有序”几大任务中，较好地完成了全年各项工作，商务运行保持平稳，主要指标稳中有进，行业发展稳中提质，为区域经济社会发展做出了积极贡献。全年实现社会消费品零售额912.6亿元，同比增长5.8%。新批外商投资企业35家，吸收合同外资32.96亿美元，实际利用外商直接投资5.1亿美元；实现货物进出口总额914.51亿美元，在北京市继续保持第二位，占全市货物进出口总额28.6%。建成广内北线阁百姓生活服务中心、月坛三里河百姓生活服务中心等10个百姓生活服务中心；新增和改造10家便民菜店；新增17家早餐规范店。

（柴晓虹、晁振安）

商业服务业

【编制“十三五”商贸服务业发展规划】年内，西城区商务委按照西城区“十三五”规划编制工作总体部署，由主管区领导牵头，开展《西城区“十三五”时期商贸服务业发展规划》的研究编制工作。完成规划前期研究课题《“十三五”时期西城区商贸发展的思路与措施研究》和专项规划《西城区“十三五”时期商贸服务业发展规划》的编制工作。

（柴晓虹、晁振安）

【举办2015北京西单时尚节】6月10日至8月31日，按照“政府支持，协会主办，企业主体，文商旅融合发展”总体思路，由西城区商业联合会、西单商会主办“2015北京西单时尚节”。活动围绕“时尚、文化、品质、生活”核心主题，通过举办时尚讯息发布、时尚文化展示、时尚美食推广、文化之旅体验、文化惠民进社区等六大板块，20多项主题系列活动，展现西城商业良好的企业形象和社会责任，提升时尚节活动的文化内涵和品牌影响力，促进区域消费增长。活动期间在平面媒体、网络媒体、电台、新浪微博、腾讯微信五大平台发布各类信息，传播覆盖总人数超过千万人次，其中17家平面媒体发行总量为782.6万条；35家网络媒体页面浏览总量为323.8万次，微信总阅读数48.72万次，微博总阅读数12.82万次，微博总转评数3969次。

（邵自军、张锐军）

【举办2015“两展一会”】6月19至22日，“2015北京国际茶业展、2015北京马连道国际茶文化展、中国临沧天下茶尊茶业推介会”（简称“两展一会”）在北京展览馆和马连道举办。活动期间，共开展50多项丰富多彩的文化、商务与经贸活动，仅北京展览馆一地的观众就达75179人次，专业采购商21966人，现场成交额7715万元，达成合作意向611个，含意向成交在内的总成交额突破5.8亿元。前往马连道采购的市民达10余万人次，采购金额突破1亿元。“两展一会”有力地推动了国内外茶行业的高端研讨、文化交流、商务合作和品牌推广。

（章建平、李佳狄）

【举办香港未来之星活动】6月17、18日下午和8月26、27日下午，香港未来之星活动分两次以中国传统文化之旅——中国茶文化体验、世界冠军体验之旅以及古都北京之旅为主题在西城区马连道茶叶特色街、什刹海体校和首都博物馆举行，受到文化部、北京市港澳办及西城区委区政府的高度重视，首次被文化部列为“2015年全国对港澳文化交流重点支持项目”，推动香港地区青少年了解和认同祖国，成为香港地区青少年教育工作的重要形式。

（章建平、李佳狄）

【加强西城区生活性服务业体系建设】年内，西城区采取一系列措施加强生活性服务业体系建设。成立由区委书记、区长任组长，主管副区长任副组长的工作领导小组，决策重大问题，坚持区商务委综合协调，相关部门参与，街道主体负责的“区街两级联管”工作推进机制；编制《西城区生活性服务业空间布局规划》，明确业态配置和规划布局；制订《西城区生活性服务业基本业态建设规范》，清晰产业目标和建设要求；编制生活性服务业社区评估评价体系，结合社区参与协商治理模式，提高以群众需求为导向的生活性服务业监管与治理能力；制定《西城区生活性服务业资金管理办法》加大资金支持；出台系列配套措施，建设绿色通道，解决项目建设当中的疑难问题。

（王　健、戚秀艳）

【推动“菜篮子”工程建设】年内，继续推动连锁化、组织化、规模化蔬菜零售网点建设，西城区商务委与丰宁县人民政府签订了“菜篮子”工程建设战略合作协议，在加强产销对接合作、探索农畜产品零售终端新模式、打造丰宁农畜产品品牌、加强信息共享和信息化建设等四个方面开展合作；与区财政局共同制定出台《西城区菜篮子工程建设资金补助管理办法》，每年安排预算资金对菜篮子系统工程建设进行补助，重点扶持社区菜市场提升、流通新模式的便民菜店建设、“农超对接”、“农餐对接”、蔬菜配送中心改造建设、“菜篮子”信息化提升及发展电子商务项目等“菜篮子”系统工程建设项目；指导区“菜篮子”联合会开展生活性服务业品牌企业进社区活动，共走入30多个社区、机关、学校开展服务活动，近20家企业参与。

（王　健、谢　莉）

【重点期间安全保障情况】年内，西城区商务委在全国“两会”、“9.3”阅兵和田径世锦赛、党的十八届五中全会期间，召开重点企业安保负责人动员部署会，对规模以上商业企业及再生资源回收、菜市场、早点摊等相关领域进行安全检查，建立驻地周边200米和500米范围企业基础信息档案，督促重点企业开展隐患排查整改，重点期间未发生安全事故。

（马　前）

【安全生产月情况】西城区商务委在6月份“安全生产月”中开展各项活动10余项，参与全区安全生产宣传咨询日活动；组织重点企业和联组单位负责人近100人，进行相关安全生产知识业务培训；组织演讲比赛、多科目应急演练、观看应急处置演练教学片；结合落实《商务行业安全生产隐患排查整治工作方案》，多部门联合检查主要商业街区商业零售和餐饮经营单位安全生产情况；企业内部进行安全警示教育、全员岗位安全培训、安全生产隐患自查及各种宣教活动。

（马　前）

【举办第八届安全生产知识竞赛】年内，西城区商务委组织“西城区商务行业第八届安全生产知识竞赛”，360 多家企业和 45 个联组参加初赛、复赛。西单商场获一等奖，金源投资管理公司、帕米尔食府获二等奖，菜百公司、庄胜商场、金融街购物中心获三等奖。

（马　前）

【组织应急演练观摩】年内，西城区商务委在帕米尔食府、金融街购物中心举行应急处置演练，区相关部门人员到现场指导，40 余家重点餐饮企业现场观摩。2 次应急演练观摩科目有后厨油锅起火并扑救、人员疏散并救助、现场灭火器材实操。

（马　前）

【开展安全生产标准化达标评审】年内，西城区商务委推进商务行业企业安全生产标准化建设。组织辖区企业开展安全生产标准化专业培训，指派专人参与、监控评审达标全过程，深入各企业进行现场指导、培训、整改、评审，对评审中发现的隐患问题要求企业认真进行整改，严格把好审核结果关，确保达标质量。103 家企业完成 2015 年三级达标创建工作。配合市区安监局对 2014 年标准化三级达标企业进行抽样核查。

（马　前）

【组织对新修订的《安全生产法》的培训】年内，区商务委组织 200 余家规模以上商业企业安全生产负责人进行新修订的《安全生产法》培训，就新修订的《安全生产法》的修订背景、指导思想、对企业安全生产工作的指导规范意义进行讲解，用典型案例对新修订的《安全生产法》中的具体条款在实际工作中的运用做解释说明。

（马　前）

对外经济贸易

【利用外资情况】2015 年西城区新批外商投资企业 35 家，同比下降 18.6%；合同外资额 32.96 亿美元，同比增长 455.75%；实际利用外资 5.1 亿美元，同比增长 17.51%。

（章建平、郝家莹）

【货物进出口总额全市排名第二】年内，西城区货物进出口总额 914.51 亿美元，同比下降 20%，占全市进出口总额 28.6%，位居北京市第二。其中进口额 828.76 亿美元，同比下降 21.5%，出口额 85.75 亿美元，同比下降 1.4%。

（徐　聪、李佳狄）

【受理外贸进出口权备案登记情况】年内，西城区商务委受理对外贸易经营者备案登记 346 件。其中企业新备案 160 件，备案表变更 186 件。

（徐　聪、郭文志）

【加工贸易业务情况】年内，西城区商务委办理 5 件加工贸易业务，实现进出口料件总值 102.229 万美元。

（徐　聪、张贯中）

名　录

单位名称：北京市西城区商务委员会
党组书记：王　毅
主　　任：袁　利
地　　址：北京市西城区北滨河路9号
邮　　编：100055
电　　话：83509379
传　　真：68012342
邮　　箱：swfzghk@bjxch.gov.cn

（柴晓虹）

朝阳区

概　　况

2015年，朝阳区商务委积极适应经济发展“新常态”，进一步发挥和强化国际化优势，促进国际交往和区域合作，统筹推进消费市场、开放型经济、服务业发展，有效推动了商务经济提质增效。2015年实际利用外资93.4亿美元，货物进出口总额1262.6亿美元。

（张维民）

【促进消费增长】年内，在消费增长整体放缓的大背景下，通过创新消费模式、搭建消费平台、改善消费供给、强化消费支撑，促进区域消费增长。朝阳区全年累计实现社会消费品零售额2514.9亿元，同比增长5.8%，占全市的比重为24.3%，总量继续稳居全市首位。

（张维民）

【电子商务发展情况】年内，加大对电子商务的政策引导，加快电商企业引入，引进乐视电子商务（北京）有限公司等6家电商企业，支持京客隆等传统流通企业、社区商业开展电商业务，全年网上零售额同比增长179.3%。为电商企业搭建服务平台，组织辖区企业参加了2015中国电子商务博览会，58同城、蚂蜂窝、凤凰网、京华亿家、易观国际等11家电商及互联网企业参展，涵盖了品牌电商平台、电子商务解决方案供应商、网上支付电商、生活服务类电商、社区商业服务等领域。

（张维民）

【提升生活性服务业品质】年内，多举措提升生活性服务业品质。加强政策引导示范。研究制定了《朝阳蔬菜零售网络建设管理办法》，安排专项资金1000万元对连锁化农产品流通项目给予支持补贴，安排中小企业配套资金对中央、北京市支持的生活服务业项目给予配套支持。培育发展商业品牌。支持京客隆、全时365等企业发展社区便利店项目，引导七彩乐居、爱依世家、东方倍优等企业开展家庭和健康服务，培育弘朝伟业、志广易达、181便民服务站等5家农品零售龙头企业，支持金朝阳、惠民网等企业发展社区电子商务。完善社区服务网络。鼓励优质品牌企业连锁发展社区服务网点，实现便利店（超市）、早餐、菜店等基本服务在城市社区全覆盖。推动新一轮“早餐示范工程”建设，新建或改造标准化固定门店式早餐网点80个，新建或改造搭载早餐服务的便利店80个，改造主食加工配送中心4个。

（张维民）

【功能疏解情况】年内，疏解商品交易市场16家，共涉及经营面积6.2万平方米，摊位数3127个，从业人员1.3万人。其中，农副产品市场10家，非农副产品6家，完成全年任务目标。

（张维民）

【举办第十届朝阳国际美食文化节】5月28日，“2015北京国际美食汇、第四届北京餐饮文化促销季、华贸·第十届朝阳国际美食文化节”在朝阳区华贸中心开幕，活动持续至10月底。活动主题为“食源永续，健康的回馈”，重点聚焦食材源头追溯，关注食品安全保证。朝阳区饮食行业协会联合区内5个商业综合体、30余家知名品牌餐饮企业率先发起成立了市内首个餐饮服务行业自律联盟，承诺通过行业自律、政府和社会的共同监督，为消费者带来健康的美味。

（张维民）

【举办第八届北京朝阳时尚消费节】9月11日，由北京西餐业协会、朝阳区商业联合会共同主办，以“GO朝阳，够时尚”为主题的第八届北京朝阳时尚消费节暨第十一届北京西餐国际文化节在蓝色港湾正式启动。为期11天的文化节期间，两个重量级品牌“国际西餐文化节”和“朝阳时尚消费节”合二为一，为广大消费者带来20多个国家的美食、美酒，各国手工艺品、手工服饰、手工饰品和各类特色产品展卖，引领京城时尚消费。

（张维民）

【利用外资情况】年内，实际利用外资93.4亿美元，同比增长139.5%，占全市总量的71.9%。全区新设合同外资1000万美元以上大项目的企业共42家，累计合同外资金额90.30亿美元；合同外资增资1000万美元以上的企业65家，累计合同外资增资金额达到48.98亿美元。

（张维民）

【货物外贸进出口情况】年内，累计完成货物进出口总额1262.6亿美元，同比下降31.83%；其中，进口完成1117.9亿美元，同比下降34.07%；出口完成144.7亿美元，同比下降7.59%。三项指标均稳居全市第一。

（张维民）

【经贸交流情况】与国际组织和国际商会建立长效合作机制，深化经贸交流合作。年内，组织企业参加了国际绿色经济协会、中国巴基斯坦友好协会、巴基斯坦驻华使馆共同举办“丝绸之路—中巴经济走廊”国际合作培训研讨会，会上发布了与之配套的“IGEA丝路经济委员会”企业合作计划；推动“法兰克福中国文化之家”文化贸易平台建设，促进商务与文化融合发展；推进进口商品展示交易中心项目，开展中罗、中捷、中德等多国别商品分销对接会，增强进口商品集采与分销功能；召开“投资德国萨克森一安哈特州研究与创新驱动绿色经济投资推介会”，开拓进口商品销售渠道，搭建对外投资合作平台。

（张维民）

【促进商务服务业发展】年内，多措并举促进产业结构优化。一是加强市场资源配置。深入开展商务服务业企业调研，引导创新资源高效流动配置，在不断巩固法律、人力资源、管理咨询、会计、审计等传统重点商务服务业发展优势的同时，加强对融资租赁、信用评级等潜力行业的监测分析和沟通走访，促进优势产业高端聚集。二是促进重点产业发展。加强会展政策落地力度，发挥会展产业协会作用，强化各项服务职能，全年共引进了2015第十三届中国国际科学仪器及实验室装备展览会等55个国际高端展会入驻朝阳区。三是提升商务楼宇促进商务服务业发展。加强市级政策落实力度，推进商务楼宇升级改造，四惠大厦、国门大厦通过第三方评审核定，获得了奖励资金支持。

（张维民）

【总部经济发展情况】年内，在促进总部企业集聚的同时，引导鼓励总部企业提升能级。根据企业意愿和条件成熟度，有针对性地鼓励和引导符合条件的公司认定为地区总部。为驻区总部企业，特别是跨国公司地区总部做好相关服务保障工作，引导企业落户并逐步形成规模化和实体化的发展。新引进斯伦贝谢（中国）投资有限公司等20家总部企业；在既有的总部经济集聚优势基础上，提升了总部能级，提升源讯信息技术（中国）有限公司为跨国地区总部，跨国公司地区总部累计108家，占全市的七成。

（张维民）

【朝阳区总部企业联合会成立】8月21日，北京市朝阳区总部企业联合会正式成立。首批会员31家，业务范围涉及研讨培训、沟通交流、政策辅导、咨询服务、资源共享等。联合会平台将通过建立对话机制、优化投资环境、强化服务措施等方式，协助解决总部企业发展过程中的问题。同时，增强总部企业之间的信息沟通和产业合作，发挥总部企业对推动现代服务业、金融、文化创意、高新技术等产业发展的带动作用，实现总部企业的共赢。

（张维民）

名　　录

单位名称：北京市朝阳区商务委员会
主　　任：朱　晟
地　　址：北京市朝阳区日坛北街33号
邮政编码：100020
电　　话：65099185

（张维民）

海淀区

概 况

2015年，海淀区商务委加快提升城市服务业品质，引导传统生活配套商业向购物中心、大型连锁超市、电商等新型城市服务业转型；结合基础配套商业、社区商业中心和城市商业综合体的三位一体化思路进行科学谋划，提高城乡居民的生活便利度和消费满意度；大力促进总部经济发展，搭建服务贸易交易平台，推动服务外包产业走国际化与自主化道路，促进外贸转型升级。

（林榕晋）

商业服务业

【社会消费品零售额突破2000亿元大关】 2015年，海淀区实现社会消费品零售额2094.7亿元，同比增长6.8%，突破2000亿大关。

（于 敏）

【发布《关于促进电子商务发展的指导意见》】 4月1日，《关于促进电子商务发展的指导意见》（海政发〔2015〕5号）以区政府名义印发并实施。《意见》为推动海淀区电子商务又好又快发展，从进一步优化电子商务发展环境、促进网络零售规模化发展、拓宽电子商务应用领域、推动电子商务创新发展、完善电子商务支撑服务体系、加快电子商务专业服务发展等几个方面提出指导意见。

（于 敏）

【发布《关于促进末端物流发展的指导意见》】 4月8日，发布《关于促进末端物流发展的指导意见》（海政办发〔2015〕18号，以下简称《意见》）。《意见》结合海淀区产业布局和居民消费升级需求，提出了将末端物流发展重点确定为构建符合海淀区特点的两级末端配送节点体系：一级体系为配送中心，二级体系为末端配送网点，突出把送达消费者的末端物流体系建设作为规范重点，对于区域末端物流发展起到了很好的指导和促进作用。

（于 敏）

【中关村软件园被评为国家级电子商务示范基地】 7月6日，商务部研究决定，将中关村软件园列为第二批国家电子商务示范基地。海淀区首推中关村软件园为核心载体创建国家电子商务示范基地，着力发挥其龙头企业密集、服务体系完备、高端要素聚集的引擎作用，打造“一核三街多点”的电子商务创新生态圈。通过互动协同，增强创新创业孵化一条街、知识产权与标准化一条街、科技金融一条街对电子商务全方位创新的支撑能力，辐射带动小米科技园、清华科技园、中关村互联网金融中心等电子商务聚集区发展，进一步引导3W咖啡、创新工场、天使汇、36氪等创业孵化机构，加大对电子商务的投资力度，逐步形成创新引领、开放融合的电子商务发展新格局。

（于 敏）

【有形市场调整疏解工作成效明显】 2015年实际关停有形市场131家，其中商品交易市场36家、回收市场95家，涉及建筑面积（腾退空间）近 40 万平方米（其中违法建设面积近 7 万平方米），摊位数 6000 余个，涉及从业人员 3.5 万余人；调整提升商品交易市场 49 家（5 家转为关停），全面超额完成了年初台账任务。

（黑　煜）

【举办第十一届品牌消费节暨第七届绿色出行海淀体验会】“第十一届海淀品牌消费节暨第七届绿色出行海淀体验会”于 9 月 11 日隆重开幕，历时 36 天，由海淀区商业联合会主办，海淀区商务委员会支持，以“智慧海淀 幸福生活”为主题，通过主题促销、高端论坛等活动，提升海淀消费环境，打造消费热点，拉动区域零售额提升。

（黑　煜）

【举办第十三届中关村国际美食节】由海淀区商务委员会支持、海淀饮服行业协会主办的第十三届中关村国际美食节于 4 月 24 日在金源新燕莎 MALL 盛装开幕。开幕式上，为海淀区“十大文化主题餐厅”和“十佳纳税企业”进行了颁奖；超市发连锁和麦德龙超市分别与谷美餐饮和金丰餐饮进行了“餐超对接”的正式签约；现场餐饮企业员工表演了“中华厨艺绝活”。美食节以“文化引领转型·文明提升服务”为主题，通过整合社会餐饮资源，举办系列文化主题活动，在推动行业转型、促进大众消费、打造文明餐饮环境等方面取得了良好成效。

（黑　煜）

【海淀区“菜篮子”供应呈现新特点】据统计，2015 年海淀区共有固定蔬菜零售网点 601 个，蔬菜销售面积近 8 万平方米。蔬菜供应呈现出新特点：一是超市和便民菜店成为蔬菜供应的主力军。售菜超市和便民菜店网点分别达到 142 家和 282 家，占蔬菜零售网点比重的 70%，开办早市的超市，以及其中平价菜的占比都在逐步增加。二是配套商业回归，进一步完善售菜网点布局。住宅小区配套底商售菜网点逐渐增加，有效缓解了周边居民购菜难的问题，海淀置业管辖的配套商业设施中，已有 35 个网点通过回归商业服务功能开设了售菜区域。三是利用“互联网＋”平台不断丰富服务形式。引导和促进传统超市与电商进行线上线下资源的整合，翠微超市、华光超市与京东到家合作，为周边居民提供了更便捷优质的服务，超市发不仅开设了微店，还通过与小 e 到家合作有效扩大了实体店的辐射范围。

（曹　乐）

【海淀区第一届“品牌服务活动季”开幕】9 月 18 日，海淀区第一届“品牌服务活动季”在海淀区厂洼社区开幕。市商务委、区商务委、区民政局、紫竹院街道、北京品牌协会、北京商报社、海淀社区服务协会、海淀区商联会相关负责人出席。本次活动以“品牌进社区服务送万家”为主题，通过“名优品牌服务直通车”的形式，以“四送一办”（送知识、送方便，送实惠、送服务、办实事）为服务内容，整合名优商业品牌资源，陆续走访部分社区。

（曹　乐）

【发布《海淀区菜篮子工程三年行动计划（2016—2018 年）》】11 月 3 日，海淀区正式印发《海淀区菜篮子工程三年行动计划（2016—2018 年）》（海行规发〔2015〕5 号），根据全区社区、村及北部保障性住房的分布情况，按照平均每个社区、村都有一个规模售菜点的目标，明确相应的资金支持标准，力争到 2017 年年底，扶持售菜面积在 20 平方米以上零售网点500个，到2018年年底，扶持总数达到700个。通过大力整治非法违建市场、加快推进配套商业网点回归便民服务功能、切实保障新建小区售菜面积、不断完善现有社区供应体系、着力推进网点品质提升和积极探索零售模式创新等六方面重点工作措施，逐步形成以驻店经营为主、直通车进社区为辅、网上配送为补充的社区全覆盖蔬菜供应保障体系。

（曹　乐）

【开展菜篮子工程“蔬菜保供应、平价惠民生”活动】2015年11月起，海淀区商务委联合相关职能部门和各属地街镇，组织辖区各类蔬菜零售网点开展“海淀区菜篮子工程‘蔬菜保供应、平价惠民生’”活动，以“保基本、兜底线”为原则，全面保障冬季百姓菜篮子供应。参与商家做到菜价亲民，其中10种普通基础菜价格不高于北京市价格监测中心前日公布的零售价格，并统一在店内显著位置公示当日平均菜价。自活动启动以来，229个规范网点累计销售蔬菜6万余吨，其中平价菜品占比6成以上，价格普遍低于全市蔬菜零售平均指导价5%～10%。

（曹　乐）

【海淀区蔬菜联采联盟成立】12月，海淀区成立区域“蔬菜联采联盟”，通过组织辖区企业与优质蔬菜供应源头开展产销对接、基地联采等活动，从源头把控好菜品质量，实现安全可追溯。已和山东、内蒙古等地开展了合作对接，下一步将开发更多的优质蔬菜基地，建立和完善两个“1＋N”，形成常态化的优质资源共享机制，推进海淀区蔬菜供应体系建设，从源头把控品质，实现菜篮子供应“安全、平价、可追溯”的总体目标。（两个“1＋N”指前端“1个安全可追溯多品核心产区＋N个安全可追溯单品产区”保障供应安全，末端“1个联采平台＋N个零售网点”保障销售平价。）

（曹　乐）

【打击侵犯知识产权和制售假冒伪劣商品工作情况】2015年累计出动执法人员6039人次，从专利侵权、明码标价、商标侵权等多个方面展开执法检查，检查了各类经营主体36800户，查处侵权假冒案件590起，捣毁制假售假窝点4个，罚没款385.2万元。

（金维馨）

【商务领域综治维稳工作情况】海淀区商务委以“两会”、“抗日战争胜利70周年”纪念活动、十八届五中全会等重大活动的综治工作为契机，对企业进行不间断的排查。全年共出动检查人员近600人次，对300家企业实施了现场检查，消除了视频监控设备损坏、反恐维稳等隐患50余处，有力地维护了商业企业的安全稳定。

（金维馨）

【推动安全生产培训和标准化达标创建工作】全年组织了4期安全生产和新“安全生产法”培训会；组织了6期安全生产标准化评审推进会，动员、组织、督促、指导353家企业完成了安全生产标准化三级达标创建工作。

（金维馨）

【加强监管提升区域商务安全环境】年内，海淀区商务委综合执法所共检查区域内商业服业企业500余家，出动执法人员1600余人次。全年做出行政处罚4例，其中餐饮企业3家，食盐4例，总计处罚金额4.86万元。做好群众举报和信访工作，全年共完成预付卡投诉转办件160余件。

（王丽媛）

对外经济贸易

【概况】2015 年，新批外商投资企业 409 家。全区货物进出口总额 303.60 亿美元，同比减少 11.2%。其中进口总额 214.78 亿美元，同比减少 9.4%；出口总额 88.81 亿美元，同比减少 15.4%。吸引合同外资 78.59 亿美元，同比增长 140.86%；实际利用外资 13.02 亿美元，同比减少 18.69%。新增取得外贸经营权的企业 891 家，累计达到 11119 家。

（钟立庆）

【服务外包业务情况】完善服务外包与软件出口合同登记三级负责制的管理体系。年内，有 188 家企业进行离岸服务外包与软件出口业务登记。离岸外包收入 19.08 亿美元，同比下降 15.60%，占北京市的 42.41%；软件产品出口首次突破 1 亿美元，达到 10131 万美元，同比增长 108%。

（钟立庆）

【企业审批情况】年内，继续推进“一科制”审批，全年共接待咨询、业务办理 33067 人次，其中电话咨询 18661 人次；为 1143 家外商投资企业办理变更事项；审核加工贸易合同 69 个，合同变更 45 个；为 891 家企业办理对外贸易经营者备案登记手续；为 423 家酒类经营者办理备案登记；为 15 人次办理外商来华邀请函；为 7 家直销企业出具确认函。全年窗口服务“零”投诉。

（巩凌燕）

【举办第三届软件与信息服务国际企业对接会】举办第三届软件与信息服务国际企业对接会，以“跨界与融合——信息服务助推传统零售转型创新”为主题，邀请服务外包企业、零售行业买家、国际机构参会，促进企业合作；会议上启动了新一轮政企协共建，海淀区商务委、海淀服务外包企业协会与软通动力、博彦科技等 15 家重点企业代表完成签约，共建以提高产业人均附加值为核心，鼓励服务外包产业向“专业化、高端化、品牌化”方向发展。

（钟立庆）

【支持外贸稳定增长】为贯彻落实《国务院办公厅关于支持外贸稳定增长的若干意见》（国办发〔2014〕19 号），海淀区政府出台《海淀区支持外贸稳定增长工作方案（2015—2016）》，制定了完善管理与服务体系，优化外贸发展环境；加强政策资金引导，着力优化外贸结构；创新外贸服务方式，增强外贸企业竞争力等三方面的 10 项具体措施。

（钟立庆）

【开展商业保理试点】为鼓励和促进商业保理业的健康发展，根据《北京市商务委员会关于同意海淀区开展商业保理试点工作的批复》（京商务秩字〔2014〕20号）的要求，5月25日，海淀区商务委联合海淀园、金融办出台《海淀区商业保理管理办法（试行）》，正式开展试点工作，年内审批1家商业保理公司。

（钟立庆）

名　　录

单位名称：北京市海淀区商务委员会
主　　任：王　澎
地　　址：北京市海淀区四季青路 6 号招商大厦
邮　　编：100195
电　　话：88496768
传　　真：88496790
网　　址：hdsww.bjhd.gov.cn

（林榕晋）

丰台区

概　　况

2015年，丰台区商务委围绕“调结构、稳增长、促消费、提品质、惠民生”的工作主线，全面推动商品交易市场调整疏解、提高生活性服务业品质研究、国家电子商务示范基地创建等任务的开展，各项工作取得了较好进展。全年实现社会消费品零售额1007.3亿元，首次突破千亿大关，总量居全市第三位，同比增长7.5%，增速比2014年同期降低0.8个百分点。从规模来看，限额以上实现769.7亿元，增长6%；限额以下实现237.7亿元，增长12.5%。

（杨卫丽）

商业流通

【规划政策编制情况】根据丰台区“十三五”时期规划编制工作安排，研究编制了丰台区“十三五”时期商业服务业发展规划。围绕落实《北京市提升生活性服务业品质行动计划》，根据建设都市生活服务业创新示范区的发展思路，结合丰台区经济社会发展实际，制定了丰台区提高生活性服务业品质实施方案。

（杨卫丽）

【调整疏解商品交易市场】全年完成调整疏解各类商品交易市场86家，其中46家市场退出，11家市场转型升级成为电商、商贸公司或写字楼，29家市场完成提升改造。涉及土地面积约96.94万平方米、市场摊位数1.43万个、从业人员3.3万人。

（杨卫丽）

【推进便民商业体系建设】年内，新建便民菜店7家，蔬菜直销车新增服务社区31个，区域蔬菜零售网络体系不断完善。通过新建和升级改造固定早餐门店、鼓励便利店搭载早餐经营项目，完成51个规范化早餐网点的建设工作。引导社区便民商业服务体系向社区基本生活服务配套、社区多服务功能集成、社区商业新模式拓展等方向发展。推进以网上购物、物流配送、O2O等先进商业模式为主体的社区电商服务体系建设，农产品电商京港汇实体店落户马家堡西路，推动嗨啦社区、乐生活等O2O社区服务供应商与花乡、南苑乡新建回迁小区对接。

（杨卫丽）

【加快高端商业项目建设】年内，宝苑国际、永旺梦乐城、首开福茂、悦秀城等大型商业设施开业运营，总面积52.3万平方米，数量和面积均居城六区首位。新开业商业设施均为购物中心，进一步提升了丰台区商业品质。

（杨卫丽）

【申报成功第二批国家电子商务示范基地】7月13日，经商务部正式确认，以丰台科技园区作为申报主体，成为全国66个申报成功的基地之一。明确了从电商发展体系建设、机构框架、政策研究、空间环境、电商化、社区商业、人才平台和挖掘梳理等八个方面推动基地建设的工作思路。

（杨卫丽）

【电子商务发展情况】农产品、花卉、家居建材企业，通过与第三方电商平台合作或自建电商平台，拓展信息化营销渠道。转变发展方式和服务理念，从粗放型的批发经营向个性化的定制商品和服务转变。新发地、花乡花木集团对“互联网＋”业务发展模式进行探索。引导企业利用线下优势开展线上营销，实现协同发展。2015 年丰台区网上零售额增速达到 30％以上，与同期相比转负为正，主要得益于商贸企业网上零售业务的拓展。

（杨卫丽）

【行业监管情况】年内，办理酒类流通备案登记 431 户，变更 105 户，受理咨询 2000 余人次。完成 29 家典当企业核查，报批新增典当行 2 家，分支 3 家。报批拍卖行 7 家，变更 7 家。新增旧机动车评估鉴定机构 1 家。开展专项清仓查库，确保粮食供应安全。全年处理商务系统举报投诉案件 480 余件，挽回经济损失 100 余万元。对规模以上餐饮、零售经营单位近 1500 人次进行安全生产培训。检查单位 323 家次，出动 700 余人次，发现并整改问题 150 余件，处罚 1 家。开展安全生产达标创建活动，100 家规模以上经营单位实现安全生产标准化。贯彻落实《安全生产“一岗双责”》暂行规定，出台《丰台区建立商务领域安全生产工作责任体系的实施意见》。

（杨卫丽）

对外经贸

【利用外资情况】年内，全区新设外商投资企业 28 家，与 2014 年持平。新增合同外资 8746.96 万美元，同比下降 54.83％；实际外资 5815 万美元，同比下降 87.16％。

（杨卫丽）

【对外贸易情况】年内，全区货物进出口总额实现 124.17 亿美元，同比下降 14.81％。其中进口总额 99.79 亿美元，同比下降 21.88％；出口总额 24.39 亿美元，同比增长 35.3％，增速居全市第三。

（杨卫丽）

【发展扶持外向型经济】研究起草丰台区落实北京市服务业扩大开放综合试点行动计划，提出聚焦培育四大特色服务领域、推动生活性服务业全面升级、支持三类优势主体“走出去”等实施重点。为辖区 99 家企业的 232 个项目争取中央外贸发展扶持资金 552 万元。组织近 50 余家企业参加北京市进出口政策宣讲会、26 家企业参加广交会。引进了丰台区首家外资电子商务公司——新浩月（北京）电子商务有限公司。

（杨卫丽）

名　录

单位名称：北京市丰台区商务委员会
主　　任：郭晓一
地　　址：北京市丰台区东安街三条 6 号
邮　　编：100071
电　　话：63838670
传　　真：63838670

（杨卫丽）

石景山区

概　况

2015年，石景山区商务委全面落实“全面深度转型，高端绿色发展”战略，凝心聚力求创新，着力稳增长、谋发展、惠民生、保稳定，破解人口环境资源矛盾，服务区域经济转型升级，努力构建商务工作新格局。全年实现社会消费品零售额266亿元，同比增长10%，增速位居城六区首位，圆满完成市政府下达的年度指标任务。

（郝　响、张　焰）

【成功获批商务部“国家电子商务示范基地”称号】为贯彻落实《商务部关于国家电子商务示范基地创建工作的指导意见》（商电发〔2011〕490号）要求，石景山区商务委联合园区管委会积极开展“国家电子商务示范基地”创建申报工作。研究编制电子商务应用创新区建设方案，发挥电子商务产业集聚效应，征集联盟企业创新应用项目，以应用创新与产业融合为特色，突出石景山区各大主导产业电子商务应用的活跃氛围，明确电子商务应用创新区建设方向和支撑内容，在全市各区实现差异化定位。商务部“国家电子商务示范基地”名单于6月15日公示，石景山区成功获批。

（徐　沫、丁　玲）

【积极参与2015中国（北京）电商大会】10月12日至14日，2015中国（北京）电商大会在国家会议中心隆重举行。石景山区是国务院认定的首批国家服务业综合改革试点区之一，承担着聚集服务资源、创新服务业发展方式、建设国家级绿色转型发展示范区的任务。石景山区此次参加电商大会的整体布局包含一个主要展区，两个次要展区、一个互动体验区和五个企业展区，展览主题为“高端融合、绿色应用、创新发展”，突出“国家电子商务示范基地”创建成果，集中展示电子商务与产业融合发展的良好态势，展览内容丰富、主题鲜明。展览期间积极参与各项论坛，并举办“石景山区电子商务主题活动日”，成为大会亮点。

（徐　沫、丁　玲）

【知企网被评为北京市中小企业公共服务平台】近年来，石景山区商务委突出整合服务资源，提升企业共享能力，引导电商企业打造中小企业公共服务平台。11月16日，知企网被北京市经济与信息化委员会评为北京市中小企业公共服务平台，是2015年度评选的四家企业之一。

（徐　沫、丁　玲）

【商业保理试点工作取得阶段性成果】9月9日，北京商业保理协会第一次会员大会在石景山万商花园酒店顺利召开，这标志着北京市商业保理领域行业自律组织正式成立。同时，也是石景山区商业保理试点工作的一项阶段性成果。作为北京唯一一家商业保理协会，第一批入会会员单位共34家。协会成立后将围绕自身职责和业务范围，以国家政策为导向，以服务为根本、以规范和发展为主要内容，搭建政府、企业、市场之间的互动平台，进行互补多赢的优势合作，创造公平竞争、自律发展的行业环境，保证行业相关各方的合法权益，为北京商业保理行业发展做出积极贡献。

（陈　雷、张　然）

【典当行业年审情况】6月，完成2014年度北京市典当企业年审工作，17家典当企业通过审核，其中15家被评为A类企业（最高级），2家被评为B级。2015年全区典当企业共开展业务3902笔，典当总额累计258380.76万元，同比增长11.40%，业务范围涵盖动产质押、房地产抵押、财产权利质押等。

（陈　雷、张　然）

【石景山区现有4家拍卖企业】根据京商务交字〔2015〕67号文件，辖区内拍卖企业设立、变更、核查的初审权限将下放区级商务委。石景山区现有拍卖企业四家，分别为北京鼎兴天和国际拍卖有限公司、北京天端国际拍卖有限公司、北京中融信和国际拍卖有限公司、北京宏达三晶国际拍卖有限公司。

（陈　雷、张　然）

【促消费保增长】年初，市政府向石景山区下达了社会消费品零售额增长10%的指标任务。在面临汽车限购指标缩减、缺乏新增大型商业设施、重点商超被周边新开商业分流、大宗团购业务下降等诸多不利影响因素下，石景山区主动适应经济发展新常态，积极构建“5321”的工作格局，按照重点消费板块分解五组目标任务，建立月初、月中、月末三级调度模式，制定消费促进政策和督察考核两项保障机制，办好京西消费节这一项区域性品牌活动，全力推动石景山区消费市场持续健康发展，确保了全年实现社会消费品零售额266亿元，同比增长10%，增速位居城六区首位，圆满完成市政府下达的年度指标任务。

（刘　颖）

【举办2015京西消费节】“2015京西消费节”活动于9月10日至10月10日期间举行，以“惊喜在京西·京西GO惊喜”为活动口号，通过“购时尚”“选汽车”“品美食”“淘家居”“享台湾文化”五大主题板块，突出“互联、互动、互+”的活动特点，借助移动自媒体的推广模式，使各区之间、企业之间、企业与消费者之间紧密联合，力求突破地域限制，辐射周边各区，近距离服务消费者，惠动全城。期间实现累计信息阅览量5万余次，带动实际消费260万人次，销售产品数量1166万件，实现销售额6.1亿元，同比增长9.86%。使京西消费节成为促消费的有利抓手，促进全区零售额增长，1-9月增幅提高0.2个百分点。

（刘　颖）

【推进蔬菜零售网络建设】深入推进蔬菜零售网络建设，构建以菜市场、生鲜超市、社区菜店为主体，车载直销为补充的“3+1”模式蔬菜零售网络。深入推动社区连锁菜店发展，支持日日生鲜、物美等连锁品牌生鲜便利店、品牌社区店建设，物美西黄村店完成“便利店+菜店”模式改造，苹一区、永乐西区、五里坨定向安置房店铺完成改造设计；支持传统市场设施改造和业态升级，老山自立、古城新英等市场启动改造；推动车载直销蔬菜进社区，进一步规范车载直销车管理，引入二商首诚、“小伙子”等直销车品牌，在燕堤滨河园增设直销车一处。蔬菜零售服务率先实现全区居民社区全覆盖。

（滕小宇）

【加快推进早餐服务网点建设】开展首钢早餐亭（车）清退，对2002年北京市早餐工程设置的33辆首钢早餐车和73座早餐亭完成全部拆解清运，期间未发生涉访问题，此举标志着石景山区已结束路边早餐亭（车）的历史；实施早餐示范工程建设试点，加快推进固定门店式餐饮网点和搭载早餐服务的便利店建设，通过固定门店建设和便利店搭载的形式，推动50处早餐规范店建设，完善规范化网点布局，挤压非法早餐摊点市场空间；根据石景山区实际情况，延伸实施早餐工程，支持泽洋大厦、京汉大厦等商务楼宇，京源学校等中小学校食堂改造增加早餐服务和社会餐饮企业增加早餐服务。

（滕小宇）

【推进社区商业便民服务功能全覆盖】完成第四批17个社区的商业便民服务体系全覆盖工作。至此，除边府社区（拆迁区）外，全区148个社区实现超市（便利店）、美容美发、菜店、洗染、再生资源、餐饮和代收代缴七项社区商业基本服务全覆盖，覆盖率99%。

（滕小宇）

【推动社区商业服务模式创新】创新“互联网＋”工作模式，建立“石景山区数字商务”，科学有效推动蔬菜零售网点建设、早餐工程建设、社区商业网点布局、再生资源回收系统建设等民生工程建设，走在全市商务工作精细化改造的前列；促进95081家庭服务中心与北京市96156社区服务平台“两网合一”，建立95081社区服务站，构建社区家政服务平台；推动社区商业O2O模式“乐智屋”建设试点，通过线上、线下平台集合众多商业服务业知名品牌打包进社区，提供便利店、家政服务、代收代缴、协助购物、餐饮服务等综合便民服务。

（滕小宇）

【完成粮食平衡调查】3月，完成2014年度石景山区粮食供需平衡调查，共调查城镇居民64户、粮食经营企业6家、餐饮企业及单位食堂54家，基本掌握了全区2014年粮油产品供给量、需求量、库存量等基础性数据，形成《2014年度石景山区粮油供需平衡调查报告》，为进一步提升物资保障水平及应急响应能力提供了依据。

（张　弋）

【扎实推进行业安全生产监管工作】按照石景山区委区政府统一部署，调整安全生产监管工作主管领导，区商务委主要领导为第一责任人。全年加强了基础档案的管理，对全区113家规模以上商业零售企业和餐饮经营单位负责人进行了逐一走访和约谈，掌握商务行业企业发展底数。对70家餐饮企业和43家商业零售企业的企业备案信息逐一进行了核实，对26家新增或变更的规模以上行业企业备案资料建立了安全生产监管备案台账，确保被监管企业信息的及时更新和完善。区商务委在监督区内规模以上商务行业企业开展安全生产隐患自查自纠的同时，加大日常执法检查工作力度，特别是加大“元旦”“春节”“五一”“十一”等重要节日期间及北京田径世锦赛、抗日战争胜利暨世界反法西斯战争胜利70周年纪念活动等重点时期行业企业安全隐患排查治理工作力度，确保防患于未然。积极推进“公共安全综合执法亮剑行动”和“安全生产大检查”等工作，2015年，石景山区商务委共出动执法检查人员667人次，检查商业零售和餐饮企业479家次，排查整治各类安全隐患684处，督促企业落实完善规章制度95次，对存在问题较多的64家企业进行了传唤和指导，为保证全行业安全稳定提供了有力支持。全年共召开企业安全生产动员会6次、开展安全生产培训7次、制作宣传展板12块、发放宣传资料6000余份。

（王建博）

【积极组织企业参加安全生产达标创建工作】石景山区商务委于5月20日组织全区规模以上商业零售和餐饮企业召开石景山区生产安全标准化创建暨安全生产责任保险制度试点工作部署会。全年完成安全生产标准化达标创建企业70家，其中规模以上62家，规模以下商业企业8家。推进天颐隆、天冠美食屋2家使用罐装液化石油气餐饮经营单位投保安责险。

（王建博）

【全面禁止违法露天餐饮经营行为】区委区政府大力铲除城市管理弊端，研究决定全面禁止违法露天餐饮经营活动，各成员单位紧密配合，结合城市综合管理体制改革，审时度势、周密部署，深入推进禁止违法露天餐饮整治工作。成立由富大鹏、司马红两位副区长任组长，区委宣传部、区委社工委、区直机关工委、区商务委等职能部门，以及各街道（鲁谷社区）为成员单位的违法露天餐饮整治工作领导小组，制定出台了《石景山区2015年禁止违法露天餐饮经营的指导意见》，并于4月初向社会发布了《北京市石景山区人民政府关于禁止违法露天餐饮经营活动的通告》。全年各执法部门以及属地街道（鲁谷社区）共出动执法检查人员30458余人次，执法车辆9250辆次，宣传告知餐饮企业14457家次，发放宣传材料44366份，检查餐饮经营单位15108家次，查处违法露天餐饮经营行为1517起次，暂扣或罚没烧烤设施、桌椅等物品5181件，罚款67500元。违法经营露天餐饮行为由去年的181家减少至49家，减少了72.9%，4月至10月，违法大排档举报量为174起，较2014年同期299起下降了41.8%，禁止违法露天餐饮经营工作取得明显成效。

（王建博）

【进一步开展再生资源回收市场整治清理】石景山区商务委、集经办、属地街道（社区）等部门以及相关农工商公司以全区开展“治乱疏解建高端”工作为契机，周密部署、迅速行动、主动作为，大力推进再生资源回收市场整治清理工作，研究制定《石景山区再生资源回收市场整治工作方案》。针对再生资源回收市场存在的违法经营和安全隐患等问题，结合环境秩序治理、公共安全综合执法“亮剑行动”，区商务委、集经办、工商、公安、城管、消防及属地街道等部门开展联合执法行动，共出动检查人员120余人次，检查再生资源回收市场35家次，查处各类问题20余起，下发整改通知书18份。经相关农工商公司统计上报、区集经办确认，全区列为整治清理的再生资源回收市场共31家，分布在5个街道，总面积为152.5亩。截至2015年年底，基本完成清理关停再生资源回收市场24家，面积为96.9亩，其中占用集体土地23家，面积为96.7亩。正在清理关停的再生资源回收市场还有7家，面积为55.6亩，其中占用集体土地的6家，面积为52.5亩。

（王建博）

对外经济

【概况】年内，吸收外资11.5亿美元，同比增长40.3%；注册资本6.3亿美元，同比增长15.2%；合同外资5.9亿美元，同比增长30.8%。新批企业43家，同比增长7.5%；投资总额2.7亿美元，同比增长32.9%；注册资本1.7亿美元，同比增长16.2%；合同外资1.4亿美元，同比持平。完成货物进出口总额8.2亿美元，同比增长16.3%；其中出口额为5.19亿美元，同比上涨29.4%，进口额为3.03亿美元。2015年，石景山区共有24家企业的51个项目申请北京市外经贸发展专项资金，合计拨付金额72万余元。

（刘　斌、王凯蒂）

【外贸进出口情况】年内，石景山区涉及进出口业务的企业有157家，共完货物进出口总额8.2亿美元，同比增长16.3%，全市占比0.3%。其中出口额为5.19亿美元，同比上涨29.4%，全市占比0.9%；进口额为3.03亿美元，同比略有下降，全市占比0.1%。出口商品以工业制成品为主，主要销往美国、德国、西班牙、法国、日本、越南、韩国、印度尼西亚、约旦、斯里兰卡、泰国、印度等国家和地区。

（刘　斌、王子丹）

【外资结构】截至2015年年底，全区开业外商投资企业290家。按企业生产方式划分，生产型企业45家，非生产型企业245家；按合作方式划分，独资企业214家，合资企业70家，合作企业5家，股份制合资企业1家。累计投资总额24.2亿美元，注册资本17亿美元，合同外资13.2亿美元，企业平均投资规模836.5万美元。

（刘　斌、王凯蒂）

【外资来源】年内，全区外商投资主要来源于全球29个国家和地区。其中企业数量最多的为中国香港，共设立“三资”企业123家，外资额为14亿美元；英国（含维尔京群岛和开曼群岛）位居第二，共设立“三资”企业20家，外资额为1.8亿美元；日本位列第三，共设立“三资”企业15家，外资额为3076.1万美元；三个国家和地区的投资企业数分别占全区外资企业总数的42.4%、6.9%和5.2%。

（刘　斌、王凯蒂）

【新批外资规模】年内，新批企业43家，同比增长7.5%；投资总额2.7亿美元，同比增长32.9%；注册资本1.7亿美元，同比增长16.2%；合同外资1.4亿美元，同比持平。开业外商投资企业实现新增投资总额9亿美元，同比增长44.6%；注册资本4.7亿美元，同比增长18.4%；合同外资4.6亿美元，同比增长47.9%。

（刘　斌、王凯蒂）

【新批外资结构】石景山区新批“三资”企业中，从企业类型上分，合资企业6家，投资总额6119.7万美元，注册资本6087.3万美元，合同外资总额3376.7万美元；独资企业35家，投资总额1.4亿美元，注册资本8957.3万美元，合同外资总额8957.3万美元。从产业结构上看，新批“三资”企业全部符合产业发展定位，投资涉及的主要行业有科技研发、商业批发、商务咨询、外贸进出口等。其中，互联网服务类企业占新批企业的60.5%。截至2015年，石景山区开业外商投资企业中，互联网服务类企业占87.7%。

（刘　斌、王凯蒂）

【外资大项目情况】年内，引进外资项目在规模和质量上不断扩大和提升，为推动外商投资企业高质量发展注入了新的活力。投资总额1000万美元以上的大项目10个，合计投资总额2.3亿美元，注册资本1.4亿美元，合同外资总额1亿美元，分别占全部新批项目的85.4%、78.3%和76.5%。完成进出口总额8.2亿美元，同比增长16.3%。

（刘　斌、王凯蒂）

【开业外资企业增资势头良好】年内，开业外商投资企业增资势头良好，实现新增投资总额9亿美元，同比增长44.6%；注册资本4.7亿美元，同比增长18.4%；合同外资4.6亿美元，同比增长47.9%。分别占2015年全部外商投资额的78.3%、74.6%、78.0%。

（刘　斌、王凯蒂）

【支持中小企业开拓国际市场】2015年，全区共有24家企业申报支持中小企业开拓国际市场项目，共申报待审批项目55个，涉及拨付金额80.6251万元；同意项目51个，实际合计拨付金额72.6337万元。其中，拥有自主知识产权和自主创新产品5家。共办理“中小开”企业资质审核29家，其中资质注册15家，资质变更9家，密码重置5家。

（刘　斌、王子丹）

【搭建实用型服务平台】针对金融危机以来国际市场持续低迷，造成外经贸企业出口压力，通过搭建企业与企业之间、企业与金融机构之间、企业与政府之间沟通互动服务平台，旨在帮助企业在逆境中练内功、调结构，推动企业的对外投资和“走出去”，推动外经贸企业的良性发展。9月，陆续走访调研重点外资外贸企业，了解企业存在的实际困难，通过分析制定今后工作计划及相关政策，及时解决企业面临的问题，通过政策引导，帮助企业挖掘潜力，提升外贸出口优势。

（刘　斌、王凯蒂）

【编制“十三五”调研报告】研究编制了《石景山区“十三五”时期优化外资发展环境对策研究》报告，深入走访重点外资企业，了解企业需求和心声，明确了下一步吸引外资的产业定位和重点领域，提出了外资管理模式和服务方式优化的路径，为全面提升区域国际化水平研提了思路。

（刘　斌、王子丹）

名　录

单位名称：北京市石景山区商务委员会
主　　任：宋世媛
地　　址：北京市石景山区石景山路18号
邮　　编：100043
电　　话：68607227
网　　址：http://sjsswj.bjsjs.gov.cn

（郝　响、张　焰）

门头沟区

概　况

2015年，门头沟区商务委按紧紧围绕“惠民生，保稳定，促发展”的工作思路，以服务民生、服务企业、服务经济和社会发展为指导思想，克服门头沟区经济总量小、商业体系不健全等诸多不利因素，从服务全区拆迁大局出发，多措并举拉动内需，加大服务民生力度，优化投资环境，提高应急处置能力。全区实现社会消费品零售额57.5亿元，同比增长8.4%，全区商业流通领域发展稳中有进。实际利用外资额为1523万美元。货物进出口额4.33亿美元，同比下降24.3%，其中出口2.43亿美元，同比下降31.3%，进口1.9亿美元，同比下降13.1%。

（石蕾蕾）

商业流通

【开展为民办实事工程】完成了区政府为民办实事项目，全年组织开展5次“送货下乡及进社区活动”。

（石蕾蕾）

【完成折子工程】完成了区政府下达的折子工程指标1项，全区社会消费品零售额增长8%。实际完成社会消费品零售额57.5亿元，同比增长8.4%。

（石蕾蕾）

【完善早餐工程建设】完善早餐工程管理工作，加强对日常经营情况的检查，确保食品安全。现有46辆早餐车覆盖全区主要交通枢纽和社区，基本可以满足门头沟区城镇居民早餐需求。

（石蕾蕾）

【增强门头沟区生活必需品应急保障能力】强化生活必需品市场监测和三级联动应急机制，提前做好应急物资储备工作。与区内相关企业签署了应急物资调运、存储责任书，确保分工有序，责任到位，物资储备充足、人员随时到岗，车辆整装待发，全力做好应急物资保障工作。

（石蕾蕾）

【完成再生资源回收站点体系建设】完成石泉地块A6区以及石门营A4、B4区3个回收站点建设任务。在行业企业和社区居民中积极开展“垃圾分类回收”等宣传活动，提高企业及居民的垃圾分类意识。

（石蕾蕾）

【行业促进工作成效显著】组织年货大集（大峪办事处、清水镇、雁翅镇）、京西特产协会进丰台小屯超市和熙旺中心广场展卖等多主题促销活动，印制了相关的宣传用品。连续6年组织“食在门头沟”餐饮比赛活动，拉动作用显著。据统计，规模以上餐饮企业营业额实现7%增长。组织“名师教你做好菜”主题烹饪培训，现场教授老北京经典热菜及特色小吃的制作。举办“2015门头沟区收银员技能大赛”，检验收银员实操技能，进行岗位练兵。

（石蕾蕾）

【推进重点流通企业信息监测工作】 2015年，新增重点流通样本企业6家，现样本企业60家。全年开展报送总结和信息员培训3次，评选出优秀信息员4名，全年月报报送率达到百分之百。

（石蕾蕾）

【完成商贸流通业统计报送工作】 2015年，组织门头沟区19家企业完成季报4次，年报1次，召开培训总结会3次。

（石蕾蕾）

【完成直销企业网点确认及核查】 2015年，完成7家直销企业在区内新设的4个直销网点确认和3次核查。

（石蕾蕾）

【推进生活性服务业品质提升工作】 2015年，按照市、区两级部署，完成了《门头沟区提高生活性服务业品质行动计划（征求意见稿）》的起草和征求意见，《门头沟区提高生活性服务业品质行动计划》已上报区政府。

（石蕾蕾）

【扎实做好行业安全工作】 2015年，根据市区两级安全生产工作部署，全面推进安全生产标准化建设，安全执法检查共出动273人次，检查规模以上商业企业、餐饮企业253家次。发现安全隐患80处，全部整改完毕。

（石蕾蕾）

【加强全区酒类、食盐监督检查】 2015年，深入贯彻落实食品安全责任制，加强对酒类流通、食盐市场监督检查力度，食品安全执法累计检查91人次，共检查各类食品经营户272家次。

（石蕾蕾）

【做好法规宣传工作】 2015年，联合区安监局面向全区31家规模以上商业单位及各镇街安全生产负责人召开了新《安全生产法》专题培训会，帮助企业正确理解新修改的《安全生产法》，进一步强化行业主管部门与属地政府衔接配合，为行业及属地依法行政打好法律保障基础。

（石蕾蕾）

【做好军粮供应工作】 2015年，共供应部队大米459吨，面粉330吨，食用油6.5吨，为了做好供应服务工作，做到“四个保证”：一是保证军粮等级质量，不以次充好；二是保证供应数量足额，不短斤少两；三是保证粮油供应品种新鲜，杜绝一切有害霉变粮油；四是保证提供满意品种，口感不适可退换，满足了部队官兵的需求。

（石蕾蕾）

【做好退耕还林补助粮食发放工作】 2015年，及时为退耕户发放补助粮食。退耕还林验收合格面积3.7万亩，累计涉及9个镇283个村，供应8800余名退耕农户，共计发放特一粉508.9吨，特等大米729.4吨。

（石蕾蕾）

对外经贸

【加强对外宣传】 2015年，积极组织企业参加国内外展会，开拓国际市场。指导北京精雕科技集团有限公司参加渝洽会，在北京展台“高精尖技术板块”进行展示；帮助北京伟润行家庭用品有限公司参加广交会和德国家庭用品展。

（石蕾蕾）

【**帮扶企业发展**】2015年，完成了2014年下半年获批的中小企业国际市场开拓资金项目审核，共涉及6家企业的11个项目，实际拨付资金30.96万元，支持内容主要包括国际展会和国际市场考察。

（石蕾蕾）

名　录

单位名称：北京市门头沟区商务委员会
主　　任：王立宇
地　　址：北京市门头沟区双峪路39—1
电　　话：69842571
邮　　编：102300

（石蕾蕾）

房山区

概　况

2015年，房山区商务工作始终聚焦首都城市战略定位，紧靠房山区域发展新定位，咬住经济指标不放松，紧抓折子工程不懈怠，清退低端产业不犹豫，在稳增长、促消费、调结构、惠民生等方面取得了积极成效。全区实现社会消费品零售额230.2亿元，同比增长8.7%；外向型经济健康发展，全区货物进出口总额9.09亿美元，同比增长38.4%，货物进出口总额、进口额、出口额三项指标增速均位于全市前列；产业税收大幅增长。商务领域行业税收完成27.5亿元，同比增长26.3%；拉动就业势头良好，共计为社会新增就业岗位4000余个；以CSD市级商贸服务产业试验区为引领的商业发展呈现新局面；疏解清退工作有序开展，376家非法再生物资回收企业全部清退，商品交易市场调整提升前期准备工作完成，并取得初步进展；便民服务体系建设逐步完善。全年新建蔬菜零售网点35个、早餐网点8个、规范化再生资源回收亭30个。全区商业市场呈现出繁荣活跃、生机勃勃的发展态势。

（胡光宇）

商业流通

【商务发展水平稳步提升】全年实现社会消费品零售额230.2亿元，同比增长8.7%。外向型经济健康发展，全区货物进出口总额9.09亿美元，同比增长38.4%。商务领域行业税收完成27.5亿元，同比增长26.3%。

（胡光宇）

【强化消夏露天餐饮经营管理】4月9日，《北京市房山区消夏露天餐饮经营管理暂行办法》正式颁布实施，从而强化了对消夏露天餐饮经营的管理。

（胡光宇）

【中粮万科半岛广场正式开业】4月26日，中粮万科半岛广场正式开业。项目占地4万平方米，总建筑面积12.8万平方米，分为地上四层与地下两层，共有商业品牌125个，店铺160个。开业首日实现销售额500万元，客流量12万人次。

（胡光宇）

【北京华冠商业经营股份有限公司被确定为2015年北京市物流标准化试点企业】2015年，北京市启动了物流标准化试点工作，共有29家企业入围。华冠商业与北京苏宁物流有限公司、北京京东世纪信息技术有限公司等23家企业共同成为承担“标准化物流装备推广应用体系”建设试点。

（胡光宇）

【华冠商业加入“全球联采众筹平台”】北京华冠商业经营股份有限公司加入“全球联系众筹平台”，全国共有23家零售商加入。该平台旨在为中国零售业拓展全球供应链，为行业缔造一个共享资源、共享市场、共赢市场的全球供应链联盟。

（胡光宇）

【2家企业成为北京市首批退税商店】房山区2家企业成为北京市首批退税商店，分别是北京华冠商业经营股份有限公司和北京首创奥特莱斯房山置业有限公司，全市共有57家企业获得首批退税商店资格。7月1日零时起，境外旅客离境时便可携带相关资料办理退税。

（胡光宇）

【4家企业荣获“全国诚信兴商双优示范企业”殊荣】7月28日，在2015年全国商业诚信大会上，中国商业联合会授予北京华冠商业经营股份有限公司、北京市金点点商贸有限公司、北京首创奥特莱斯房山置业有限公司、北京新时代冠华商场4家企业“全国诚信兴商双优示范企业”称号。

（胡光宇）

【北京石油交易所与中国工商银行签署全面战略合作协议】北京石油交易所与中国工商银行签署全面战略合作协议，共同为北油所会员企业及石油石化行业企业在日常结算、资金托管、现货交易、电子银行交易、平台搭建、供应链融资、理财、银行卡等产品服务领域提供全方位的服务。

（胡光宇）

【中国化工华星石化沥青在北京石油交易所上线交易】中国化工华星石化沥青在北京石油交易所中国石油石化商城平台的竞价板块和挂牌板块正式交易。一期上线的品种主要是成品油、沥青、石脑油、压缩天然气（CNG）等。中国石油石化商城未来将陆续引进石油石化央企、地方炼油企业、煤化工企业、一般化工企业、危化品企业、北京石油交易所会员企业进场，通过商城运营，逐步增加交易量，增强客户交易黏性。

（胡光宇）

【北油所中国石油石化商城运行首月成交显著】北京石油交易所中国石油石化商城自8月25日上线试运行以来，注册会员和成交额稳步上升，开局良好。截至9月30日，商城注册会员累计数量达89家，累计成交量13.3万吨，累计成交额6.35亿元。交易品种涵盖成品油、沥青、石油焦等。

（胡光宇）

【北京石油交易所2015年实现新突破】一是交易规模提升。驻场会员达542家，实现交易额2.68万亿元，同比增长4.8倍；全年税收2.04亿元，同比增长52.2%。二是危化品管理广覆盖。完成北京市危化品流通信息管理系统、剧毒化学品易制爆危险化学品管理系统等4个项目的立项方案，将550家相关企业纳入管理。三是融资服务创新。“油单通”业务全年放款6000万元，与北京国资租赁公司共创“加油站融资租赁”业务新模式。四是跨域合作拓展。中国石油石化商城上线运营，已注册会员110家，成交149.97万吨、交易额85.45亿元；华东石油交易中心已注册交易会员393家，成交125万吨、交易额63亿元。

（胡光宇）

【清退非法再生物资回收企业376家】房山区商务委共清退非法再生物资回收企业376家，百分之百完成2015年清退任务。

（胡光宇）

【奥莱、绿地、半岛广场三家大型商业设施发展良好】2015年，首创奥特莱斯、绿地缤纷城和中粮万科半岛广场三家大型商业设施合计实现零售额16.2亿元。首创奥特莱斯商城实现开业店铺 246 间，开业率 92.5%，入驻品牌 838 个；绿地缤纷城实现开业店铺 97 个，开业率 93.1%，入驻品牌 103 个；中粮万科半岛广场实现开业店铺 169 间，开业率 97.1%，入驻品牌 145 个。

（胡光宇）

【第二家永辉超市正式开业】 12 月 31 日，房山区第二家永辉超市正式开业，位于房山绿地缤纷城购物中心地下一层，建筑面积 1.5 万平方米，营业面积 1.2 万平方米，共解决就业人员 176 人。

（胡光宇）

【便民服务体系建设取得成效】 一是“菜篮子”布局更加合理。全年建设便民蔬菜零售网点 35 个，涵盖了西潞街道、周口店镇、长阳镇、拱辰街道、史家营乡 5 个市场和外贸公司 30 个蔬菜网点。二是早餐工程扎实推进。全年新增早餐网点 8 个，其中功德福早餐网点 3 个，西潞街道、拱辰街道、长阳镇早餐网点各 1 个，点点超市、华冠便利店搭载早餐窗口各 1 个。三是再生资源回收网点布局日趋完善。指导主体企业（海川得益）推进网点建设。全年在拱辰、西潞、城关、窦店等地区新增 30 个再生资源回收网点。

（胡光宇）

对外经贸

【货物进出口实现大幅增长】 全区货物进出口总额 9.09 亿美元，同比增长 38.4%。其中，完成出口 5.08 亿美元，同比增长 52.4%，超额完成市商务委下达全年外贸出口 3.35 亿美元任务目标；完成进口 4.01 亿美元，同比增长 24%。货物进出口总额、进口额、出口额三项指标增速均位于全市前列。

（胡光宇）

【外商投资企业发展良好】 2015 年，全区新批准外商投资企业 10 家，增资 4 家。协议总金额 3.6 亿美元，协议外资额 1.32 亿美元。截至 2015 年年底，全区累积批准外商投资企业 576 家，协议总金额 29.99 亿美元，协议外资额 12.45 亿美元，实际利用外资 6.84 亿美元。

（胡光宇）

名　录

单位名称：北京市房山区商务委员会
主　　任、党组副书记：张福志
副 主 任：冯万利　王　倩　苑星林
纪检组长：张　健
粮食局局长：张福志
原党组书记：高运华
地　　址：北京市房山区长阳镇昊天北大街 38 号
邮政编码：102445
电　　话：81312935 81312937
传　　真：81312958
电子邮箱：shangwu@bjfsh.gov.cn

（胡光宇）

通州区

概　　况

2015年，通州区商务委从北京市行政副中心定位实际出发，转变观念，调整思路，以“京津冀”一体化建设为背景，加大改革创新力度，全力推进“调结构、保增长、惠民生”，推动建设与北京市行政副中心功能定位相适应的商务发展体系，加紧通州区商务行业调整升级，保障城市高效运行，为居民提供优质生活消费服务，圆满完成了各项工作任务。

（畅绍丽）

商业流通

【社会消费品零售额实现355亿元】 2015年，通州区社会消费品零售额实现355亿元，同比增长10%，增速高于全市2.7个百分点，增速位于全市第二。

（畅绍丽）

【两大广场收入突破20亿元】 积极应对新常态下经济发展的深刻变化，创新消费模式，加快传统商业转型，确保消费市场增长动力。以万达广场、罗斯福广场为代表的大型商业综合体满足了居民生活体验式消费的需求，两大广场收入突破20亿元

（畅绍丽）

【推进电子商务发展】 全力加强商贸流通发展的服务和引导，以重点商业企业为抓手，力促苏宁电器推进O2O模式，大力推进电子商务发展，努力培育新兴增长点，仅苏宁云商销售额就达60亿元以上。

（畅绍丽）

【集聚电子商务企业30余家】 截至2015年年底，通州区集聚了苏宁易购、心物不二、贡天下、良物珍品、诸葛修车网等品牌电子商务企业30余家，主营业务涵盖商务物流运营、服装批发、乳制品销售、日用百货等众多领域。苏宁易购率先实行电子发票，启动农村电商服务平台建设，滦县首家店已开业。

（畅绍丽）

【总部型企业发展势头良好】 强化服务，助推总部企业发展壮大，协助北京财富传媒文化发展有限公司两项奖励获得市政府奖励资金91.52万元。2015年组织7家企业参加总部经济申报并获市商务委批准。截至2015年年底，各类总部型企业63家。环渤海总部基地被授予首批“北京市总部经济发展新区”。

（畅绍丽）

【商务楼宇成为新的经济增长点】 通州区主题楼宇有隆孚大厦、经贸新干线、万达写字楼、瑞都国际和物资学院大学生创业园，建筑面积共10余万平方米，年收入在500万元以上的规模企业近40家。

（畅绍丽）

【生活性服务业蓬勃发展】 截至2015年年底，通州区批零、住宿、餐饮等生活性服务业企业及个体户4.7万户，法人1.1万户，从业人员13.6万余人。根据《通州区

有形商品交易市场调整提升工作实施意见》，计划利用两年左右时间完成全区商品市场调整提升工作，为生活性服务业发展奠定坚实保障。

（畅绍丽）

【市场调整疏解稳步推进】 2015 年，关停清退各类低端市场 8 家，清理商户 377 个，疏解从业人员 655 人，腾退土地约 11 万平方米。清退潞城、永顺、宋庄三个乡镇共计 6 家大型再生资源回收市场，清理商户 107 个，疏解从业人员 245 人，清退土地 10.5 万平方米。完成了京通鑫辰汽车配件市场、漫春园早市两家市场的清退工作，共清理商户 270 个，疏解从业人员 410 人，腾退、腾让土地 9500 平方米。此外，梨园东方鑫宠物市场的清退工作也接近尾声，已清理商户 50 个，疏解从业人口 100 余人。启动八里桥农产品批发市场的选址论证和前期工作。

（畅绍丽）

【高端商业项目建设加快推进】 华业玫瑰、华远好天地两大商业综合体开业运营，迪卡侬体育用品超市、华联生活超市、博纳影城、大鸭梨餐饮、京妮儿童汇、成龙耀莱影院、沃尔沃汽车销售店、爱沐私人电影等商业品牌相继开业，商业辐射能力显著提高，极大地提升了本地消费层次，拉动了消费能力。

（畅绍丽）

【现代物流蓬勃发展】 通州区聚集了北京烟草物流中心、北京台湖出版物会展贸易中心、北京苏宁电器有限公司、华润物流北京有限公司等 10 余家大型物流企业。全区共有交通运输、仓储业法人单位 806 家，仓储面积约 60 万平方米，从业人员 12160 余人，资产总量 58 亿元。全区货运车辆 34100 辆，年物流货运量达 6270 万吨。物流产品覆盖了烟草、家电、图书、医药、印包、食品等多个领域，其中烟草、食盐、图书配送在北京地区的市场份额均达到 100%，形成了相对完备的城市物流体系。

（畅绍丽）

【推进社区蔬菜零售网点建设】 2015 年，通州区共有各类蔬菜网点 135 个，售菜面积共计 80700 平方米，年批发市场蔬菜交易量约 73.6 万吨，零售网点蔬菜销售约 29.8 万吨，全年用菜量约 54.8 万吨，人均日用菜量约 1.13 公斤。建成二商生鲜连锁店 15 个，商资公司建成社区连锁菜店及便民店 22 家。鼓励蔬菜流通新模式进社区，“181”电子商务菜篮子便民服务平台已进驻 263 社区等 3 家规模化街区菜市场，覆盖 1000 余户。仙源老字号、通糖、京粮运河等区属企业开设品牌化连锁社区超市 10 家；“嘿客”开办线上线下社区体验店 9 家。

（畅绍丽）

【粮油市场供应保障充足稳定】 2015 年，通州区共有应急储备粮 25206 吨，其中，稻谷 5246 吨、小麦 19110 吨、面粉 550 吨、大米 300 吨。2015 年，创新轮换方式，采取公开市场竞标操作方式，顺利完成 8420 吨区储备小麦轮换工作；落实“先照后证”制度改革，强化了对 15 家粮食收购企业的后续监管。

（畅绍丽）

【应急保障工作落到实处】 制定节日期间和汛期生活必需品市场供应应急方案和《通州区商务委 2015 年防汛预案》，明确八里桥市场、永辉超市、通糖烟酒公司、福兰德超市等企业储备任务，做好各节日期间和防汛应急物资储备，确保应急物资调得出、用得上、不误事。

（畅绍丽）

【成品油监管水平明显提高】认真开展加油站油品检查及安全保障工作，目前通州区拥有加油站94个。2015年，严把成品油经营资格审批关，全年共受理成品油经营资格初审审批事项25项；成品油零售额实现34.1亿元。

（畅绍丽）

【典当企业净资产达4.76亿元】加强对典当企业年审和现场核查力度，检查企业23家。2015年，通州区23家典当企业拥有净资产4.76亿元，主营业务收入共计4050.11万元，同比增长70.35%；典当企业发放贷款总额5.82亿元，同比增长8%；提供就业岗位199个。

（畅绍丽）

【切实确保商务行业安全稳定】2015年，召开安全生产专题会4次，召开全区商务行业安全生产大会2次。开展专项执法20项，组织联合执法16次，出动行政执法1300余人次，检查规模以上商业零售及餐饮企业1110家次，查处消除安全隐患问题918项，开展宣传教育培训22场；检查农贸市场34家次；检查食盐经营单位1066家次，查扣私盐9760公斤，罚款16060元；检查酒类经营户580家次，办理酒类登记备案290家，随附单销售16850份。

（畅绍丽）

【“双打”工作有力有序】围绕事关民生安全和创新发展的突出问题，大力开展专项整治，严厉打击侵权假冒违法行为。2015年共抽检网络交易商品126组，查处互联网领域销售不合格商品案件2件，罚没款26万元；检疫局办理行政处罚案件9起，涉案金额122.91万美元，行政处罚8.22万元，没收违法所得3.47万元。开展红盾护农工作，深入推进农村和城乡接合部市场假冒伪劣专项整治，共检查农资经营户4家，抽检农用地膜样品10个；突出保障民生，深入开展婴幼儿奶粉、粮油、酒类、药品、医疗器械、保健食品、化妆品等各项专项整治。

（畅绍丽）

【创卫创城工作深入推进】完善创城体系，细化指标任务，市场环境秩序有力改善。牵头市场环境组“百城万店无假货”和文明餐桌活动，推进窗口单位规范化服务，开展诚信经营示范店、示范街的申报评选，强化挂牌和失信摘牌管理，16个示范店引领，营造公平诚信的市场环境。

（畅绍丽）

【行业协会协同联动】充分发挥行业协会枢纽作用，共同推进商务工作和谐发展。2015年，行业协会6次深入企业、学校、残联机构，了解企业需求，为企业答疑解惑，解决企业实际困难；搭建沟通交流平台、促销宣传平台，深入开展“北京老字号”申报、“北京社会组织公益行”活动。注重人才培养，组织企业参加北京市商业服务业技能大赛，1人次获得“优秀选手”称号，多次获得“优秀组织奖”，5人获得通州区第二届首席技师称号。

（畅绍丽）

对外及港澳台经济贸易

【对外贸易经营者备案情况】2015年，

通州区商务委窗口办理对外贸易经营者备案登记及变更的企业共499家，并给18家加工贸易企业验厂并出具加工生产能力证明。

（畅绍丽）

【外商投资企业情况】2015年，通州区新批外资企业25家，其中外商独资企业16家，合资企业9家。共有38家企业进行增减资。合同利用外资103598.66万美元，同比增加58.12％。

（畅绍丽）

【实际利用外资情况】2015年，通州区实际利用外资共有41笔入资，实际利用外资共计30532.94万美元。其中，入资金额超过1000万美元的有6家企业，入资金额最大的一笔来自鹏瑞利美融加二（北京）置业有限公司，入资金额为11260.25万美元。

（畅绍丽）

【加工贸易情况】2015年，通州区进出口总额为18851.36万美元，其中进口金额为6135.07万美元，出口金额为12716.28万美元（数据来源于通州区加工贸易审批系统）。

（畅绍丽）

名　录

单位名称：北京市通州区商务委员会
主　　任：陈国增
地　　址：北京市通州区新华东街254号

邮　　编：101100
电　　话：69543319
传　　真：69532753

（畅绍丽）

顺义区

概　　况

2015年，顺义区商务委立足区域经济社会发展实际，加强顶层设计和规划引领，加快发展新型商业业态，顺利完成各项工作任务。全年实现社会消费品零售额410亿元，同比增长8.8%，社零额和增幅均在全市排名第六。完成实际利用外资5.21亿美元，全市排名第四；完成进出口总额167.07亿美元，全市排名第四。

（王凌燕）

商业流通

【大力发展电子商务产业】出台《顺义区促进电子商务产业发展办法》，重点支持跨境电子商务、打造国家电子商务示范基地、传统企业应用电子商务、电子商务进社区（农村）、互联网金融等方面。充分利用综合保税区的优势，大力发展跨境电子商务。

（王凌燕）

【参展中国（北京）电子商务大会】10月12日至14日，顺义区携13家电商龙头企业参展2015中国（北京）电子商务大会，现场通过互动体验等多种形式成功展示顺义区电子商务发展成果。此次展会顺义展台共接待参观展览人员7000余人次，接待洽谈合作意向企业25家，2家电子商务企业有意入驻顺义投资发展。

（王凌燕）

【有序规范整顿商品交易市场】2015年，共清理农贸市场摊位784个，取缔无照违规再生资源站点95家，清理南法信汽配市场摊位60个，疏解人口共计2505人。北郎中农产品零售市场、北京潮白绿都花卉市场已经成功疏解关闭。

（王凌燕）

【稳步跟踪推进重点商业项目】顺鑫寰宇中心、中粮祥云小镇二期、天竺国际商业金融文化中心（澳金园）项目主体完工；马坡春晖园商业广场，沃尔玛（山姆店）与顺鑫控股合作项目开展全要素评价。

（王凌燕）

【拉动区域消费稳步增长】组织各大商业企业抓住节假日旺销契机，围绕消费热点做好促消费活动；以“北京国际燕京啤酒文化节”为契机，组织华联、新世界等五家商场结合啤酒节推出有新意、出亮点的主题商业促销，在金汉、怡馨、祥云小镇、荣祥广场四条特色美食街举行商业、餐饮同庆活动，吸引了众多消费者；启动“2015第六届顺义绿色健康美食节活动”，为促进餐饮消费平稳增长提供平台。

（王凌燕）

【推进全区蔬菜零售网络体系建设】初步形成了以1个销地批发市场、1个产地批发市场、66个零售市场为格局的蔬菜零售网络体系。大力发展连锁便民菜店，实行“五统一”经营模式。

（王凌燕）

【加快推进社区生活服务性电子商务应用体系建设】大力发展以服务民生为核心，以居民需求为导向，以新一代信息技术为支撑的社区商业服务新模式，开始运营“乐栈智能柜”的有四个社区（观林阁、澜西园、泰和宜园、石园东区）、一个写字楼（天博中心）和一个公司（顺丰集团），运行情况良好，使用率高。

（王凌燕）

【积极发挥枢纽型社会组织协调作用】饮食、家政、摄影等行业社会组织开展的职业经理人培训达1000人次；商联会、烹饪协会、家政协会、摄影协会组织开展“浓浓敬老情、九九健康行”和“高龄展示，乐享重阳”等社会公益活动。与区旅游委合作，对舞彩浅山农家院120人进行了星级达标培训，提高了乡村民俗旅游业的标准化、规范化水平。

（王凌燕）

【首都融资租赁聚集区快速发展】新入驻中航（北京）融资租赁有限公司（注册资本金6亿元）、中宇融资租赁（北京）有限公司（注册资本金3000万美元）等多家优质机构，新引进熊猫融资租赁有限公司（注册资本金5亿元）完成核名工作。截至2015年年底，顺义区拥有京城国际、北京市文化科技等融资租赁企业37家，占全市的20%，成为全市第二大融资租赁企业聚集地。

（王凌燕）

【加快探索顺义区商业保理试点工作】加快推进旺泰宏鑫、中交兴路、北京瑞金、北京方控四家商业保理公司（注册资本金均为1亿元人民币）设立进程。积极与商业保理专委会开展合作，撰写完成《上海、重庆两地商业保理发展对顺义区开展商业保理试点工作的借鉴与启示》调研报告。

（王凌燕）

【确保商务发展安全有序】召开“2015年安全生产工作会”，与135家规模以上商业零售、餐饮企业签订安全生产责任书。采取巡查、抽查等方式对食盐、成品油、典当、零售促销、再生资源、酒类流通、报废汽车、美容美发、洗浴等多领域商务系统进行执法检查工作。2015年共培训企业人员700余人次，出动执法人员1126人次，检查企业553家次，发现并消除各类安全隐患510余处，对1家餐饮企业进行了行政处罚5000元。

（王凌燕）

【完成社会粮食供需平衡调查工作】进一步掌握区内粮食生产、消费、流通和库存情况。共调查全区国有粮食经营企业4家，非国有粮食经营企业24家，抽样调查记账城镇居民住户54户、乡村农民住户65户。

（王凌燕）

【获得全国粮食流通监督检查示范单位称号】10月，经市粮食局检查验收，国家粮食局审定，顺义区粮食局达到了全国示范单位创建标准，荣获全国粮食流通监督检查示范单位称号。

（王凌燕）

【圆满完成27场展会保障】严格落实区政府《关于加强新国展展会活动保障工作方案》，按照“N+1”工作机制，全面统筹协调相关部门与国展周边区域保障无缝对接，圆满完成27场新国展重大展会服务保障任务，展览面积达117万平方米，观众数达114万。

（王凌燕）

对外经贸

【提升外资审批服务质量】切实加强效能建设，不断完善审批服务质量。2015 年共审批外资项目 247 个，其中新批项目 49 家，增资 40 家，股权转让 28 家，经营范围变更 51 家，其他变更 79 家。对外贸易经营者备案登记企业 378 家，加工贸易合同批准 597 份，外商来华邀请函 68 份。

（王凌燕）

【协同海关对进出口企业评级认定】积极与海关建立共同核查机制，使企业在“加工贸易验厂”“企业升级”等环节上能够享受快速、便捷的审验。协同顺义海关为 3 家出口企业争取了双“A”评级。

（王凌燕）

【促进小微出口企业稳定发展】积极有效地服务企业，向全区出口企业宣传扶持性政策，并组织海关、外事办深入到镇、功能区举办政策宣讲会，讲解通关便利化、中小企业国际市场开拓资金等政策，使进出口企业及时了解最新政策信息和简化的管理措施，引导企业用足用好政策，促进企业更好地发展。

（王凌燕）

【做好政策宣传工作】组织多家进出口企业参加市商务委和海关、出入境检验检疫局等单位共同举办的“第十一届进出口政策服务咨询会”，使企业对海关一体化改革政策、通关便利新政策、企业出口退税最新政策和管理办法及北京市外贸支持等政策有更加全面的了解。企业充分掌握政策、利用政策创造企业利益的意识进一步提高。

（王凌燕）

【做好外商投资企业服务工作】通过挂号信提醒的方式，提前三个月通知即将到期的外资企业办理延期手续，共寄送提醒信件 21 封；完成新公司法修订后，外商投资企业合同、章程格式化范本的宣传和推广应用工作。

（王凌燕）

【做好服务业扩大开放工作】依托北京市服务业扩大开放综合试点契机，对飞机维修、跨境电子商务等行业进行重点调研，提出顺义区服务业扩大开放政策需求，为顺义区临空经济发展奠定基础。

（王凌燕）

【开展投资经营信息联合报告工作】为进一步转变政府职能，改善投资环境，加强对外商投资事中事后协同监管。通过“全国外商投资企业年度投资经营信息网上联合报告及共享系统”对 735 家外商投资企业经营信息进行统计整理，保障了分析依据的正确性和可靠性。

（王凌燕）

名　录

单位名称：北京市顺义区商务委员会
主　　任：秦拥军
地　　址：北京市顺义区站前街顺鑫国际商务中心 10 层
邮　　编：101300
电　　话：69443513
传　　真：69446407

（王凌燕）

大兴区

概　　况

2015年，大兴区社会消费品零售额累计实现356.6亿元，同比增长10.8%，增幅高出全市3.5个百分点，增幅位列全市第一。新批外商投资企业16家，同比增长166.7%；吸收合同外资19397万美元，同比增长101.1%；实际利用外资10300万美元，同比下降56.8%。进出口企业共624家，有出口业绩的为317家，全年外贸进出口总额达12.35亿美元，同比上升0.4%；其中，出口总额4.17亿美元，同比下降17.9%，进口总额8.18亿美元，同比增长13.3%。

（崔　彤、李　刚）

商业流通

【社会消费品零售额任务指标完成情况】 2015年，大兴区累计实现社会消费品零售额356.6亿元，同比增长10.8%，高于全市3.5个百分点，增幅位列全市第一，超额完成年度任务指标。贡献率排名靠前的商品分别是综合零售业、电子商务、中西药品和家居家电。其中，综合零售业实现零售额55.8亿元，同比增长22.2%，拉动零售额增长3个百分点；电子商务企业实现网上零售额18.7亿元，同比增长33.8%，拉动零售额增长1.5个百分点；中西药品类、家居、家用电器销售平稳，实现零售额54.2亿元，同比增长12%，拉动零售额增长约2个百分点。

（狄　潇）

【举办2015北京城里过大年暨首届大兴世界年货品牌购物节】 2015北京城里过大年暨首届大兴世界年货品牌购物节于2月6日至15日在大兴区西红门荟聚购物中心正式启动。活动由大兴区商业联合会、北京西餐业协会、荟聚购物中心三方共同主办，内容共分三大板块：世界美食文化风情板块、非物质老字号板块、民俗民族板块。活动期间，总销售额达370多万元。此次商业营销活动，带动了宜家购物中心及周边商业销售增长。

（狄　潇）

【2015年节假日期间消费市场运行情况】 2015年元旦期间，大兴区消费市场购销活跃。假日四天（12月31日至1月3日），大兴区商务委重点监测的37家商超、专卖店、餐饮企业累计实现销售额1.38亿元，同比增幅22.3%。其中，26家规模以上商超、专卖店累计实现销售额1.35亿元，同比增幅22.64%；物美大卖场、星城商厦、王府井大兴店、宜家等万平方米以上商业企业日均客流2万人次，日销售额均超百万元。春节期间，大兴区消费市场年味十足，货源充足，购销活跃，销售平稳。据统计，大兴区商务委监测的30家重点百货、综超、专卖店和餐饮企业（不含电商）节日七天累计实现销售额1.46亿元，同比增长10.2%。“五一”期间，大兴区商务委重点

监测的 34 家商超、专卖店、餐饮企业节日三天累计实现销售额 1.05 亿元，同比增幅 20.8%。物美大卖场、星城商厦、王府井大兴店、宜家等万平方米以上商业企业日均客流 2 万人次，日销售额均超百万元。端午期间，大兴区商务委监测的 34 家重点商超、专卖店、餐饮企业销售情况显示，节日三天累计实现销售额 6740.33 万元，同比增幅 13.3%。物美大卖场、星城商厦、王府井大兴店、宜家等万平方米以上商业企业日均客流 2 万人次，日销售额均超百万元。中秋节期间，据不完全统计，大兴区 34 家重点监测的商超、专卖店、餐饮企业节日两天实现销售额 4207.5 万元，同比增长 22.89%。其中，21 家规模以上商超、专卖店累计实现销售 4031.64 万元，同比增长 22.86%；物美大卖场、王府井大兴店、宜家等万平方米以上商超、专卖店日均客流 1.2 万人次，日销售额均超百万元。国庆节期间，大兴区商务委重点监测的 31 家商超、专卖店、餐饮企业节日七天累计实现销售额 1.86 亿元，同比增长 13%。其中，18 家规模以上商超、专卖店累计实现销售 1.8 亿元，同比增幅 12.6%。

（狄　潇）

【阳阳公司获得先进集体荣誉称号】9 月 15 日，北京市东方阳阳快餐有限责任公司在北京市大兴区商务委等各单位的支持下，在大兴区商业联合会的推选下，获得了全国商贸流通服务业先进集体的荣誉称号。

（狄　潇）

【大兴区顺利完成市级早餐示范工程第二轮招投标工作】9 月 15 日，大兴区商务委承接的“2015 年市级早餐示范工程”项目第二轮招投标工作圆满完成。其中，连锁经营固定早餐门店项目入围企业 13 家，认领点位 63 个；连锁经营搭载早餐服务便利店项目入围企业 2 家，认领点位 15 个；主食加工配送中心项目入围企业 3 家，认领点位 3 个。

（狄　潇）

【大兴区典当业务发展情况】2015 年，大兴区新设典当企业 1 家，分支机构 3 家。截至 2015 年年底，累计设立典当企业 26 家，分支机构 10 家。参加年审的典当企业共 28 家，其中 26 家评为 A 类，2 家评为 B 类。2015 年办理典当业务 8579 笔，典当余额 33927.26 万元，上缴税金 387.86 万元，新增实收资本 5000 万元，累计典当企业实收资本 43590 万元。

（狄　潇）

【大兴区粮食局被授予全国粮食系统先进集体荣誉称号】1 月 7 日至 9 日，国家粮食局在北京召开全国粮食流通工作会议，大兴区粮食局被授予“全国粮食系统先进集体”荣誉称号。

（陈　雪）

【大兴区商务委（粮食局）认真开展粮食仓储设施专项调查】3 月 30 日，大兴区商务委（粮食局）启动了为期 3 个月的粮食仓储设施专项调查。全部调查数据准确无误，并上报上级部门备案。

（陈　雪）

【大兴区商务委（粮食局）被评为 2014 年北京市粮食流通统计工作先进单位】3 月 9 日北京市粮食局召开全市粮食流通统计工作会议，大兴区商务委（粮食局）被评为“2014 年北京市粮食流通统计工作先进单位”。

（陈　雪）

【大兴区商务委（粮食局）圆满完成 2015 年清仓查库工作】4 月 30 日，大兴区商务委（粮食局）按照“有仓必到、有粮必查、有账必核、查必彻底”原则，利用15天时间，对区内所有粮食储备进行了核查，确保了区储备粮的安全。

（陈　雪）

【国家粮食局局长任正晓到大兴区进行粮食安全生产检查调研】8月26日，国家粮食局局长任正晓带领局机关调控司、仓储与科技司、办公室等有关负责同志到大兴区粮食企业进行安全生产检查调研。

（陈　雪）

【深入开展爱粮节粮宣传活动】10月16日，在第35个世界粮食日和我国第25个爱粮节粮宣传周来临之际，大兴区商务委（粮食局）组织宣传小组分别到企业和农村入户宣传粮食法规和爱粮节粮知识。

（陈　雪）

【提前完成2015年区储备粮轮换工作任务】10月29日，大兴区储备粮轮换管理领导小组到安定粮食储备库对2015年应轮换的小麦进行了现场验收，全部达到预定的国家标准，符合区储备粮的储备要求，按期转入区粮食储备。

（陈　雪）

【推进再生资源回收站点建设】2015年内，共建设再生资源回收站点30个，其中，新建回收站点10个，分布在采育镇和博兴街道；提升改造回收站点10个，分布在清源、兴丰、观音寺和天宫院等4个街道；推广智能回收站点10个，分布在广丰购物、宜家西红门店等大型商超，安装智能回收机33台。

（包利娜）

【清理整治无照、违规再生资源回收企业效果明显】2015年，大兴区有关单位共出动执法检查人员2000余人次，出动执法检查车辆400余台次，清理废品回收大院30个、清退摊位120个、废品回收站点350个，清理外来流动人口5500余人，腾退土地600余亩，有效整治了大兴区的生活居住环境。

（包利娜）

【物流企业情况】2015年，大兴区规模以上（年收入1000万元）入统物流企业61家，年营业收入62.2亿元，同比增长4%。

（张　晋）

【物流标准化申报情况】2015年，大兴区成功申报6家北京市物流标准化企业，占全市申报成功企业数的21%。

（张　晋）

【物流大院拆除腾退情况】2015年，大兴区累计清退黄村镇物流企业14家，清除商户900余家。

（张　晋）

【包裹柜布放工作稳步推进】北京市大兴区人民政府与中国邮政集团公司北京市分公司正式建立战略合作关系，并启动大兴区智能包裹柜示范项目。截至2015年年底，北京邮政已在大兴新城和亦庄新城的重点区域布放了35处智能包裹柜系统。

（张　晋）

【祥龙项目取得立项批复】大型国有现代物流产业——祥龙物流集团项目于2015年7月取得立项批复，项目总投资10.8亿元，占地700亩，建筑面积23.7万平方米。项目重点服务和吸引国内外大型名牌企业、电商企业入驻园区，构建服务该类企业特有的仓储物流管理新模式，延伸园区上下游功能，提供更多的增值服务，使其更加适应电子商务的要求。

（张　晋）

【网点租金收费情况】2015年年初，由专业的评估公司对现有网点用房进行了价格评估，通过科学合理的价格定位，年内租金同比增加了52.8%，借助充足的资金支持五家餐饮网点发展了“安心早餐”，同时支持五家具备条件的便民超市开设了蔬菜经营店。

（朱红波）

【发展便民蔬菜网点】2015年上半年，接收了锦华园便民蔬菜网点，回收了枣园小区等五家便民菜店，并进行了消防翻新改造，委托具备资质的礼贤益农等公司进店经营蔬菜。2015年年底，回收义和庄小区被无偿占有的网点并委托有资质的经营者经营。

（朱红波）

【服务、规范商户情况】2015年，协助经营户办理营业执照30余家，清理了不良经营户执照50余家。

（朱红波）

【加强网点用房的安全保障】与经营者签订安全责任书，并配备专门的安全员，建立台账，每月汇报安全情况；指定专门的安全检查员，每月至少一次对网点进行安全检查，节假日及重大活动期间联合安全科进行重点检查。对枣园小区、滨河小区、兴政家园等五处便民菜店进行了阻燃材料的更新改造，并通过消防部门的安全验收。对龙源服务楼里存在安全隐患的商业网点进行取缔，净化了经营环境。为液压厂商业网点、欢潞园、新馨家常菜及景函春等四家网点做防水1542平方米，对四惠超市、液压厂两家网点老化的门、窗及暖气设备进行了更新改造。

（朱红波）

【举办第27届北京大兴西瓜节“甜美生活行”西瓜创意美食大赛】5月25日，大兴区商联会与区旅游行业协会共同承办了第27届北京大兴西瓜节“甜美生活行”西瓜创意美食大赛。区内星级饭店和知名企业共10家单位参加了活动。

（吴　承）

【组织“2015年梨花村状元饺创意大赛”活动】6月3日，大兴区商联会组织区内餐饮企业参加“2015年梨花村状元饺创意大赛”活动。

（吴　承）

【组织“西瓜擂台赛”】6月6日，大兴区商联会在绿地缤纷城组织参加“西瓜擂台赛”及拍卖活动。

（吴　承）

【商务服务事项完成情况】2015年，大兴区商务委窗口共受理商务服务事项1259项，其中1亿美元以下非限制性外资合同章程及变更核准62项、生产能力证明17项、权限内加工贸易合同的审批41项、权限内加工贸易合同变更的审批22项、对外贸易经营者备案登记393项、对外贸易经营者备案变更登记289项、办理一次两次来华签证6项、外商投资企业批准证书的颁发和换发41项、酒类备案登记257项、成品油零售企业证书年检99项、成品油零售企业证书变更32项。商务服务事项办结率为100%，申办人满意度100%。

（孙　强）

对外经贸

【实际利用外资情况】截至2015年年底，大兴区累计批准外商投资企业448家，累计实际利用外商直接投资16亿美元。2015年，新批外商投资企业16家，同比增长166.7%，实际利用外资1.03亿美元，同比下降 56.8%。

（刘　丹）

【第三产业成为外商投资热点】2015 年，大兴区新批外商投资企业 16 家，其中 15 家投向第三产业，占比达 93.7%；实际利用外资 1.03 亿美元，全部投向第三产业。

（刘　丹）

【企业积极响应“走出去”】2015 年，大兴区赴境外投资企业 3 家，涉及电子照明、纺织服装 2 个行业，投资总额合计约 6.7 亿元人民币，主要投向中国香港、美国、匈牙利。

（刘　丹）

【总部经济发展成果】2015 年星光影视园被北京市商务委认定为商务服务业集聚区。

（刘　丹）

【服务外包产业发展迅速】2015 年，大兴区新增 2 家离岸外包企业，分别是北京大和金属工业有限公司和北京欧凯纳斯科技有限公司。2015 年全年共有离岸外包合同 51 个，协议金额为 470.68 万美元，执行金额 162.86 万美元，协议金额比上年增长 214.67%。

（王军祥）

【货物进出口完成情况】2015 年，大兴区进出口企业共 624 家，有出口业绩的为 317 家，全年货物进出口总额达 12.35 亿美元，同比上升 0.4%；其中，出口额 4.17 亿美元，同比下降 17.9%，进口额 8.18 亿美元，同比增长 13.3%。

（王军祥）

安全执法

【2015 年执法工作开展情况】2015 年，大兴区各类执法检查累计出动 600 多人次，检查食盐经销户 1700 余户，检查大型农副产品市场 32 个，检查工地食堂 47 个，检查餐饮单位 162 个，检查学校食堂 97 个，检查机关食堂 19 个，查处各类涉盐违法案件 424 件，没收违法盐产品 7.2 万公斤，罚款人民币 3 万余元。

（王静超）

【开展商务法规宣传】大兴区商务委会同工商、卫生等相关单位于“3·15”“5·15”等主题宣传日开展了大型宣传活动，现场发放各类宣传材料 1000 多份，接受群众咨询 300 余人次。会同区盐业公司分别在 5 月份、11 月份开展了为期 4 周的“送合格碘盐下乡”活动。

（王静超）

【开展“安全生产月”活动】6 月 18 日，大兴区商务委联合高米店街道以及区安监、公安、消防等部门，在绿地缤纷城组织开展了“安全生产月”应急演练观摩和商务法律法规宣传活动。6 月 29 日，大兴区商务委联合相关部门组织开展了以“关注消防安全，共建和谐大兴”为主题的消防安全技能大赛。

（焦　颖）

【开展安全维稳专题培训】11 月 11 日，大兴区商务委举办了商务行业安全维稳专题培训班。培训班邀请区维稳办、区安监局等相关部门领导，围绕商业行业矛盾排查及化解工作、商业行业安全生产企业主体责任落实等专题进行授课。全区 100 多家规模以上商业零售、餐饮企业安全负责人参加培训。

（焦　颖）

电子商务

【促进网络零售快速增长】2015 年大兴区商业网络零售额 18.7 亿元，同比增长

33.8%。巴瑞医疗为新纳统企业，网上零售额8000万元。全聚德仿膳、好药师、丽家宝贝三家电商企业得到了政策扶持，扶持资金约900万元。

（张　晋）

【加快培育跨境电商】2015年，小笨鸟跨境电商平台被评为北京市唯一一家创新型国家电子商务示范企业，实现交易额4亿美元，注册用户近万家。11月12日，程红副市长调研小笨鸟跨境电商平台，并给予充分的肯定。

（张　晋）

名　录

单位名称：北京市大兴区商务委员会

主　　任：梁建青

地　　址：北京市大兴区永华南里14号

电　　话：81298206

传　　真：81298204

邮　　编：102600

网　　址：www.dxsw.cn

（崔　彤、李　刚）

昌平区

概　　况

2015年，昌平区商务委立足于科学发展，加快转变经济发展方式，不断提高全区商务经济的运行质量和发展水平，努力构建与一流科教新区相协调的现代新型商业服务体系，推动了商务领域各项事业的全面发展。社会消费品零售额实现395.9亿元，同比增长7.4%，总量在5个城市发展新区中位居第二；实际利用外资实现10901万美元，同比增长5.01%，总量在城市发展新区中排第四；货物进出口总额实现34.07亿美元，同比下降16.02%，总量在城市发展新区中位居第三。

（赖金坚）

商业流通

【零售额指标平稳增长】2015年，昌平区社会消费品零售额累计实现395.9亿元，同比增长7.4%，增速比全市高0.1个百分点，总量在5个城市发展新区中位居第二。

（赖金坚）

【开展低端市场清理整治工作】累计清退低端市场7个，腾退土地632.8亩，拆除地上物15.2万平方米，压减从业及相关人员8206人。开展了全区生活资料市场调查。制定了供应保障方案，积极推动城北市场关停外迁工作。

（赖金坚）

【扎实开展惠民工程】按照计划进度，对1个社区菜市场进行升级改造；新增蔬菜直通车10辆。10家早餐固定门店、5辆早餐流动车全部投入使用。

（赖金坚）

【持续加强促消费工作】注重过程管理，制定了“促消费”工作整体方案，按月监控分析社会消费品零售额指标完成情况。组织开展促进全区消费结构优化升级的课题调研和促进电子商务行业发展的课题调研。

（赖金坚）

【培育网络消费新型业态】昌平区综合购物电子平台系统开发与应用项目进展顺利，签约入驻商户280家，商品数量4200种；北京任我在线电子商务有限公司依托85家社区蔬菜网点连锁直营店，开发“产业互联网O2O零售渠道”，为生产者与消费者直接交易提供全方位服务。

（赖金坚）

【加快推进重点商业项目建设】八达岭奥特莱斯项目6月26日试营业，10月29日正式开业。宜家家居商场项目，完成了地块地勘。

（赖金坚）

【进一步优化消费环境】累计出动执法人员700余人次，检查商业单位362家次；处理解决各类商务投诉220余起。

（赖金坚）

【进一步加强粮食流通秩序】主动做好区级储备粮监管；开展了全区社会粮食供需

平衡调查；及时做好退耕还林补助粮发放，把北京市惠民政策落到实处。按照国家粮食局和市粮食局的相关精神，本着“有仓必到、有粮必查、有账必核、查必彻底”的原则，督促粮食企业完成年度粮食清仓查库工作；妥善做好军粮供应。

（赖金坚）

【做好《昌平区“十三五”时期商业发展规划》编制工作】按照区委、区政府的任务安排，结合昌平区实际，切实做好《昌平区“十三五”时期商业发展规划》编制工作。

（赖金坚）

外经外贸

【新批外资企业23家】2015年，昌平区新批设立外商投资企业23家，合同外资3.7797亿美元。

（赖金坚）

【11家外资企业扩大经营规模】11家外资企业增资，增加合同外资7238万美元。

（赖金坚）

【促进对外贸易稳步发展】对外贸易经营者备案474个。服务外包收入实现13456.91万美元。

（赖金坚）

【积极做好加工贸易审批管理】实地验厂12次，审批加工贸易合同金额6840.7万美元。

（赖金坚）

名　录

单位名称：北京市昌平区商务委员会
主　　任：云富勇
地　　址：北京市昌平区南环路55号
电　　话：69746220
邮　　编：102200

（赖金坚）

平谷区

概　　况

2015年，平谷区完成社会消费品零售额92.3亿元，同比增长9.3%，增速位于5个生态涵养区第一位。其中限额以上单位社零额53.1亿元，同比增长5.7%；限额以下单位社零额39.1亿元，同比增长14.7%。限额以上社零额占总社零额的57.5%。根据海关统计，2015年平谷区货物进出口总额10.48亿美元，同比增长3.9%，进口额8.93亿美元，同比增长5.7%。货物进出口总额和增速均在生态涵养区排名第二，增速全市第四。

（徐迎新）

商业流通

【推进便民商业体系建设】举办第二届北寨红杏展卖节；组织商超企业开展节日促销活动；组织家电、家具销售企业开展促销让利活动；6月、7月分别在西安、哈尔滨水果批发市场举办平谷区农产品宣传促销推介活动，扩大平谷特色农产品市场知名度和占有率。城区28个社区实现7种便民商业设施全覆盖。2015年新增餐饮、连锁酒店、宠物店等专业店、品牌店25家；新增干洗店、理发店、小吃店等社区连锁便民商业网点22家。

（徐迎新）

【北京华联平谷购物中心开业】北京华联平谷购物中心于2016年1月28日开业，共签约入驻商户100家，招商率91%。该项目定位于中端消费市场，涵盖了综合超市、百货、餐饮等商户，是集购物、休闲、娱乐为一体的综合性购物中心，可使平谷区新增就业岗位1000个，年销售额预计可达7亿元。

（徐迎新）

【推进农产品流通体系建设】2015年新建农超对接24个，新建市场6个，新建直营店32个。平谷区政府与中石化易捷便利店签署战略合作协议，在全市200余家中石化加油站易捷超市销售平谷大桃。通过社区直营店、市场平台、农超对接等方式，2015年销售大桃3亿斤左右，农民增收6亿元左右。

（徐迎新）

【制定便民商业规划】制定《平谷区提高生活性服务品质行动计划》、《北京市平谷区商业空间布局专项规划》和《平谷区十三五商业发展专项规划》，加强行业指导，完善商业功能，优化平谷区商业网点布局，加快构建全面满足城乡居民不同层次需求的商业体系。

（徐迎新）

电子商务

【制定电子商务扶持政策】研究制定并以区政府名义下发《平谷区促进电子商务发展暂行办法》，对新入驻的电子商务企业、传统企业应用电子商务给予扶持。

（徐迎新）

【加快发展跨境电子商务】依托马坊物流园区冷链物流、保税库等各项基础优势，进口肉类指定口岸、对外开放口岸等政策优势，发展跨境电子商务，培育经济增长新动力。确定跨境电子商务领导小组，协调解决出现的问题；制定《平谷区跨境电子商务工作推进方案》，明确平谷区发展跨境电子商务总体思路及保障措施；确定搭建跨境电商平台、出台电商扶持政策九项重点工作，进一步推进平谷区跨境电子商务发展。

（徐迎新）

【延伸电商服务功能促农增收】开通微博、微信平台，开展线上系列营销、热点事件等活动，微博粉丝达4.6万人，微信粉丝达3.9万人。采取“网店直营、基地直供、移动销售、平台推广”四种网络经营模式在网上销售平谷大桃，2015年实现网上销售大桃400万公斤，同比增长14.3%，农产品电商达30余家，实现促农增收4000万元。组织区内农产品电商企业“打捆”与顺丰速运对接，达成战略性合作协议，降低运费、缩短运输时间，确保及时送达。

（徐迎新）

对外经贸

【行政审批情况】对下放的事项做到统一审批管理标准和服务规范，缩短审批时限，承诺审批时限为全市最短。2015年，平谷区综合行政服务大厅商务委窗口获得了共青团北京市委颁发的“青年文明号”称号。2015年按时办结率为100%。

（徐迎新）

【服务业扩大开放情况】以北京市获批服务业扩大开放综合试点为契机，紧紧围绕京津冀协同发展战略，根据六大服务领域开放内容，立足平谷区优势服务业领域，进行试点创新，先行先试，有所突破。积极帮助17家企业申报中央及北京市开拓国际市场项目和平谷区外经贸发展扶持资金项目，总金额共计193万元。打造和完善平谷区外经贸发展平台，马坊食品农产品基地和平谷乐器基地获评北京市外贸转型升级示范基地。

（徐迎新）

特色口岸建设

2015年，马坊国际陆港完成集装箱货运量2.46万标箱，货值8.1亿美元，通关进口肉类产品17票，共计264吨；完成固定资产投资83462万元。2015年1月获批冷冻水产品进口指定口岸，与驻地口岸单位建立肉类和冷冻水产品的联检联查机制，促进进口。

（徐迎新）

商务执法

坚持对规模以上商业零售和餐饮经营企业安全生产全覆盖。制定下发《2015年平谷区商务行业隐患排查治理工作方案》，动员部署商务行业安全生产标准化达标工作，共计47家企业完成该工作。加强生活必需品储备和应急管理。制定《平谷区生活必需品应急保障预案》，与7家生活必需品储备企业签订了储备协议，按时对生活必需品储备企业的应急物资进行检查，真正做到应急物资“储得实”“调得动”“用得上”。大力保障商务领域流通秩序。做好平谷区“打击侵犯知识产权和制售假冒伪劣商品”领导小组办公室牵头工作，并顺利通过考核。加大盐政、再生资源、酒类、家电维修、家庭服务、洗染、洗浴和美容美发、粮食、成品油等商务行业执法监管力度，将消夏露天餐饮纳入规范化管理。在市区两级案卷评查工作中，平谷区商务委上报行政执法案卷均被评为优秀卷，并被评为平谷区优秀单位；平谷区粮食局被授予“北京市粮食行业先进集体”荣誉称号。

（徐迎新）

名　录

单位名称：北京市平谷区商务委员会
主　　任：梁　军
地　　址：北京市平谷区府前西街十七号
邮　　编：101200
电　　话：69962955

（徐迎新）

怀柔区

概　况

2015年，怀柔区商务委主动适应经济发展“新常态”，紧抓京津冀一体化发展的契机，稳中求进开展商务工作。全区商务指标总体保持平稳发展态势，重点领域改革扎实推进，产业结构逐步调整优化，民生工作取得突破进展。全区共实现社会消费品零售额102.9亿元，同比增长9.3%，超额完成年度任务。在五个生态涵养区中，增幅与平谷并列第一位，社零额位于第二位。货物进出口额实现双增长，增幅全市第一。全年共计实现进出口总额10.55亿美元，同比增长45.9%。出口额6.44亿美元，同比增长91.7%，进口额4.11亿美元，同比增长6.3%。实际利用外资4163万美元，完成全年任务的104%。

（张　蕊）

商业流通

【强化商业和餐饮单位安全生产教育培训】 3月4日，怀柔区商务委组织区内近百家规模以上商业零售及餐饮经营单位，开展2015年度安全生产教育培训。

（张　蕊）

【开展食品安全宣传活动】 3月13日，怀柔区商务委联合区盐业公司组织开展食品安全宣传活动，活动现场设有咨询台，现场展示辨别假货常识，宣传正确食用碘盐、防治碘缺乏病的相关知识。活动期间共接受消费者咨询200多人次，共发放宣传材料2000多份，发放盐勺1000多个。

（张　蕊）

【开展农村和城乡接合部市场假冒伪劣检查】 4月21日，怀柔区商务委联合区工商分局、食药局、质监局、农业局、环保局和公安分局开展了怀柔区农村和城乡接合部市场假冒伪劣专项检查工作。检查重点针对与农村居民日常生活和农业生产密切相关的农资产品市场和小商品市场，对商户的证照手续、诚信经营和销售产品进行了检查。

（张　蕊）

【对防汛物资储备进行验收】 6月5日，区商务委会同区水务局、区财政局对怀柔区防汛物资储备情况进行验收。2015年怀柔区共储备防汛物资29种，合430余万元人民币。怀柔区2015年防汛物资储备充足、质量过关，全部通过验收。

（张　蕊）

【举办节能宣传周活动】 6月15日，怀柔区商务委以“倡导绿色消费，践行低碳生活”为主题，组织区内相关商业企业开展了2015年节能宣传周活动。通过在青春路上设立的节能宣传点，向过往群众免费发放了节能宣传手册1000本、环保购物袋500个、节能宣传鼠标垫200个。

（张　蕊）

【召开怀柔区商业联合会第四届换届会员大会】 6月19日，召开怀柔区商业联合会第四届换届会员大会。会议选举北京大星发商贸有限公司董事长、总经理李晓东当选怀柔区商业联合会主席，北京鑫丽都装饰有限公司董事长赵凤彪当选监事长，北京天联元和商贸有限公司总经理刘云松当选秘书长，选举还一并产生了副主席19人、监事组成员14人。

（张　蕊）

【组织开展应急演练活动】6月29日，怀柔区商务委组织了为期4天的规模以上商业零售及餐饮经营单位全面开展安全月应急演练活动。

（张　蕊）

【成功亮相第八届中国会议产业大会】12月7日至9日，第八届中国会议产业大会在国家会议中心举办，怀柔区以“国际会都山水怀柔”为主题亮相此次大会。大会期间，怀柔区展台共发放各类宣传资料1000余份，吸引近500家会议采购企业前来咨询和洽谈，形成初步意向客户近百家。此外，怀柔区还被大会组委会评为“2015中国最具特色会奖目的地”，受到参会企业的广泛关注。

（张　蕊）

【引进首家电子商务企业】4月，北京良物优品科技有限公司完成在怀注册工作，成为怀柔区引进的首家电子商务企业。

（张　蕊）

【2015年退耕还林粮供应工作情况】9月，怀柔区退耕还林补助粮发放工作全部完成。此次供应工作涉及13个镇乡的195个村，供应2.6万余户，共发放补助粮1965.3吨，其中大米947.2吨，面粉954.5吨，小麦63.6吨。

（张　蕊）

【双打工作情况】2015年，怀柔区工商局、农业局、食药局、质监局、文委、环保局、林业局等成员单位共开展执法活动1868次，出动执法人员4258人次，检查经营主体5284家，立案129件，结案129件，罚没款及没收所得253.4万元。怀柔区知识产权局受市知识产权局委托办理案件22件。同时，怀柔区“双打”办还积极开展宣传活动，精心组织了“4·26”世界知识产权日宣传活动、商户专利产品管理培训会、贯彻新《商标法》服务等活动。

（张　蕊）

【编制完成怀柔区“十三五”商贸流通服务业发展规划】2015年，以《北京市国民经济和社会发展第十三个五年规划纲要》和《北京市怀柔区国民经济和社会发展第十三个五年规划纲要》为依据，经过大量调研、深入探讨，编制完成了《怀柔区“十三五”时期商贸流通服务业发展规划（2016—2020年）》。

（张　蕊）

对外经贸

【对外经贸工作情况】2015年，怀柔区货物进出口总额10.55亿美元，其中，一般贸易进出口额8.77亿美元，加工贸易进出口额1.77亿美元。完成实际利用外资4163.9万美元。全区新设外商投资企业22家，同比增长13家。新增对外贸易经营者备案登记企业70家，全区累计已有720家企业获得进出口经营资格，形成了外资、民营、国有、集体多元化出口格局。

（张　蕊）

【举办外贸政策服务咨询会】9月17日，市贸促会与怀柔区商务委联合举办2015年怀柔区外贸政策服务咨询会，区内

70余家进出口企业150余人参会。

（张　蕊）

【完成外资企业联合年报工作】 11月11日，怀柔区2014年度外商投资企业联合年报工作结束。共有201家外资企业参加了联合年报，参报率达到了93.5%，年报通过率为100%。

（张　蕊）

【总部经济影响更加突出】 2015年，怀柔区有总部企业39家，其中由全市认定的重点总部企业10家，总部企业数虽占全区企业法人数的1.2%，但营业收入占到全区规模以上工业企业主营业务收入及重点服务业企业营业收入总和的66.8%，上缴税金占全区各项税收的28.4%。

（张　蕊）

【完成总部企业奖励资金落实工作】 推进中介组织引进总部项目备案，2家中介组织共备案已引进和拟引进总部项目54个。

（张　蕊）

名　录

单位名称：北京市怀柔区商务委员会
书　　记：张全胜
主　　任：张学君
地　　址：北京市怀柔区迎宾中路21号
邮　　编：101400
电　　话：69645258
传　　真：69647234
电子邮箱：sw@bjhr.gov.cn

（张　蕊）

密云区

概　况

2015年，密云区的消费品市场保持了较为平稳的增长态势，全年累计实现社会消费品零售总额120.1亿元，比上年增长8.4%，增速略高于上年0.3个百分点。货物进出口总额8.4亿美元，同比减少4.7%，出口额3.1亿美元，同比增长1.8%，实际利用外资863万美元。

（胡婷婷）

商贸管理

【新城蔬菜零售网络初步形成】在2014年基础上，密云区新城蔬菜零售网络建设继续稳步推进，根据《密云县新城蔬菜零售网络建设实施方案》，按照“建网点、保功能、减环节、降费用、增便利、稳供应”的原则，从根本上解决全区社区居民“买菜难、买菜贵”的问题。2015年，在鼓楼、果园、檀营等街道建设社区便民菜店60家，在云秀花园等社区开展了社区试点车载蔬菜销售，进一步满足社区居民便利消费、放心消费的需求。

（胡婷婷）

【电子商务迅猛发展】2015年，密云区现代商贸服务业呈现良好发展势头，成为新的经济增长点。全区电子商务经历了从无到有的发展阶段。北京春播科技有限公司作为密云区引进的首家电子商务企业，优选农产品电商平台于1月26日上线。创新型电商企业、传统商业企业转型、第三方电子商务平台、农产品合作社第三方平台、个体电商以及微营销平台等多种电商模式蓬勃发展。2015年，菜百电商、春播科技、百年栗园、密农人家等电商企业全年实现销售额1.8亿元，同比增长4.2倍。

（胡婷婷）

【粮贸流通安全有序】密云区粮食流通管理工作稳步推进。完成全区社会粮食供需平衡调查、粮食收购调查、粮食市场购销调查、县级储备粮轮换、退耕还林底账审核等日常工作。对全区粮食库存、政策性粮食进行了检查，检查结果表明粮食质量指标合格，合格率100%，粮食品质指标为宜存，宜存率100%。加强收获粮食质量安全抽查与监测工作，配合区食药局深入粮库随机采集10个原粮检测样本进行抽检。密云区储备粮食质量全部符合国家规定的标准。

（胡婷婷）

【行业执法力度加强】2015年，密云区商务委商业综合执法大队共出动执法人员1847人次，出动执法车辆652车次，检查商务、粮食系统企业891个（户）次，共查处违法经营食盐2户，立案2起。做好专项执法督导，加强促销活动监管，集中开展“两节”“两会”期间食品安全、可燃物清理、管制刀具管理等临时性执法检查工作。维护商务系统良好发展秩序。

（胡婷婷）

【商务行业安全无事故】认真完善商务

系统4个二级应急救援预案，督促指导企业制定三级应急救援预案，强化演练，商务行业共举行预案演练60场次，参加人员达2510余人次。与所辖55家重点企业（商场超市、市场、家具城、重点餐饮等）签订了《2015年度安全工作目标管理责任书》，要求各单位逐级落实到部门、到岗位、到人头，形成良好的安全管理体系。加强安全应急教育培训，提高应急安全意识。

（胡婷婷）

【总部发展中心正式成立】 8月3日，密云县总部发展中心正式成立，密云县总部经济发展中心是北京市各行政区第一个也是唯一一个成立的总部经济科室。中心对重点总部企业进行了理顺和初步认定。共申报重点总部企业9家。

（胡婷婷）

【市场秩序管理服务中心正式成立】 5月，正式成立市场秩序管理服务中心，主要承担“双打”工作，工作组织管理体系、机制进一步完善。领导小组成员单位从原来的25个部门增加到27个，新增农业服务中心、邮政管理局两个成员单位，进一步明确了部门协作职能，密云区的打击侵犯知识产权和制售假冒伪劣商品工作步入正轨。

（胡婷婷）

对外经济

【外商企业投资情况】 2015年，密云区新设立外商投资企业9家。其中合资企业2家，独资企业6家，并购1家。投资总额391.5万美元，注册资本312.3万美元，协议外资219.2万美元。投资领域集中在咨询行业，外商投资来源主要是港台地区。

（胡婷婷）

【服务外经贸企业情况】 继续做好对外经贸企业的服务工作。2015年，密云区完成对外贸易经营者备案企业总计117家，其中初次办理备案登记程序的企业60家；完成对外贸易经营者变更程序的企业54家；办理对外贸易经营资格注销的企业3家。审批加工贸易企业生产能力证明26家。鼓励拥有自主知识产权、自主品牌的中小企业参加国内外相关展销会以及新产品和新技术推介活动项目，给予企业资金和政策上的支持。

（胡婷婷）

名　录

单位名称：北京市密云区商务委员会
主　　任：彭兴宝
地　　址：北京市密云区檀西路21号
邮政编码：101500
电　　话：89089310
传　　真：89089320
网　　址：http://www.bjmycom.gov.cn

（胡婷婷）

延庆区

概　　况

2015年，延庆区商务工作紧抓绿色发展新机遇，适应经济发展新常态，坚持“政策导向、改革牵引、法治建设、民生优先、协同发展”的工作方向，建设“绿色商务、民生商务、法治商务、特色商务、创新商务、和谐商务”，有序推进重点工作落实，带动常规工作完善，商业总体运行情况良好。

（段文江）

商业流通

【消费品市场持续稳定增长】2015年，延庆区社会消费品零售额完成81亿元，同比增长8.4%。

（段文江）

【延庆区会展促进中心成立】牵头组建延庆会展促进中心，得到区编委会批准设立，人员机构基本到位。

（段文江）

【延庆区会展业发展规划初步完成】编制《延庆区会展业发展规划（2016—2020）》初稿，将其纳入全区“十三五”总体规划编制目录，确定了会展业发展规划的主体结构，就延庆区发展会展经济的可行性和必要性，确定适宜本地发展的会展产品体系制定切实可行的行动计划。

（段文江）

【制定延庆区国有商业企业改革方案】根据国有企业改革任务要求，编写了《延庆区国有商业企业改革总体方案》。

（段文江）

【完成了《延庆区支持中小微商贸企业发展的意见（初稿）》】根据完善中小微商贸企业支持机制的任务要求，完成了《延庆区支持中小微商贸企业发展的意见（初稿）》。

（段文江）

【强化开展“双打”工作】4月8日召开打击侵权假冒工作领导小组全体会议，对延庆区2015年双打重点工作进行统一部署。根据《延庆区2015年打击侵犯知识产权和制售假冒伪劣商品工作宣传方案》的相关要求，督促成员单位利用“3·15”消费者权益保护日、“4·26”世界知识产权日等重要时间节点，集中宣传打击侵权假冒的相关政策和法律法规，提升消费者识假辨假意识和能力。分别于9月2日、10月26日组织区工商分局、区食药局、区知识产权局、区质监局、区旅游委等相关成员单位，对八达岭长城景区、龙庆峡景区的在售商品质量、经营行为规范以及是否经营假冒侵权商品等情况进行联合检查。在检查过程中，各经营单位经营秩序良好，未发现假冒侵权行为。

（段文江）

【组织征集商业流通发展领域储备项目】为鼓励和促进延庆区商业企业发展，于8月份组织符合储备项目申报条件的企业进行项目申报工作。本次储备项目涉及申报及批发市场设施维修改造、物流仓储设施建设、连锁餐饮店铺建设等三方面四个项目，申请资金总投入1593.9万元。

（段文江）

【加强粮油市场监控】 完成2014年社会粮油供需平衡调查，截至2014年年底，延庆区从事粮食经营和转化的企业共计72家，可供城乡居民消费的库存商品粮2152吨。

（段文江）

【开展玉米收购、转储工作】 共计收购玉米9.1万吨，切实保证农民利益；同时为延庆区粮油公司转储玉米4.2万吨。

（段文江）

【规范粮食行业管理】 完善延庆区粮油应急体系，每个乡镇确定一名主管领导、一位科室负责人、一家粮油应急投放点。

（段文江）

【圆满完成北京市2015年粮食应急供给应急演练】 以室内与室外、实况与模拟相结合的方式，举行“2015粮食应急供给应急演练”，全面检验了延庆区粮食供给应急响应水平和处理突发粮食供给事件的能力，对于完善应急措施、提高实战水平提供了经验。

（段文江）

【全面落实城乡环境综合治理年活动】 制定《延庆区再生资源回收站点整治工作方案》《延庆区商务委员会关于再生资源回收考核评价工作方案》等文件，指导再生资源回收站点整治工作。对15个乡镇的回收站点台账进行两次更新，全区正在经营的回收站点128家。通过开展执法检查、联合执法，各职能部门累计巡查回收站点893家次，出动车辆304辆次、执法人员1025人次，发现并整改环境卫生、证照管理、安全生产等问题263项，罚款5000元，关停回收站点21家。通过制定补贴方案，与延庆镇、康庄镇、张山营镇、八达岭镇、大榆树镇等重点乡镇对回收站点开展升级改造工作，完善站点的基础设施。针对莲花池村周边再生资源回收市场影响周边环境、存在安全隐患等问题，积极开展清理整治工作。

（段文江）

【开展重点商市场交通秩序专项整治】 重点加强对日上、恒生、中踏、人民、环球新意等商、市场周边及其内部的机动车停放和通行秩序、周边及内部非机动车停放管理，重点商市场周边及其内部交通秩序较以前有明显改善。

（段文江）

【搭建促销平台】 组织商业企业积极筹备商品货源，抓好节日期间蔬菜、肉类、米面油等主要生活必需品的供应工作，保障延庆区消费品市场商品供应充足，秩序良好。结合“春节”“国庆”等黄金周，指导开展形式多样的促销活动。节俭过节、理性消费成为新的消费习惯，节日礼品团购、预付卡销售下降明显。据统计，2015年14家商、市场销售额为17.7亿元，与上年基本持平，其中12家重点商场超市销售额7.3亿元，日上、恒生两大市场交易额10.4亿元。

（段文江）

【促进延庆乡村特色美食行业发展】 与广电合作开办10期《食在妫川》的美食栏目，以探寻妫川美食、故事传说、文化内涵为主，弘扬延庆饮食文化，打造特色餐饮。在延庆1台和3台进行首播，每期循环播出一个月，并利用微信、微博、光盘等载体扩大宣传面。协助区旅游委完成首届乡村特色美食大赛的前期准备和比赛现场的相关工作，促进延庆乡村特色美食行业的发展。

（段文江）

【强化安全责任意识】 组织42家规模以上商业零售、餐饮经营单位签订2015年度安全生产、促销安全管理等责任书，进一步落实安全生产企业主体责任和行业监管责任。

（段文江）

【加强安全生产宣传教育力度】 通过开展安全生产管理和应急处置培训、警示教育、应急演练等活动，提高从业人员的安全意识和安全技能。

（段文江）

【开展安全生产标准化创建和安责险推广工作】 2015年，已有27家经营单位通过了安全生产标准化创建达标工作，3家经营单位与保险公司签订了安责险保险合同，进一步提升了企业安全管理水平。

（段文江）

【加大商务执法检查力度】 为营造安全的购销环境，严格落实两个“安全生产规定”，以重大节日和重要活动期间的安全保障为重点，对相关单位的安全生产、食品安全、食盐购销和使用情况、酒类流通管理及粮食管理等工作加大执法检查工作力度，并先后在商务行业内开展了“预防煤气中毒”“隐患排查整治”“打非治违”等专项行动。2015年，出动执法检查人员2720人次，检查经营单位713家次，下发责令限期整改通知书7份；发现销售、使用不合格碘盐的经营单位24家，共没收不合格碘盐840公斤。

（段文江）

【重视典当行业监管】 对延庆区已有的11家企业进行年审、风险排查工作，防止企业违规经营行为的发生。

（段文江）

【规范再生资源管理】 2015年办理备案登记23家，延庆区共备案再生资源回收企业100家。

（段文江）

【强化露天餐饮安全】 2015年审核通过了27家餐饮企业申请，制定了《延庆区消夏露天餐饮经营场所管理方案》，并通过联合执法检查监督其经营行为。

（段文江）

【完善食盐配送网络】 加强食盐配送指导，确保食盐充足供应和市场秩序稳定。2015年，延庆区盐业批发企业配送食用盐3985吨。

（段文江）

【加强成品油市场监测】 2015年，延庆区成品油销售量共计71457.4吨，同比上涨6.5%，销售额64679.9万元，同比下降2.7%。

（段文江）

【做好酒类流通备案】 2015年共办理酒类流通备案登记和变更38户，发放随附单1200份。

（段文江）

【加大单用途商业预付卡管理】 对延庆区4家规模发卡企业进行监督管理，督促企业严格执行业务报告制度，未发现违规行为。据统计，四家规模发卡企业2015年全年共计发售预付卡12369张，总金额为712.8万元，未发现违规行为。

（段文江）

对外经贸

【外经贸工作稳定增长】 2015年，延庆区货物进出口总额完成13300万美元；实际利用外资 1960 万美元，合同外资 10571 万美元。

（段文江）

【促进外贸稳定发展】根据《国务院办公厅关于支持外贸稳定增长的若干意见》的精神并结合商务工作实际，协助延庆区企业更好更优地开展外贸业务。通过摸底分析出口现状，挖掘全年外贸出口增长点；重点跟踪出口情况，推荐企业争取北京外经贸发展引导资金和享受担保服务平台；加大协调属地海关、强化延庆区税贸合作、开展外贸监测分析等为切入点，为重点跟踪企业扩大出口提供必要的便利条件和政策支持；加强宣传落实国家关于出口的各项措施，加大对“双自主”企业的政策宣传与沟通。

（段文江）

【优化外贸服务水平】2015 年受理新设外资企业审批、办理股权转让、经营范围变更、延长经营期限、名称变更、章程修订业务 13 件，为 27 家外贸企业进行了进出口经营权的新办、变更登记，为 3 家企业办理加工贸易生产能力证明，新办加工贸易合同 2 份，变更 3 次。

（段文江）

【认真做好外经贸各项工作】积极推进重点联系企业信息管理系统有效运行，按月做好产业安全工作。为鼓励延庆区外贸企业扩大出口，依据市商务委、市财政局《关于给予北京地区外贸稳增长资金奖励的通知》及补充通知，为在海关注册并经过筛选的 70 家有出口的企业宣讲政策，积极争取资金支持。共为延庆区 14 家外贸企业申请 2015 年度外贸稳增长奖励资金 181944.35 元。2015 年延庆区进出口企业完成直接进出口总额 13300 万美元，其中直接出口总额 11200 万美元，直接进口总额 2100 万美元。

（段文江）

名　录

单位名称：北京市延庆区商务委员会
主　　任：贺　利
地　　址：北京市延庆区新城街 2 号
邮　　编：102100
电　　话：69101551
传　　真：69144243
电子邮箱：Jiang8082@sina.com

（段文江）

第六部分

统　计　资　料

一、商业流通

1－1　社会消费品零售额

指标名称	2014 年（亿元）	2015 年（亿元）	同比增长（%）
社会消费品零售总额	9 634.7	10 338.0	7.3
其中：网上零售额	1 438.6	2 016.9	40.2
按商品用途分			
吃类商品	1 801.6	1 967.3	9.2
穿类商品	736.2	742.8	0.9
用类商品	6 541.4	7 156.3	9.4
烧类商品	559.4	471.6	－15.7
按地区分			
城镇	9 471.4	10 162.8	7.3
乡村	165.8	175.2	5.7
按消费形态分			
餐饮收入	819.7	846.8	3.3
商品零售	8 820.8	9 491.2	7.6

数据来源：北京市统计局

（万薇薇）

1－2　社会消费品零售额（按功能区分组）

	2015 年（亿元）	2014 年（亿元）	同比增长（%）
全　　市	10 338.0	9 638.0	7.3
首都功能核心区	1 898.5	1 775.9	6.9
东城区	985.9	913.3	7.9
西城区	912.6	862.6	5.8
城市功能拓展区	5 882.9	5 517.7	6.6
朝阳区	2 514.9	2 377.6	5.8
丰台区	1 007.3	937.4	7.5
石景山区	266.0	241.9	10.0
海淀区	2 094.7	1 960.8	6.8
城市发展新区	2 102.8	1 927.3	9.1

（续）

	2015年（亿元）	2014年（亿元）	同比增长（%）
房山区	230.2	211.8	8.7
通州区	355.5	323.2	10.0
顺义区	410.0	376.7	8.8
昌平区	395.9	368.7	7.4
大兴区及北京经济技术开发区	711.1	647.0	9.9
大兴区	356.6	321.9	10.8
北京经济技术开发区	354.5	325.1	9.1
生态涵养发展区	453.8	417.1	8.8
门头沟区	57.5	53.1	8.4
怀柔区	102.9	94.1	9.3
平谷区	92.3	84.4	9.3
密云县	120.1	110.7	8.4
延庆县	81.1	74.8	8.0

数据来源：北京市统计局

（万薇薇）

1-3 社会消费品零售额进度表

2015年	社会消费品零售额（亿元）	同比增长（%）
1月	—	—
1-2月	1 061.1	7.8
1-3月	2 383.4	6.6
1-4月	3 160.8	6.0
1-5月	3 955.0	5.7
1-6月	4 795.9	6.0
1-7月	5 656.7	6.1
1-8月	6 503.6	6.0
1-9月	7 399.7	6.3
1-10月	8 370.6	6.7
1-11月	9 334.8	6.9
1-12月	10 338.0	7.3

数据来源：北京市统计局

（万薇薇）

1-4 限额以上零售企业按业态分组的零售额情况

	2015年（亿元）	同比增长（%）
有店铺零售		
食杂店	7.4	1.9
便利店	84.3	1.0
折扣店	17.4	−6.2
超市	154.1	0.2
大型超市	715.6	5.4
仓储会员店	37.5	1.3
百货店	698.4	−6.6
专业店	2 028.1	−2.1
专卖店	1 994.1	−1.7
家居建材商店	75.8	1.0
购物中心	44.8	8.2
厂家直销中心	119.9	−8.7
无店铺零售		
电视购物	73.9	27.5
邮购	4.6	−8.9
网上商店	1 775.6	58.3
自动售货亭购物中心	0.5	88.8
电话购物	57.4	4.3
其他	35.7	5.3

数据来源：北京市统计局

（万薇薇）

1-5 限额以上批发零售贸易业企业分类零售额

编 号	类 值	2014年（亿元）	2015年（亿元）	同比增长（%）
	类值合计	7 762.7	8 260.0	6.4
	＃通过互联网实现的商品销售	1 438.6	2 016.9	40.2
1	粮油、食品类	520.1	589.1	13.3
	其中：粮油类	65.3	77.9	19.3
	肉食禽蛋类	71.7	78.5	9.5
	水产品类	18.5	20.8	12.4
	蔬菜类	21.1	23.3	10.6
	干鲜果品类	42.8	47.7	11.5
2	饮料类	58.9	71.9	22.0
3	烟酒类	117.0	129.5	10.7
	其中：酒类	76.8	85.7	11.7

（续）

编　号	类　　值	2014 年（亿元）	2015 年（亿元）	同比增长（%）
4	服装、鞋帽、针纺织品	668.8	668.1	－0.1
	服装类	520.3	520.4	0.0
	鞋帽类	113.2	113.3	0.1
	针、纺织品类	35.2	34.4	－2.3
5	化妆品类	159.5	172.0	7.8
6	金银珠宝类	343.9	341.0	－0.8
	其中：黄金及饰品、铂金饰品类	165.5	187.9	13.6
7	日用品类	328.3	422.7	28.7
	其中：儿童玩具类	11.9	14.8	24.0
	五金、电料类	13.3	14.1	6.0
8	体育、娱乐用品类	96.2	99.4	3.3
9	其中：照相器材类	37.8	41.5	9.7
10	书报杂志类	95.3	100.8	5.8
11	电子出版物及音像制品	25.6	26.3	2.7
12	家用电器和音像器材类	374.4	432.9	15.6
	其中：电视机类	74.4	120.0	61.3
13	中西药品类	798.7	843.8	5.6
	其中：西药类	532.6	574.5	7.9
	中草药及中成药	162.2	171.6	5.8
14	文化办公用品类	527.9	582.8	10.4
	其中：计算机及配套产品	319.6	430.5	34.7
15	家俱类	85.6	90.9	6.2
16	通讯器材类	928.5	1 217.4	31.1
	其中：移动电话类	772.1	1 048.2	35.8
17	煤炭及制品类	0.5	2.1	340.8
18	木材及制品类	—	0.0	—
19	石油及制品类	547.3	455.7	－16.7
20	化工材料及制品类	—	0.0	—
	其中：化肥类	—	0.0	—
21	金属材料类	—	0.0	—
22	建筑及装潢材料类	26.0	26.0	－0.2
23	机电产品及设备类	57.8	57.1	－1.2
	其中：农机类	—	0.0	—
24	汽车类	1 836.6	1 751.0	－4.7
	其中：汽车配件类	105.8	102.2	－3.3
25	种子饲料类	—	0.0	—
26	棉麻类	0.0	0.0	－70.1
27	其他类	152.2	165.1	8.5

数据来源：北京市统计局

（万薇薇）

1-6 批发和零售业商品购进、销售、库存总额

项 目	2015年（万元）	同比增长（%）
商品购进额	559 845 370	－9.9
市内购进	158 465 858	－3.2
市外购进	326 307 060	－11.0
进口	75 072 452	－17.7
商品销售额	607 250 902	－8.7
批发额	513 897 910	－11.2
市内批发	163 838 171	－5.5
市外批发	326 633 659	－13.7
出口	23 426 080	－11.8
零售额	93 352 992	6.4
期末商品库存额	57 443 661	－0.2

数据来源：北京市统计局

（万薇薇）

1-7 重点商品品牌市场占有率

1-7-1 2015年服装品牌占有率前10名

女装

序号	品牌名称	比重（%）	序号	品牌名称	比重（%）
1	玫而美	3.67	6	朗姿	1.26
2	玛丝菲尔	2.34	7	ONLY	1.19
3	哥弟	1.82	8	D&V	1.18
4	靓诺	1.62	9	赛斯特	1.11
5	MAXMARA WEEKEND	1.41	10	M. 子苞米	1.09

男衬衫

序号	品牌名称	比重（%）	序号	品牌名称	比重（%）
1	萨巴蒂尼	5.90	6	沙驰	2.59
2	雅戈尔	4.02	7	尼诺里拉	2.19
3	皮尔卡丹	3.85	8	JEEP	2.08
4	绅士	3.60	9	GORNIA	1.84
5	辛柏林	3.13	10	爵士丹尼	1.70

（续）

男西服					
序号	品牌名称	比重（%）	序号	品牌名称	比重（%）
1	萨巴蒂尼	5.12	6	依文	2.96
2	威可多	4.46	7	胜龙	2.88
3	观奇洋服	4.46	8	沙驰	2.51
4	辛柏林	3.07	9	歌德克依	1.77
5	雅戈尔	2.96	10	顺美	1.75

童装					
序号	品牌名称	比重（%）	序号	品牌名称	比重（%）
1	阿迪达斯	7.75	6	小猪班纳	2.95
2	水孩儿	6.77	7	ARMANI JUNIOR	2.84
3	耐克	5.06	8	安踏	2.18
4	安奈儿	3.21	9	丽婴房	2.13
5	派克兰帝	2.97	10	英氏	1.87

针织内衣					
序号	品牌名称	比重（%）	序号	品牌名称	比重（%）
1	舒雅	9.19	6	世王	3.75
2	爱慕	8.46	7	三枪	3.19
3	铜牛	8.36	8	宜而爽	2.45
4	小护士	7.58	9	浩沙	2.42
5	纤丝鸟	6.98	10	汝斯芬	2.09

女士内衣					
序号	品牌名称	比重（%）	序号	品牌名称	比重（%）
1	爱慕	18.48	6	黛安芬	4.04
2	华歌尔	11.26	7	古今	3.56
3	安莉芳	7.46	8	兰卡文	3.14
4	曼妮芬	5.16	9	舒雅	2.82
5	欧迪芬	4.80	10	爱美丽	2.65

羊毛衫					
序号	品牌名称	比重（%）	序号	品牌名称	比重（%）
1	鄂尔多斯	4.55	6	裳衣坊	2.83
2	瑞群	3.73	7	鹿王	2.32
3	人头鸟	3.25	8	珍贝	2.29
4	于雁	3.20	9	雅达	1.65
5	克利雅	2.85	10	歌伊莱	1.44

（续）

羊绒衫					
序号	品牌名称	比重（%）	序号	品牌名称	比重（%）
1	鄂尔多斯	13.65	6	雪莲	5.30
2	珍贝	13.16	7	金利来	4.05
3	帕罗	7.11	8	皮皮狗	3.92
4	皮尔卡丹	5.83	9	兔皇	3.77
5	米皇	5.69	10	鹿王	3.33

（梁　辰）

1-7-2　2015年化妆品品牌占有率前10名

美容护肤					
序号	品牌名称	比重（%）	序号	品牌名称	比重（%）
1	雅诗兰黛	12.86	6	CHANEL	4.24
2	兰蔻	11.25	7	SK-II	3.90
3	CD	6.66	8	娇兰	3.52
4	欧珀莱	5.59	9	欧莱雅	3.30
5	海蓝之谜	4.81	10	希思黎	3.30
香水					
序号	品牌名称	比重（%）	序号	品牌名称	比重（%）
1	CHANEL	34.01	6	娇兰	2.99
2	CD	24.77	7	HUGO BOSS	2.12
3	兰蔻	6.03	8	乔治阿玛尼	2.12
4	BURBERRY	3.48	9	L'OCCITANE	2.02
5	GUCCI	3.13	10	雅诗兰黛	1.66

（梁　辰）

1-7-3　2015年鞋类品牌占有率前10名

女鞋					
序号	品牌名称	比重（%）	序号	品牌名称	比重（%）
1	百丽	6.27	6	思加图	3.28
2	ECCO	4.71	7	TATA	2.94
3	接吻猫	3.88	8	圣琪儿	2.59
4	嘉宝	3.61	9	24HRS	2.54
5	帕翠亚	3.29	10	天美意	2.52

（续）

男鞋					
序号	品牌名称	比重（%）	序号	品牌名称	比重（%）
1	ECCO	14.09	6	克雷斯丹妮	3.04
2	金利来	5.51	7	梅尔代格	2.80
3	沙驰	4.20	8	其乐	2.70
4	皮尔卡丹	3.99	9	24HRS	2.62
5	骆驼	3.46	10	宾度	2.58

（梁　辰）

1-7-4　2015年金银珠宝饰品品牌占有率前10名

黄金					
序号	品牌名称	比重（%）	序号	品牌名称	比重（%）
1	莱百	61.96	6	老凤祥	2.11
2	国华	7.98	7	周生生	1.74
3	周大福	5.89	8	明牌	1.27
4	工美	2.97	9	中金一品	1.20
5	中国黄金	2.28	10	六福	0.98
铂金					
序号	品牌名称	比重（%）	序号	品牌名称	比重（%）
1	莱百	69.66	6	明牌	1.29
2	国华	16.57	7	老凤祥	0.87
3	周大福	3.34	8	谢瑞麟	0.83
4	周生生	2.38	9	瑞恩	0.70
5	六福	2.23	10	金至尊	0.41

数据来源：北京商业信息咨询中心

（梁　辰）

二、对外贸易

2－1　海关进出口商品类别及构成

2－1－1　海关出口商品类别及构成

金额单位：万美元

类　　别	2015 年		2014 年		增（减）%
	金额	比重（%）	金额	比重（%）	
总　　值	**5 467 235**	**100.0**	**6 234 540**	**100.0**	—
初级产品	929 276	17.0	1 165 245	18.7	－1.7
工业制成品	4 537 960	83.0	5 069 295	81.3	1.7
机电产品	3 144 418	57.5	3 789 905	60.8	－3.3
高新技术产品	1 403 602	25.7	1 875 001	30.1	－4.4

注：数据摘自北京海关统计月报

（汪云云）

2－1－2　北京地区海关进口商品类别及构成

金额单位：万美元

类　　别	2015 年		2014 年		增（减）%
	金额	比重（%）	金额	比重（%）	
总　　值	**26 491 824**	**100.0**	**35 330 640**	**100.0**	**—**
初级产品	13 846 393	52.3	21 489 497	60.8	－8.5
工业制成品	12 645 431	47.7	13 841 143	39.2	8.5
机电产品	6 591 741	24.9	7 792 641	22.1	2.8
高新技术产品	2 612 100	9.9	2 943 685	8.3	1.6

注：数据摘自北京海关统计月报

（汪云云）

2－2　海关进出口商品分类金额

2－2－1　海关出口商品分类金额

金额单位：万美元

商品名称	2015 年	2014 年	同比（±%）
总　　值	**5 467 235**	**6 234 540**	**－12.3**
第 1 章　活动物	1 691	1 887	－10.4
第 2 章　肉及食用杂碎	203	197	3.1
第 3 章　鱼及其他水生无脊椎动物	112	129	－13.2

（续）

商品名称	2015年	2014年	同比（±%）
第4章　乳；蛋；蜂蜜；其他食用动物产品	987	750	31.6
第5章　其他动物产品	3 388	3 171	6.9
第6章　活植物；茎、根；插花、簇叶	293	258	13.6
第7章　食用蔬菜、根及块茎	3 504	6 632	−47.2
第8章　食用水果及坚果；甜瓜等水果的果皮	1 160	2 520	−54.0
第9章　咖啡、茶、马黛茶及调味香料	1 207	1 276	−5.4
第10章　谷物	13 662	19 053	−28.3
第11章　制粉工业产品；麦芽；淀粉等；面筋	529	236	124.6
第12章　油籽；子仁；工业或药用植物；饲料	11 816	13 479	−12.3
第13章　虫胶；树胶、树脂及其他植物液、汁	4 925	5 234	−5.9
第14章　编结用植物材料；其他植物产品	235	184	27.9
第15章　动、植物油、脂、蜡；精制食用油脂	890	620	43.6
第16章　肉、鱼及其他水生无脊椎动物的制品	7 847	9 350	−16.1
第17章　糖及糖食	555	778	−28.7
第18章　可可及可可制品	6 193	7 153	−13.4
第19章　谷物粉、淀粉等或乳的制品；糕饼	4 548	4 364	4.2
第20章　蔬菜、水果等或植物其他部分的制品	20 494	20 520	−0.1
第21章　杂项食品	3 096	2 803	10.4
第22章　饮料、酒及醋	2 562	2 464	4.0
第23章　食品工业的残渣及废料；配制的饲料	441	2 927	−84.9
第24章　烟草、烟草及烟草代用品的制品	0	13	−96.5
第25章　盐；硫磺；土及石料；石灰及水泥等	20 138	27 503	−26.9
第26章　矿砂、矿渣及矿灰	114	1 074	−89.4
第27章　矿物燃料、矿物油及其产品；沥青等	813 806	1 025 441	−20.6
第28章　无机化学品；贵金属等的化合物	48 281	70 685	−31.7
第29章　有机化学品	103 235	104 927	−1.6
第30章　药品	28 262	20 267	39.5
第31章　肥料	164 901	148 105	11.3
第32章　鞣料；着色料；涂料；油灰；墨水等	7 309	8 512	−14.1
第33章　精油及香膏；芳香料制品化妆盥洗品	3 325	3 270	1.7
第34章　洗涤剂、润滑剂、人造蜡、塑型膏等	6 056	7 456	−18.5
第35章　蛋白类物质；改性淀粉；胶；酶	3 522	3 234	8.9

（续）

商品名称	2015 年	2014 年	同比（±%）
第 36 章　炸药；烟火；引火品；易燃材料制品	3 732	4 529	－17.6
第 37 章　照相及电影用品	3 430	2 470	38.9
第 38 章　杂项化学产品	43 626	48 632	－10.7
第 39 章　塑料及其制品	57 303	59 842	－4.2
第 40 章　橡胶及其制品	31 344	40 834	－23.2
第 41 章　生皮（毛皮除外）及皮革	4	4	15.3
第 42 章　皮革制品；旅行箱包；动物肠线制品	9 881	8 046	22.8
第 43 章　毛皮、人造毛皮及其制品	1 266	3 653	－65.3
第 44 章　木及木制品；木炭	17 481	12 980	34.7
第 45 章　软木及软木制品	0	1	－93.1
第 46 章　编结材料制品；篮筐及柳条编结品	2 169	2 866	－24.3
第 47 章　木浆等纤维状纤维素浆；废纸及纸板	745	663	12.3
第 48 章　纸及纸板；纸浆、纸或纸板制品	5 119	5 468	－6.4
第 49 章　印刷品；手稿、打字稿及设计图纸	5 290	10 613	－50.2
第 50 章　蚕丝	1 716	2 203	－22.1
第 51 章　羊毛等动物毛；马毛纱线及其机织物	2 339	3 084	－24.2
第 52 章　棉花	7 205	4 823	49.4
第 53 章　其他植物纤维；纸纱线及其机织物	382	181	111.1
第 54 章　化学纤维长丝	5 551	6 096	－8.9
第 55 章　化学纤维短纤	9 630	10 646	－9.5
第 56 章　絮胎、毡呢及无纺织物；线绳制品等	9 318	8 480	9.9
第 57 章　地毯及纺织材料的其他铺地制品	10 204	11 711	－12.9
第 58 章　特种机织物；簇绒织物；刺绣品等	1 038	1 179	－12.0
第 59 章　浸渍、涂布、包覆或层压的纺织物；工业用纺织制品	3 809	3 298	15.5
第 60 章　针织物及钩编织物	1 953	1 754	11.4
第 61 章　针织或钩编的服装及衣着附件	146 969	50 795	190.4
第 62 章　非针织或非钩编的服装及衣着附件	94 657	94 064	0.6
第 63 章　其他纺织制品；成套物品；旧纺织品	15 312	15 033	1.9
第 64 章　鞋靴、护腿和类似品及其零件	18 848	20 068	－6.1
第 65 章　帽类及其零件	8 947	5 338	67.6
第 66 章　伞、手杖、鞭子、马鞭及其零件	124	112	9.9
第 67 章　加工羽毛及制品；人造花；人发制品	3 869	899	330.3

（续）

商品名称	2015年	2014年	同比（±%）
第68章　矿物材料的制品	13 932	13 975	－0.3
第69章　陶瓷产品	26 381	24 907	5.9
第70章　玻璃及其制品	22 429	25 291	－11.3
第71章　珠宝、贵金属及制品；仿首饰；硬币	28 651	30 398	－5.7
第72章　钢铁	256 170	234 152	9.4
第73章　钢铁制品	251 316	260 018	－3.3
第74章　铜及其制品	5 892	5 720	3.0
第75章　镍及其制品	875	510	71.7
第76章　铝及其制品	40 702	32 873	23.8
第78章　铅及其制品	183	140	30.0
第79章　锌及其制品	221	253	－12.5
第80章　锡及其制品	70	77	－8.5
第81章　其他贱金属、金属陶瓷及其制品	5 049	6 796	－25.7
第82章　贱金属器具、利口器、餐具及零件	10 643	13 385	－20.5
第83章　贱金属杂项制品	11 520	13 947	－17.4
第84章　核反应堆、锅炉、机械器具及零件	786 587	1 012 365	－22.3
第85章　电机、电气、音像设备及其零附件	1 210 743	1 719 574	－29.6
第86章　铁道车辆；轨道装置；信号设备	97 441	41 134	136.8
第87章　车辆及其零附件，但铁道车辆除外	273 579	297 993	－8.2
第88章　航空器、航天器及其零件	101 650	76 207	33.4
第89章　船舶及浮动结构体	140 486	116 460	20.6
第90章　光学、照相、医疗等设备及零附件	277 267	254 225	9.1
第91章　钟表及其零件	3 150	1 172	168.7
第92章　乐器及其零件、附件	5 042	5 274	－4.4
第93章　武器、弹药及其零件、附件	959	721	33.0
第94章　家具；寝具等；灯具；活动房	46 374	53 000	－12.5
第95章　玩具、游戏或运动用品及其零附件	13 282	11 204	18.5
第96章　杂项制品	11 412	12 606	－9.5
第97章　艺术品、收藏品及古物	5 155	2 471	108.7
第98章　特殊交易品及未分类商品	7 523	856	779.2

注：数据摘自北京海关统计月报

（汪云云）

2-2-2　海关进口商品分类金额

金额单位：万美元

商品名称	2015 年	2014 年	同比（±%）
合　　计	**26 491 824**	**35 330 640**	**−25.0**
第 1 章　活动物	37 960	54 549	−30.4
第 2 章　肉及食用杂碎	73 935	57 875	27.7
第 3 章　鱼及其他水生无脊椎动物	44 137	50 722	−13.0
第 4 章　乳；蛋；蜂蜜；其他食用动物产品	41 302	52 537	−21.5
第 5 章　其他动物产品	2 960	3 279	−9.7
第 6 章　活植物；茎、根；插花、簇叶	2 959	2 169	36.5
第 7 章　食用蔬菜、根及块茎	18 709	15 299	22.3
第 8 章　食用水果及坚果；甜瓜等水果的果皮	12 099	16 575	−27.0
第 9 章　咖啡、茶、马黛茶及调味香料	2 274	2 332	−2.5
第 10 章　谷物	212 451	119 190	78.2
第 11 章　制粉工业产品；麦芽；淀粉等；面筋	5 908	3 141	88.1
第 12 章　油籽；子仁；工业或药用植物；饲料	486 296	369 906	31.5
第 13 章　虫胶；树胶、树脂及其他植物液、汁	3 658	3 684	−0.7
第 14 章　编结用植物材料；其他植物产品	621	2 545	−75.6
第 15 章　动、植物油、脂、蜡；精制食用油脂	115 651	94 932	21.8
第 16 章　肉、鱼及其他水生无脊椎动物的制品	258	221	16.5
第 17 章　糖及糖食	45 463	45 924	−1.0
第 18 章　可可及可可制品	13 129	14 592	−10.0
第 19 章　谷物粉、淀粉等或乳的制品；糕饼	13 566	10 383	31.5
第 20 章　蔬菜、水果等或植物其他部分的制品	8 216	10 665	−23.0
第 21 章　杂项食品	11 164	19 886	−43.9
第 22 章　饮料、酒及醋	45 296	39 580	14.4
第 23 章　食品工业的残渣及废料；配制的饲料	91 548	54 663	67.5
第 24 章　烟草、烟草及烟草代用品的制品	149 654	185 072	−19.1
第 25 章　盐；硫磺；土及石料；石灰及水泥等	49 534	58 502	−15.4
第 26 章　矿砂、矿渣及矿灰	852 669	1 266 707	−32.6
第 27 章　矿物燃料、矿物油及其产品；沥青等	11 188 365	18 557 665	−39.7
第 28 章　无机化学品；贵金属等的化合物	322 641	293 794	9.9
第 29 章　有机化学品	189 305	165 250	14.6
第 30 章　药品	459 392	390 019	17.8
第 31 章　肥料	296 846	238 355	24.5
第 32 章　鞣料；着色料；涂料；油灰；墨水等	16 465	16 002	2.9

（续）

商品名称	2015年	2014年	同比（±%）
第33章　精油及香膏；芳香料制品化妆盥洗品	61 477	60 677	1.3
第34章　洗涤剂、润滑剂、人造蜡、塑型膏等	11 804	14 071	−16.1
第35章　蛋白类物质；改性淀粉；胶；酶	13 729	13 189	4.1
第36章　炸药；烟火；引火品；易燃材料制品	2 879	3 968	−27.4
第37章　照相及电影用品	8 874	8 526	4.1
第38章　杂项化学产品	129 872	141 692	−8.3
第39章　塑料及其制品	198 990	201 039	−1.0
第40章　橡胶及其制品	52 454	60 185	−12.8
第41章　生皮（毛皮除外）及皮革	6 466	6 088	6.2
第42章　皮革制品；旅行箱包；动物肠线制品	16 977	21 373	−20.5
第43章　毛皮、人造毛皮及其制品	21 474	7 299	194.2
第44章　木及木制品；木炭	92 583	140 384	−34.1
第45章　软木及软木制品	392	390	0.4
第46章　编结材料制品；篮筐及柳条编结品	5	6	−14.0
第47章　木浆等纤维状纤维素浆；废纸及纸板	60 691	39 846	52.3
第48章　纸及纸板；纸浆、纸或纸板制品	32 135	36 775	−12.6
第49章　印刷品；手稿、打字稿及设计图纸	52 105	54 131	−3.7
第50章　蚕丝	141	541	−73.9
第51章　羊毛等动物毛；马毛纱线及其机织物	41 241	36 326	13.5
第52章　棉花	99 387	135 657	−26.7
第53章　其他植物纤维；纸纱线及其机织物	11 134	9 926	12.2
第54章　化学纤维长丝	5 431	5 225	4.0
第55章　化学纤维短纤	38 252	69 947	−45.3
第56章　絮胎、毡呢及无纺织物；线绳制品等	5 318	7 422	−28.4
第57章　地毯及纺织材料的其他铺地制品	1 699	1 746	−2.7
第58章　特种机织物；簇绒织物；刺绣品等	1 548	1 823	−15.0
第59章　浸渍、涂布、包覆或层压的纺织物；工业用纺织制品	4 447	4 221	5.4
第60章　针织物及钩编织物	942	1 381	−31.8
第61章　针织或钩编的服装及衣着附件	12 595	14 554	−13.5
第62章　非针织或非钩编的服装及衣着附件	21 391	24 493	−12.7
第63章　其他纺织制品；成套物品；旧纺织品	2 191	2 104	4.1
第64章　鞋靴、护腿和类似品及其零件	13 664	23 929	−42.9
第65章　帽类及其零件	612	570	7.4
第66章　伞、手杖、鞭子、马鞭及其零件	152	127	19.7

（续）

商品名称	2015 年	2014 年	同比（±%）
第 67 章 加工羽毛及制品；人造花；人发制品	120	90	32.5
第 68 章 矿物材料的制品	6 239	8 329	—25.2
第 69 章 陶瓷产品	6 786	8 790	—22.8
第 70 章 玻璃及其制品	34 164	39 530	—13.6
第 71 章 珠宝、贵金属及制品；仿首饰；硬币	160 518	206 337	—22.2
第 72 章 钢铁	66 559	68 881	—3.3
第 73 章 钢铁制品	104 046	114 623	—9.2
第 74 章 铜及其制品	294 805	209 186	41.4
第 75 章 镍及其制品	22 169	14 465	53.3
第 76 章 铝及其制品	18 030	18 945	—4.8
第 78 章 铅及其制品	119	190	—37.5
第 79 章 锌及其制品	9 452	86	10 936.7
第 80 章 锡及其制品	5 378	6 537	—17.7
第 81 章 其他贱金属、金属陶瓷及其制品	9 532	9 347	2.0
第 82 章 贱金属器具、利口器、餐具及零件	22 225	23 811	—6.7
第 83 章 贱金属杂项制品	19 976	21 334	—6.4
第 84 章 核反应堆、锅炉、机械器具及零件	1 206 875	1 428 335	—15.4
第 85 章 电机、电气、音像设备及其零附件	1 304 741	1 617 822	—19.4
第 86 章 铁道车辆；轨道装置；信号设备	33 531	32 869	2.0
第 87 章 车辆及其零附件，但铁道车辆除外	2 690 107	3 252 109	—17.3
第 88 章 航空器、航天器及其零件	300 473	357 341	—14.7
第 89 章 船舶及浮动结构体	5124	22 164	—77.0
第 90 章 光学、照相、医疗等设备及零附件	896 885	912 696	—1.7
第 91 章 钟表及其零件	15 430	18 681	—17.4
第 92 章 乐器及其零件、附件	1 817	1 734	4.8
第 93 章 武器、弹药及其零件、附件	726	534	36.1
第 94 章 家具；寝具等；灯具；活动房	31 571	32 774	—3.7
第 95 章 玩具、游戏或运动用品及其零附件	11 837	11 775	0.5
第 96 章 杂项制品	4 705	5 295	—11.1
第 97 章 艺术品、收藏品及古物	4 887	4 751	2.5
第 98 章 特殊交易品及未分类商品	3 365 515	3 515 631	—4.3

注：数据摘自北京海关统计月报

（汪云云）

2-3 按洲别（地区）分海关进出口贸易额

2-3-1 北京地区出口到各洲情况一览表

金额单位：万美元

	出口	同比（±%）	占总出口比重（%）
亚洲	2 968 157	－13.6	54.3
非洲	475 275	－14.1	8.7
欧洲	820 421	－19.2	15.0
拉丁美洲	525 583	1.5	9.6
北美洲	533 624	－13.7	9.8
大洋洲	144 176	55.7	2.6

注：摘自北京海关统计月报

（汪云云）

2-3-2 北京地区从各洲进口情况一览表

金额单位：万美元

	进口	同比（±%）	占总出口比重（%）
亚洲	10 075 199	－33.8	38.0
非洲	2 955 602	－42.2	11.2
欧洲	6 473 995	－11.1	24.4
拉丁美洲	2 091 268	－24.2	7.9
北美洲	3 609 419	1.8	13.6
大洋洲	1 285 697	－7.8	4.9

注：摘自北京海关统计月报

（汪云云）

2-4 按国别（地区）分海关进出口贸易额

金额单位：万美元

国别（地区）	进出口	出口	进口
合　　计	**31 959 059**	**5 467 235**	**26 491 824**
美国	3 182 686	495 810	2 686 876
德国	2 028 336	112 491	1 915 845
瑞士	1 699 782	20 043	1 679 739
沙特阿拉伯	1 513 932	36 778	1 477 154
日本	1 407 627	449 918	957 709
安哥拉	1 403 226	23 959	1 379 266
澳大利亚	1 239 121	119 666	1 119 455
俄罗斯联邦	1 227 942	126 346	1 101 597

（续）

国别（地区）	进出口	出口	进口
伊拉克	1 213 994	41 760	1 172 234
韩国	1 131 575	207 703	923 872
加拿大	960 149	37 606	922 543
阿曼	888 509	6 381	882 129
巴西	796 352	79 825	716 527
土库曼斯坦	794 142	21 250	772 892
伊朗	753 543	162 933	590 611
中国香港	670 986	486 589	184 397
委内瑞拉	662 600	166 645	495 955
南非	570 724	26 778	543 946
科威特	547 715	7 492	540 222
英国	479 828	120 691	359 137
哈萨克斯坦	429 776	58 082	371 694
新加坡	393 801	190 919	202 882
法国	357 973	59 704	298 269
印度	337 359	197 139	140 220
阿联酋	325 894	72 757	253 137
中国台湾省	313 690	125 462	188 229
越南	305 198	191 580	113 618
印度尼西亚	283 062	108 482	174 580
中华人民共和国	262 624	0	262 624
哥伦比亚	249 283	15 178	234 105
意大利	243 315	42 466	200 849
阿根廷	237 913	51 110	186 803
泰国	201 364	59 054	142 310
刚果（布）	186 086	11 673	174 413
墨西哥	177 843	63 347	114 496
南苏丹共和国	176 791	11 409	165 381
马来西亚	169 332	53 881	115 452
巴基斯坦	161 268	124 161	37 106
荷兰	136 946	54 170	82 776
卡塔尔	131 232	14 747	116 485
乌克兰	121 011	21 473	99 537

（续）

国别（地区）	进出口	出口	进口
巴布亚新几内亚	115 256	6 350	108 907
菲律宾	114 623	47 750	66 873
奥地利	107 412	4 649	102 764
赤道几内亚	104 249	7 947	96 302
乌兹别克斯坦	102 561	14 172	88 389
比利时	97 841	24 870	72 971
秘鲁	94 340	17 919	76 421
瑞典	91 445	24 141	67 304
土耳其	90 085	47 336	42 749
智利	86 739	17 211	69 528
厄瓜多尔	86 215	16 044	70 172
赞比亚	85 674	13 209	72 465
西班牙	85 016	34 879	50 137
利比亚	83 765	611	83 154
埃塞俄比亚	80 966	73 838	7 129
白俄罗斯	80 748	18 078	62 671
也门	80 133	1 111	79 022
乌拉圭	77 943	2 488	75 455
以色列	74 868	21 089	53 779
匈牙利	74 448	7 840	66 609
芬兰	73 919	8 251	65 668
挪威	70 653	16 287	54 367
古巴	70 408	48 814	21 594
加纳	68 892	15 105	53 787
阿尔及利亚	66 988	29 234	37 754
喀麦隆	63 939	12 992	50 947
津巴布韦	62 215	7 114	55 101
孟加拉国	61 713	51 817	9 897
老挝	60 935	35 123	25 811
新西兰	60 858	10 730	50 128
刚果（金）	56 354	15 041	41 313
丹麦	53 765	14 213	39 552
捷克	53 011	24 254	28 758
尼日利亚	52 026	25 151	26 875

（续）

国别（地区）	进出口	出口	进口
波兰	50 771	15 528	35 243
苏丹	47 944	10 196	37 748
缅甸	47 618	38 897	8 721
埃及	45 832	20 764	25 068
蒙古	44 364	9 299	35 066
加蓬	41 468	3 177	38 291
爱尔兰	38 477	3 325	35 153
肯尼亚	30 586	30 085	500
中国澳门	29 800	28 654	1 146
约旦	24 397	2 409	21 989
吉布提	23 108	23 108	0
多民族玻利维亚国	22 805	4 820	17 985
坦桑尼亚	22 141	18 206	3 936
巴拿马	21 955	21 941	14
马耳他	21 008	20 934	74
斯里兰卡	20 919	18 964	1 955
罗马尼亚	18 318	3 469	14 848
科特迪瓦	16 936	12 362	4 574
柬埔寨	15 875	8 110	7 765
莫桑比克	15 231	11 280	3 951
斯洛伐克	14 815	8 828	5 987
纳米比亚	14 775	4 931	9 843
摩洛哥	14 224	2 959	11 264
乌干达	11 557	10 201	1 357
毛里塔尼亚	11 189	5 329	5 860
尼日尔	9 787	5 841	3 946
利比里亚	8 435	8 200	235
塞内加尔	8 402	5 600	2 802
葡萄牙	8 390	2 395	5 995
多哥	7 798	5 464	2 333
塞尔维亚	7 730	4 252	3 478
希腊	7 636	6 676	960
巴林	7 290	4 005	3 285
所罗门群岛	7 205	16	7 188

（续）

国别（地区）	进出口	出口	进口
爱沙尼亚	6 670	1 115	5 555
保加利亚	6 513	1 038	5 475
哥斯达黎加	6 423	3 249	3 174
塔吉克斯坦	6 192	3 986	2 206
危地马拉	5 628	2 711	2 917
马绍尔群岛	5 582	5 582	0
突尼斯	5 577	2 568	3 010
马达加斯加	5 292	1 197	4 095
马里	5 060	3 402	1 657
文莱	4 279	1 071	3 208
塞拉利昂	4 199	3 219	980
吉尔吉斯斯坦	4 071	4 071	0
斯洛文尼亚	4 021	1 540	2 481
特立尼达和多巴哥	3 939	3 798	140
塞浦路斯	3 874	1 602	2 272
尼泊尔联邦民主共和国	3 721	3 281	440
亚美尼亚	3 492	3 108	384
朝鲜	3 378	2 587	791
黑山	3 226	3 071	155
多米尼加共和国	3 116	1 416	1 700
卢旺达	3 052	3 052	0
马拉维	2 702	114	2 588
贝宁	2 695	1 117	1 578
乍得	2 622	2 620	2
阿塞拜疆	2 513	778	1 735
卢森堡	2 329	1 564	765
拉脱维亚	2 287	752	1 535
牙买加	2 234	2 207	27
阿尔巴尼亚	2 123	885	1 238
萨尔瓦多	2 007	795	1 213
克罗地亚	1 992	1 264	729
黎巴嫩	1 908	1 886	23
几内亚	1 844	1 827	17
波多黎各	1 712	463	1 250

（续）

国别（地区）	进出口	出口	进口
索马里	1 691	363	1 328
立陶宛	1 617	991	626
马尔代夫	1 549	1 548	1
法罗群岛	1 539	0	1 539
格鲁吉亚	1 500	1 282	218
洪都拉斯	1 485	1 141	345
前南马其顿	1 416	1 273	143
巴拉圭	1 408	1 344	64
叙利亚	1 325	1 323	1
尼加拉瓜	1 135	686	449
苏里南	1 099	382	717
阿富汗	1 086	828	257
摩尔多瓦	1 068	827	241
毛里求斯	1 064	766	297
巴哈马	984	839	145
厄立特里亚	961	961	0
布隆迪	746	745	1
博茨瓦纳	674	655	19
国别（地区）不详	643	0	643
瓦努阿图	629	629	0
斐济	402	389	13
几内亚比绍	348	35	313
冰岛	347	107	239
波黑	308	175	133
萨摩亚	292	292	0
圭亚那	273	216	58
列支敦士登	270	143	127
留尼汪	270	270	0
直布罗陀	255	255	0
安提瓜和巴布达	231	231	0
布基纳法索	227	227	0
摩纳哥	217	1	216
格林纳达	213	212	1
海地	213	211	2

（续）

国别（地区）	进出口	出口	进口
中非	212	108	103
百慕大	208	207	0
圣马力诺	174	2	172
巴勒斯坦	144	144	0
库克群岛	118	118	0
伯利兹	97	97	0
佛得角	93	93	0
法属波利尼西亚	89	83	7
汤加	76	76	0
帕劳	74	74	0
大洋洲其他国家（地区）	65	65	0
科摩罗	65	65	0
塞舌尔	63	63	0
开曼群岛	60	60	0
冈比亚	53	18	34
基里巴斯	45	45	0
新喀里多尼亚	36	36	0
非洲其他国家（地区）	35	6	29
瓜德罗普	33	33	0
多米尼克	29	22	6
圣文森特和格林纳丁斯	29	29	0
马提尼克	24	24	0
法属圭亚那	22	22	0
加那利群岛	18	18	0
巴巴多斯	18	15	3
密克罗尼西亚联邦	18	18	0
圣其茨和尼维斯	13	12	1
不丹	12	12	0
荷属安的列斯群岛	11	11	0
东帝汶	11	11	0
阿鲁巴	8	8	0
图瓦卢	6	6	0
莱索托	5	0	5
库腊索岛	5	5	0

（续）

国别（地区）	进出口	出口	进口
斯威士兰	3	2	1
圣马丁岛	2	2	0
亚洲其他国家（地区）	2	2	0
圣多美和普林西比	2	0	2
瓦利斯和浮图纳	2	2	0
社会群岛	2	2	0
圣卢西亚	1	1	0

注：摘自北京海关统计月报，按进出口额排序

（汪云云）

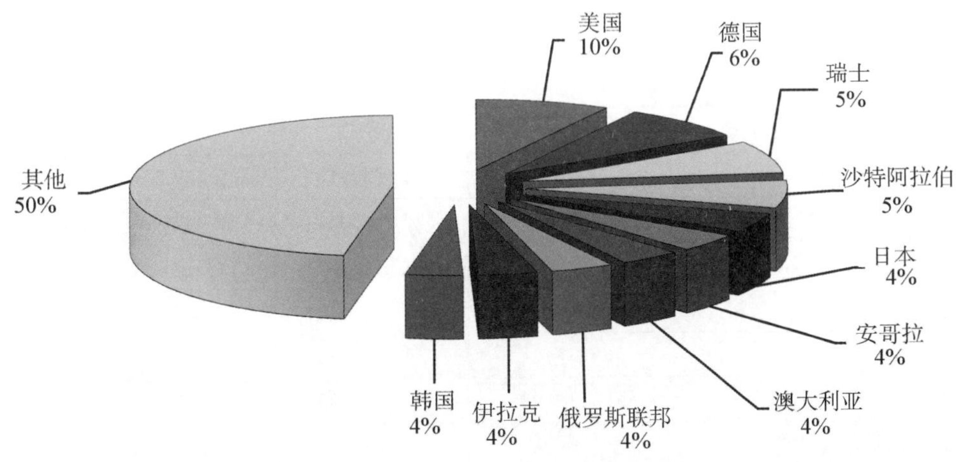

2015 年北京企业前十位贸易伙伴

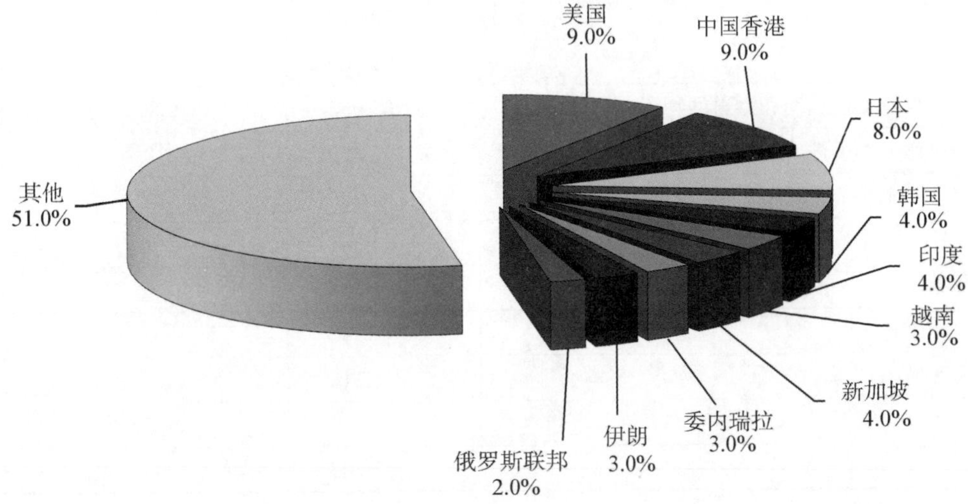

2015 年北京企业前十位出口市场

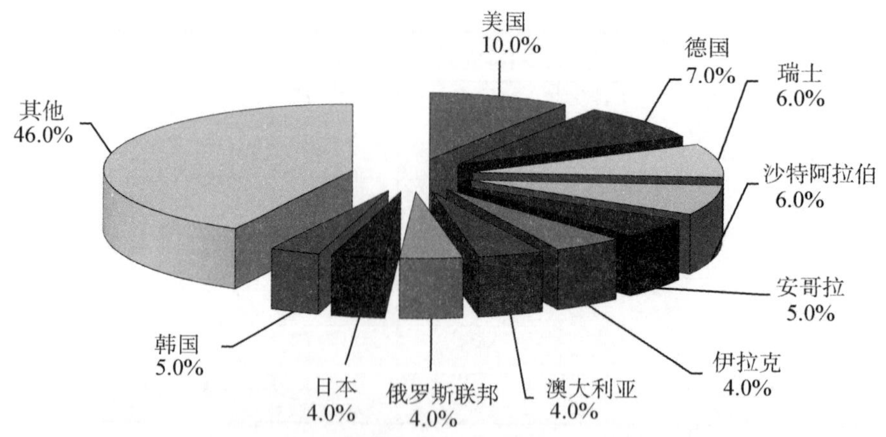

2015 年北京企业前十位进口市场

（汪云云）

2-5 2015 年海关进出口贸易额（分贸易方式）

金额单位：万美元

贸易方式	进出口	出口	进口
合　　计	**31 959 059**	**5 467 235**	**26 491 824**
一般贸易	25 706 064	2 995 370	22 710 694
加工贸易	3 560 227	1 529 044	2 031 183
来料加工	2 160 671	597 715	1 562 956
进料加工	1 399 556	931 329	468 227
海关特殊监管区域	1 722 528	279 913	1 442 614
保税监管场所进出境货物	1 266 104	245 906	1 020 198
海关特殊监管区域物流货物	454 913	34 007	420 906
对外承包工程出口货物	630 312	630 312	0
租赁贸易	159 373	277	159 096
免税品	99 289	0	99 289
国家间、国际组织无偿援助和赠送的物资	27 055	26 006	1 049
外商投资企业作为投资进口的设备、物品	5 823	0	5 823
出料加工贸易	4 623	2 416	2 207
其他捐赠物资	4 531	214	4 317
免税外汇商品	1 460	0	1 460
加工贸易进口设备	50	0	50
寄售、代销贸易	18	18	0
补偿贸易	5	5	0
其他贸易	37 702	3 660	34 042

注：摘自北京海关统计月报

（汪云云）

2-6　2015年北京各区进出口情况表

金额单位：亿美元

序号	区（功能区）	进出口			出口			进口		
		金额	同比（%）	占比（%）	金额	同比（%）	占比（%）	金额	同比（%）	占比（%）
	总　计	3 195.91	－23.1	100.0	546.72	－12.3	100.0	2 649.18	－25.0	100.0
1	朝阳区	1 274.01	－31.8	39.9	152.33	－9.3	27.9	1 121.68	－34.0	42.3
2	西城区	914.51	－20.0	28.6	85.75	－1.4	15.7	828.76	－21.5	31.3
3	海淀区	303.60	－11.2	9.5	88.81	－15.4	16.2	214.78	－9.4	8.1
4	顺义区	167.07	－13.1	5.2	54.99	－19.0	10.1	112.08	－9.8	4.2
	其中：北京天竺综合保税区	49.95	19.0	1.6	5.26	19.0	1.0	44.69	19.0	1.7
5	大兴区	158.95	－21.4	5.0	56.76	－39.4	10.4	102.19	－5.9	3.9
	其中：北京经济技术开发区	146.60	－22.8	4.6	52.59	－40.7	9.6	94.01	－7.3	3.5
6	东城区	145.01	－3.9	4.5	35.17	－2.9	6.4	109.84	－4.2	4.1
7	丰台区	124.17	－14.8	3.9	24.39	35.3	4.5	99.79	－21.9	3.8
8	昌平区	34.07	－16.0	1.1	13.60	－3.5	2.5	20.48	－22.6	0.8
9	通州区	20.74	－8.2	0.6	9.13	－25.4	1.7	11.61	12.2	0.4
10	怀柔区	10.55	45.9	0.3	6.44	91.7	1.2	4.12	6.3	0.2
11	平谷区	10.48	3.9	0.3	1.85	－2.7	0.3	8.63	5.4	0.3
12	房山区	9.09	38.4	0.3	5.08	52.4	0.9	4.01	24.0	0.2
13	密云区	8.37	－4.7	0.3	3.14	1.8	0.6	5.24	－8.3	0.2
14	石景山区	8.22	16.3	0.3	5.19	29.4	0.9	3.03	－0.8	0.1
15	门头沟区	4.33	－24.3	0.1	2.43	－31.3	0.4	1.90	－13.1	0.1
16	延庆区	1.33	－29.5	0.0	1.12	－32.5	0.2	0.22	－8.4	0.0
	其他	1.38	16.9	0.0	0.56	24.4	0.1	0.82	12.3	0.0

注：1. 各区县外贸统计口径按企业实际注册地（税务登记地）统计。

2. 顺义区数值含北京天竺综合保税区；东城区和西城区均指各自合并后的新区；大兴区数值含北京经济技术开发区；其他中含归属地不清及海关数据调整因素。

3. 进出口额是出口额与进口额之和；排序以进出口额为准。

4. 同比是指本年与上年相比的增长（下降）率，即：（本年值－上年值）×100/上年值。

5. 占比是指各区县值占总计值（全市值）的比重，用百分数表示。

（汪云云）

2-7 2015年北京市进出口进度表

金额单位：亿美元

时间	当月进出口		累计进出口	
	金额	同比（%）	金额	同比（%）
1月	298.4	−25.1	298.4	−25.1
2月	219.7	−33.5	518.0	−29.0
3月	263.3	−27.2	781.1	−28.4
4月	272.4	−25.3	1 053.0	−27.6
5月	251.1	−27.0	1 304.8	−27.5
6月	285.5	−11.8	1 590.6	−25.1
7月	286.1	−16.9	1 877.5	−23.9
8月	246.2	−23.3	2 123.9	−23.8
9月	287.2	−21.3	2 411.0	−23.5
10月	239.4	−28.6	2 650.0	−24.0
11月	249.2	−24.7	2 899.2	−24.1
12月	306.8	−8.7	3 195.9	−23.1

注：数据摘自北京海关统计月报

（汪云云）

2-8 全国各省市进出口贸易总额

（按经营单位所在地分）

金额单位：亿美元

地区	进出口额	出口额	进口额	同比（%）		
				进出口	出口	进口
总值	**39 586.4**	**22 765.7**	**16 820.7**	**−8.0**	**−2.8**	**−14.1**
广东	10 229.5	6 435.6	3 793.9	−5.0	−0.4	−11.9
江苏	5 456.1	3 386.7	2 069.5	−3.2	−0.9	−6.7
上海	4 492.4	1 959.4	2 533.0	−3.7	−6.8	−1.2
浙江	3 474.1	2 766.6	707.5	−2.2	1.2	−13.4
北京	3 196.2	546.7	2 649.5	−23.1	−12.3	−25.0
山东	2 417.4	1 440.5	976.9	−12.7	−0.5	−26.1

（续）

地　　区	进出口额	出口额	进口额	同比（%）		
				进出口	出口	进口
福建	1 693.8	1 130.4	563.4	−4.5	−0.4	−11.9
天津	1 143.5	511.8	631.6	−14.6	−2.7	−22.3
辽宁	960.9	508.4	452.5	−15.7	−13.5	−18.1
重庆	749.4	553.3	196.0	−21.5	−12.7	−38.8
河南	738.4	430.7	307.7	13.6	9.4	20.2
四川	515.9	333.5	182.4	−26.5	−25.6	−28.1
河北	514.8	329.4	185.4	−14.0	−7.8	−23.3
广西	511.6	280.3	231.3	26.2	15.2	42.6
安徽	488.1	331.1	156.9	−0.8	5.2	−11.3
湖北	456.1	292.2	163.8	6.0	9.7	−0.1
江西	426.1	332.7	93.4	−0.3	3.9	−12.8
陕西	305.0	147.9	157.2	11.5	6.2	17.0
湖南	293.7	191.7	101.9	−4.8	−3.9	−6.4
云南	244.0	166.0	77.9	−17.6	−11.6	−28.0
黑龙江	209.8	80.3	129.5	−46.1	−53.7	−40.0
新疆	196.8	175.1	21.7	−28.9	−25.4	−48.2
吉林	189.3	46.5	142.7	−28.3	−19.5	−30.7
山西	147.2	84.2	62.9	−9.3	−5.8	−13.7
海南	139.6	37.4	102.2	−12.0	−15.3	−10.7
内蒙古	127.5	56.5	71.0	−12.4	−11.6	−13.1
贵州	123.0	100.2	22.7	14.2	6.7	65.3
甘肃	80.1	58.3	21.8	−7.3	9.3	−34.0
宁夏	37.9	29.8	8.1	−30.3	−30.8	−28.1
青海	19.3	16.4	2.9	12.6	45.6	−50.4
西藏	9.1	5.9	3.3	−59.5	−72.1	112.4

数据来源：商务部

（汪云云）

2-9 历年进出口总额一览表

（1993—2015年）

单位：万美元

年度	进出口总额	出口额	进口额
1993	2 826 683	672 105	2 154 578
1994	2 927 427	834 206	2 093 221
1995	3 703 513	1 024 977	2 678 536
“九五”时期	17 417 315	5 010 231	12 407 084
1996	2 931 833	811 975	2 119 858
1997	3 038 852	961 103	2 077 749
1998	3 050 609	1 051 293	1 999 316
1999	3 433 844	989 059	2 444 785
2000	4 962 177	1 196 801	3 765 376
“十五”时期	39 273 900	9 269 879	30 004 021
2001	5 154 131	1 178 687	3 975 444
2002	5 250 870	1 261 464	3 989 406
2003	6 846 262	1 685 173	5 161 089
2004	9 465 509	2 057 493	7 408 016
2005	12 557 128	3 087 062	9 470 066
“十一五”时期	113 900 296	24 818 619	89 081 677
2006	15 817 225	3 797 921	12 019 304
2007	19 294 630	4 892 328	14 402 302
2008	27 171 187	5 745 424	21 425 763
2009	21 476 276	4 836 261	16 640 014
2010	30 140 978	5 546 685	24 594 293
“十二五”时期	196 175 679	29 893 938	166 281 740
2011	38 949 480	5 902 502	33 046 978
2012	40 791 626	5 965 038	34 826 588
2013	42 910 333	6 324 622	36 585 711
2014	41 565 180	6 234 540	35 330 640
2015	31 959 059	5 467 235	26 491 824

注：数据摘自北京海关统计月报

（汪云云）

2-10　1995—2015年北京进出口额在全国各地区的排名

年　份	进　口	出　口
1995	2	3
1996	2	7
1997	2	7
1998	2	5
1999	2	7
2000	2	7
2001	2	7
2002	3	7
2003	4	7
2004	4	8
2005	4	7
2006	3	7
2007	3	7
2008	2	6
2009	2	7
2010	2	7
2011	2	7
2012	2	7
2013	2	8
2014	2	8
2015	2	8

（汪云云）

三、服务外包与技术贸易

3－1 2015年北京地区服务贸易进出口情况统计表

单位：亿美元

项 目	进出口总额	出口	进口
合 计	**1 302.8**	**490.7**	**812.1**
1. 运输服务	189.9	51.5	138.4
2. 旅行	471.9	84.5	387.4
3. 电信服务	22.4	12.3	10.1
4. 建筑服务	141.7	88.4	53.3
5. 保险服务	65.0	27.4	37.6
6. 金融服务	9.9	1.5	8.4
7. 计算机和信息服务	97.7	53.7	44.0
8. 专有权利使用费和特许费	36.3	2.3	34.0
9. 专业和管理咨询服务	111.8	83.7	28.1
10. 技术服务	38.1	22.0	16.1
11. 文化和娱乐服务	10.5	2.7	7.8
12. 其他服务	107.6	60.7	46.9

注：数据来源于商务部

（车欣薇）

3－2 北京地区历年服务贸易进出口情况统计表

单位：亿美元

年 度	出 口	进 口	进出口额	顺（逆）差
2003	82.45	79.78	162.24	2.67
2004	121.12	114.58	235.70	6.54
2005	165.81	134.92	300.74	30.89
2006	198.54	194.68	393.23	3.86
2007	252.81	250.25	503.06	2.55
2008	341.69	350.23	691.92	－8.53
2009	331.60	332.50	644.10	－20.90
2010	388.22	410.10	798.32	－21.88
2011	414.99	480.38	895.37	－65.39
2012	445.11	555.09	1 000.20	－109.98
2013	426.89	596.44	1 023.33	－169.55
2014	435.05	671.09	1 106.14	－236.04
2015	490.67	812.11	1 302.78	－321.44

（车欣薇）

3－3 北京市2015年服务外包（离岸）外包类别情况

外包类别	2014年执行金额（万美元）	2015年执行金额（万美元）	同比增幅（%）
服务外包（离岸）合计	532 693.40	449 931.48	－15.5
其中：			
信息技术外包	356 654.09	303 605.54	－14.9
业务流程外包	87 539.59	78 882.46	－9.9
知识流程外包	88 499.72	67 443.48	－23.8
其他服务产品	—	—	—

（许　鑫）

3－4 北京市历年服务外包（离岸）情况

年　　度	合同数（份）	执行金额（万美元）	同比增幅（%）
总　　计	**46 618**	**2 456 845.8**	
2006	4 240	35 583.2	—
2007	4 742	42 454.2	19.3
2008	3 050	54 176.8	27.6
2009	5 264	104 841.0	93.5
2010	5 565	153 755.9	46.7
2011	5 884	244 880.9	59.3
2012	5 887	355 953.3	45.4
2013	4 586	482 575.6	35.6
2014	3 950	532 693.4	10.4
2015	3 450	449 931.5	－15.5

（许　鑫）

3－5 2015年技术进出口合同登记情况

3－5－1 技术出口合同登记情况

一、按合同类型分

出口方式（合同类别）	合同数（个）	合同金额（万美元）	技术费（万美元）
总　　计	**638**	**797 288.0**	**685 956.0**
A：专利技术的许可或转让(包括专利申请权的转让)	29	79.3	79.3
B：专有技术的许可或转让	23	17 554.1	17 554.1
C：技术咨询、技术服务	509	673 780.0	564 843.4
D：计算机软件的出口	77	105 874.6	103 479.3

（巨振乐）

二、按企业性质分

企业性质分类	合同数（个）	合同金额（万美元）	技术费（万美元）
总　　计	**638**	**797 288.0**	**685 956.0**
国有企业	49	89 554.3	9 169.3
外商投资企业	347	648 474.8	618 838.4
民营企业	239	59 255.3	57 944.7
其他	3	3.6	3.6

（巨振乐）

三、按国民经济行业分

行　　业	合同数（个）	合同金额（万美元）	技术费（万美元）
总　　计	**638**	**797 288.0**	**685 956.0**
农、林、牧、渔业	3	35.1	35.1
采矿业	30	6 181.3	1 289.8
制造业	95	176 609.2	143 271.7
电力、燃气及水的生产和供应业	7	46 967.5	3 012.7
建筑业	4	16 421.5	3 061.5
交通运输、仓储和邮政业	1	10.0	10.0
信息传输、计算机服务和软件业	278	455 024.2	455 021.7
批发和零售业	1	2.3	2.3
租赁和商务服务业	8	233.1	233.1
科学研究、技术服务和地质勘查业	168	77 158.6	77 156.3
居民服务和其他服务业	21	1 273.9	1 273.9
教育	1	253.3	253.3
文化、体育和娱乐业	3	563.2	563.2

（巨振乐）

四、按国别（地区）分

国别地区	合同数（个）	合同金额（万美元）	技术费（万美元）
总　　计	**638**	**797 288.0**	**685 956.0**
美国	138	417 177.3	417 177.3
中国香港	88	96 282.4	53 558.2
芬兰	3	56 704.9	56 704.9
瑞典	10	43 111.7	43 111.7
孟加拉国	1	23 756.3	1 727.0
丹麦	2	18 647.8	18 647.8
伊朗	5	18 008.6	2 225.2

（续）

国别地区	合同数（个）	合同金额（万美元）	技术费（万美元）
德意志联邦共和国	19	15 722.8	15 722.8
新加坡	25	13 283.8	13 283.8
老挝	1	12 777.0	762.0
英属维尔京	33	11 534.6	11 534.6
日本	122	11 201.6	11 201.6
韩国	19	9 954.8	9 587.0
菲律宾	4	9 777.8	940.2
瑞士	17	8 236.3	8 236.3
印度尼西亚	7	5 413.1	521.6
爱尔兰	3	5 362.5	5 362.5
厄瓜多尔	2	3 632.4	1 237.1
开曼群岛	19	3 060.5	3 060.5
蒙古	4	2 789.5	1 444.5
百慕大	0	2 650.0	2 650.0
法国	12	2 101.1	2 101.1
荷兰	9	1 127.3	1 127.3
越南	7	1 058.5	120.5
澳大利亚	6	579.0	579.0
英国	14	559.4	559.4
埃塞俄比亚	2	335.5	335.5
利比里亚	2	322.3	322.3
哥伦比亚	2	271.4	271.4
加拿大	6	270.1	270.1
巴布亚新几	2	156.3	156.3
马来西亚	3	156.1	156.1
阿拉伯酋长国	4	149.1	149.1
中国台湾	7	139.4	139.4
加蓬	2	132.0	132.0
哈萨克	4	122.4	122.4
智利	1	113.0	113.0
其他国家和地区	33	609.5	604.8

（巨振乐）

3-5-2 技术引进合同登记情况

一、按合同类型分

引进方式（合同类别）	合同数（个）	合同金额（万美元）	技术费（万美元）
总　计	**629**	**264 327.5**	**250 283.5**
A：专利技术的许可或转让(包括专利申请权的转让)	25	22 848.8	22 848.8
B：专有技术的许可或转让	121	120 037.1	119 911.1
C：技术咨询、技术服务	445	66 311.3	56 211.9
D：计算机软件的进口	24	50 009.2	50 009.2
E：A、B内容之一相关联的商标许可	—	213.9	213.9
F：涉及A、B、C内容之一的合资生产、合作生产等	4	190.3	190.3
G：为实施A至G项内容而进口的成套设备、关键设备、生产线等	10	4 242.3	423.7
H：其他方式的技术进口	—	474.6	474.6

（李家旭）

二、按企业性质分

企业性质分类	合同数（个）	合同金额（万美元）	技术费（万美元）
总　计	**629**	**264 327.5**	**250 283.5**
国有企业	181	55 563.1	44 745.1
集体企业	2	57.2	57.2
外商投资企业	352	198 666.7	198 540.7
民营企业	93	9 732.4	6 632.4
其他	1	308.1	308.1

（李家旭）

三、按国民经济行业分

行　业	合同数（个）	合同金额（万美元）	技术费（万美元）
总　计	**629**	**264 327.5**	**250 283.5**
农、林、牧、渔业	—	32.2	32.2
采矿业	21	9 802.5	3 449.8
制造业	248	157 186.9	150 142.3
电力、燃气及水的生产和供应业	8	537.7	537.7
建筑业	6	714.3	714.3
交通运输、仓储和邮政业	7	7 056.4	6 409.6
信息传输、计算机服务和软件业	218	70 760.7	70 760.7
批发和零售业	10	1 458.8	1 458.8

（续）

行　　业	合同数（个）	合同金额（万美元）	技术费（万美元）
金融业	9	4 822.3	4 822.3
房地产业	3	598.0	598.0
租赁和商务服务业	2	5.4	5.4
科学研究、技术服务和地质勘查业	79	8 060.6	8 060.6
水利、环境和公共设施管理业	4	220.7	220.7
居民服务和其他服务业	12	1 747.9	1 747.9
教育	1	6.7	6.7
文化、体育和娱乐业	—	61.3	61.3
公共管理与社会组织	1	4.3	4.3

（李家旭）

四、按国别（地区）分

国别地区	合同数（个）	合同金额（万美元）	技术费（万美元）
总　　计	**629**	**264 327.5**	**250 283.5**
美国	97	92 896.8	90 971.3
韩国	208	58 778.7	58 696.3
德意志联邦共和国	81	38 238.0	34 006.6
瑞士	5	15 668.2	15 542.2
日本	77	11 941.8	9 182.8
丹麦	3	8 629.6	8 629.6
中国香港	19	7 978.2	7 978.2
爱尔兰	7	5 315.3	5 315.3
加拿大	17	4 330.0	509.9
荷兰	11	2 686.2	2 676.0
法国	11	2 385.9	2 385.9
瑞典	3	2 132.2	2 132.2
意大利	7	2 105.4	2 105.4
英属维尔京	1	1 611.5	1 611.5
捷克共和国	2	1 579.0	1 579.0
巴西	—	1 153.2	1 153.2
新加坡	9	1 079.5	1 079.5
中国台湾	28	1 062.7	1 062.7

（续）

国别地区	合同数（个）	合同金额（万美元）	技术费（万美元）
挪威	2	923.8	25.5
芬兰	2	796.2	796.2
英国	17	759.8	759.8
开曼群岛	3	516.7	516.7
西班牙	3	420.1	420.1
奥地利	3	280.2	280.2
百慕大	—	246.9	246.9
澳大利亚	2	230.3	230.3
比利时	2	220.5	29.4
其他国家和地区	9	360.6	360.6

（李家旭）

四、利用外资

4－1 2015 年 1－12 月外商投资分方式结构表

金额单位：万美元

投资方式	实际外资
总　　计	**1 299 635**
中外合资企业	268 500
中外合作企业	202
外资企业	995 202
外商投资股份制	35 731

（马俊杰）

4－2 2015 年 1－12 月外商投资分产业结构表

金额单位：万美元

产业名称	实际外资
总　　计	**1 299 635**
第一产业	7 620
第二产业	59 528
第三产业	1 232 487

（马俊杰）

4－3 2015 年 1－12 月外商投资分行业结构表

金额单位：万美元

行业名称	实际外资
总　　计	**1 299 635**
农、林、牧、渔业	7 620
采矿业	0
制造业	59 397
化学原料及化学制品制造业	373
医药制造业	2 606
通用设备制造业	168

（续）

行业名称	实际外资
专用设备制造业	4 658
交通运输设备制造业	40 762
通信设备、计算机及其他电子设备制造业	490
电力、燃气及水的生产和供应业	0
建筑业	131
交通运输、仓储和邮政业	2 287
信息传输、计算机服务和软件业	48 611
批发和零售业	242 167
住宿和餐饮业	549
金融业	733 303
房地产业	27 541
租赁和商务服务业	71 199
科学研究、技术服务和地质勘查业	98 895
水利、环境和公共设施管理业	4 720
居民服务和其他服务业	83
教育	15
卫生、社会保障和社会福利业	0
文化、体育和娱乐业	3 117

（马俊杰）

4－4　2015年1－12月外商投资主要国别和地区结构表

金额单位：万美元

国别（地区）	实际外资
中国香港	993 199
英属维尔京群岛	189 644
德国	35 761
新加坡	16 468
法国	16 054
日本	12 193
韩国	8 143
开曼群岛	5 774
美国	3 677
英国	2 010

（马俊杰）

五、对外经济

5-1 1979—2015年对外投资一览表

金额单位：万美元

年度	企业数（个）	中方协议投资额	中方实际投资额
1979	1	22	
1980	4	181.8	
1981	2	25.8	
1982	3	20.8	
1983	2	166.5	
1984	3	210.07	
1985	5	190.3	
1986	4	56.6	
1987	6	213.72	
1988	12	720.7	
1989	6	671	
1990	11	396.9	
1991	23	3 623.18	
1992	34	819.45	
1993	47	12 562.49	
1994	30	486.68	
1995	25	2 510.86	
1996	22	1656.7	
1997	20	715.46	
1998	21	550.73	
1999	13	394.58	
2000	20	2 502.29	
2001	20	912.3	
2002	25	5 086.04	
2003	38	63 249.61	
2004	52	20 371.08	13 621.48
2005	52	24 216.24	7 582.08

（续）

年度	企业数（个）	中方协议投资额	中方实际投资额
2006	76	31 654.53	6 980.56
2007	87	36 642.53	9 439.85
2008	103	42 491.15	20 582.28
2009	140	49 958.39	30 580.71
2010	266	177 084.38	69 383.36
2011	237	209 700.08	74 533.75
2012	277	202 133.22	16 885
2013	393	—	413 010
2014	375	—	727 353
2015	—	—	955 475.35
总　计			2 345 427.42

（周　煊）

5-2　2015年1-12月我国对外承包工程、劳务合作和境外就业业务分国家（地区）统计表

单位：份、万美元、人

国家（地区）名称	对外承包工程					对外劳务合作					累计派出各类劳务人员数量	月末在外各类劳务人员数量	雇用项目所在国人员数量
	新签合同份数	新签合同额	完成营业额	派出人数	月末在外人数	新签合同份数	新签劳务人员合同工资总额	劳务人员实际收入总额	派出人数	月末在外人数			
	(1)	(2)	(3)	(4)	(5)	(6)	(7)	(8)	(9)	(10)	(11)	(12)	(13)
秘鲁	2	132	190	16	0	0	0	0	0	0	16	0	0
巴哈马	0	0	0	0	20	0	0	0	0	155	0	175	0
巴拿马	0	0	0	0	0	0	0	0	0	713	0	713	0
开曼群岛	0	0	0	0	0	0	0	0	0	22	0	22	0
格林纳达	0	0	0	0	19	0	0	0	0	0	0	19	1
苏里南	0	0	13	0	0	0	0	0	0	0	0	0	4
哥伦比亚	0	0	0	0	1	0	0	0	0	0	0	1	0
安提瓜和巴布达	0	0	18	0	22	0	0	0	0	8	0	30	5
古巴	3	191	426	0	18	0	0	0	0	0	0	18	9
厄瓜多尔	0	0	0	0	4	0	0	0	0	0	0	4	0
巴西	1	10	10	4	2	0	0	0	0	0	4	2	0
伯利兹	0	0	0	0	0	0	0	0	0	1	0	1	0

（续）

国家（地区）名称	对外承包工程					对外劳务合作					累计派出各类劳务人员数量	月末在外各类劳务人员数量	雇用项目所在国人员数量
	新签合同份数	新签合同额	完成营业额	派出人数	月末在外人数	新签合同份数	新签劳务人员合同工资总额	劳务人员实际收入总额	派出人数	月末在外人数			
	(1)	(2)	(3)	(4)	(5)	(6)	(7)	(8)	(9)	(10)	(11)	(12)	(13)
北美洲	4	6 403	3 807	0	0	0	0	137	129	80	129	80	0
加拿大	0	0	4	0	0	0	0	137	129	72	129	72	0
百慕大群岛	0	0	0	0	0	0	0	0	0	1	0	1	0
美国	4	6 403	3 803	0	0	0	0	0	0	7	0	7	0
大洋洲	0	0	422	5	3	0	14	173	0	268	5	271	14
马绍尔群岛共和国	0	0	0	0	0	0	0	0	0	191	0	191	0
所罗门群岛	0	0	0	0	3	0	0	0	0	0	0	3	0
澳大利亚	0	0	394	0	0	0	14	173	0	46	0	46	0
图瓦卢	0	0	0	0	0	0	0	0	0	25	0	25	0
瓦努阿图	0	0	11	5	0	0	0	0	0	0	5	0	5
萨摩亚	0	0	0	0	0	0	0	0	0	0	0	0	3
密克罗尼西亚联邦	0	0	17	0	0	0	0	0	0	0	0	0	6
基里巴斯	0	0	0	0	0	0	0	0	0	6	0	6	0

（李　恩、袁　渤）

六、口岸通关

6-1 2015年北京口岸运营情况一览表（货运）

项　　目	本年累计	上年同期	同比增长（±%）
北京首都机场口岸			
货邮运量（吨）	1 889 829.0	1 848 251.0	2.2
其中：国际货邮（吨）	843 758.0	740 366.0	14.0
国内货邮（吨）	1 046 071.0	1 107 885.0	−5.58
海关监管货物总量（吨）	41 597 343	19 607 650	112.1
其中：监管进口货物（吨）	40 225 217	18 217 466	120.8
监管出口货物（吨）	1 372 126	1 390 184	−1.3
其中：跨关区通关货物（吨）	40 092 367	18 021 304	122.5
其中：进口货物（吨）	40 022 227	17 978 992	122.6
出口货物（吨）	70 140	42 312	65.8
海关监管货物（万美元）	8 621 297	9 101 403	−5.3
其中：监管进口货物（万美元）	5 198 674	5 459 349	−4.8
监管出口货物（万美元）	3 422 623	3 642 054	−6.0
海关征收关税及代征税（万元）	3 259 276	3 347 288	−2.6
北京丰台货运口岸			
海关监管货物（标箱）	2 120	2 171	−2.3
其中：监管进口货物（标箱）	1 196	762	57.0
监管出口货物（标箱）	924	1 409	−34.4
海关监管货物（吨）	17 767	17 336	2.5
其中：监管进口货物（吨）	5 568	3 755	48.3
监管出口货物（吨）	12 199	13 581	−10.2
海关监管货物（万美元）	8 480	8 919	−4.9
其中：监管进口货物（万美元）	6 627	6 297	5.2
监管出口货物（万美元）	1 853	2 622	−29.3
海关征收关税及代征税（万元）	9 872	9 699	1.8
北京朝阳口岸			
海关监管货物（标箱）	116 050	114 251	1.6
其中：监管进口货物（标箱）	113 336	110 202	2.8
监管出口货物（标箱）	2 714	4 049	−33.0

（续）

项　　目	本年累计	去年同期	同比增长（±%）
海关监管货物（吨）	937 912	1 193 909	−21.4
其中：监管进口货物（吨）	928 179	1 179 956	−21.3
监管出口货物（吨）	.9 733	13 953	−30.2
海关监管货物（万美元）	811 385	914 187	−11.2
其中：监管进口货物（万美元）	788 599	884 882	−10.9
监管出口货物（万美元）	22 786	29 305	−22.2
海关征收关税及代征税（万元）	1 205 137	1 258 514	−4.2
北京平谷国际陆港			
海关监管货物量（标箱）	30 709	31 142	−1.4
其中：监管进口货物（标箱）	29 487	30 409	−3.0
监管出口货物（标箱）	1 222	733	66.7
海关监管货物（吨）	189 997	198 586	−4.3
其中：监管进口货物（吨）	186 662	196 556	−5.0
监管出口货物（吨）	3 335	2 030	64.3
海关监管货物（万美元）	127 703	148 573	−14.0
其中：监管进口货物（万美元）	126 810	147 566	−14.1
监管出口货物（万美元）	893	1 007	−11.3
海关征收关税及代征税（万元）	202 582	211 451	−4.2
北京天竺综合保税区			
实际进出口货物（吨）	62 133	49 592	25.3
海关征收关税及代征税（万元）	748 313	662 750	12.9
北京口岸合计			
海关监管货物合计（吨）	42 743 019	21 017 481	103.4
其中：监管进口货物（吨）	41 345 626	19 597 733	111.0
监管出口货物（吨）	1 397 393	1 419 748	−1.6
海关监管货物（万美元）	9 568 865	10 173 082	−5.9
其中：监管进口货物（万美元）	6 120 710	6 498 094	−5.8
监管出口货物（万美元）	3 448 155	3 674 988	−6.2
海关征收关税及代征税合计（万元）	4 676 867	4 826 952	−3.1

注：北京口岸合计不含北京天竺综合保税区数据

（谭　峰）

6-2 2015年北京口岸运营情况一览表（客运）

项 目	本年累计	上年同期	同比增长（±%）
北京首都机场口岸			
旅客吞吐量（人次）	89 938 628	86 128 270	4.4
其中：进港（人次）	45 053 696	43 081 926	4.6
出港（人次）	44 884 932	43 046 344	4.3
出入境人员（人次）	23 230 325	22 048 504	5.4
其中：入境（人次）	11 668 688	11 066 334	5.4
出境（人次）	11 561 637	10 982 170	5.3
其中：出入境外籍人员（人次）	7 118 591	7 899 073	−9.9
其中：出入境港澳台同胞（人次）	1 272 352	1 286 045	−1.1
其中：出入境内地居民（人次）	14 839 382	12 863 386	15.4
其中：旅客过境（人次）	147 336	629 747	−76.6
其中：72小时过境免签旅客（人次）	19 905	20 017	−0.6
飞机起降（架次）	590 169	581 953	1.4
其中：进港（架次）	295 118	290 973	1.4
出港（架次）	295 051	290 980	1.4
出入境飞机起降（架次）	132 613	125 760	5.4
北京西站铁路口岸			
出入境人员（人次）	66 548	91 996	−27.7
其中：入境（人次）	31 720	39 846	−20.4
出境（人次）	34 828	52 150	−33.2
其中：出入境外籍人员（人次）	4 196	5 535	−24.2
其中：出入境港澳台同胞（人次）	20 505	23 743	−13.6
其中：出入境内地居民（人次）	41 847	62 718	−33.3
北京口岸合计			
出入境人员合计（人次）	23 296 873	22 140 500	5.2
其中：入境（人次）	11 700 408	11 106 180	5.4
出境（人次）	11 596 465	11 034 320	5.1
其中：出入境外籍人员（人次）	7 122 787	7 904 608	−9.9
其中：出入境港澳台同胞（人次）	1 292 857	1 309 788	−1.3
其中：出入境内地居民（人次）	14 881 229	12 926 104	15.1

（谭 峰）

第七部分

大　事　记

大　事　记

1 季度

1 月 23 日，市商务委发布《关于开展物流标准化 2015 年试点项目申报工作的通知》（京商务物流字〔2015〕1 号），正式启动北京市物流标准化试点工作。

3 月 20 日，市商务委召开 2015 年全市商务工作会议，市政府程红副市长出席会议并讲话。

2 季度

5 月 5 日，国务院批复同意北京市开展服务业扩大开放综合试点，北京成为全国首个服务业扩大开放综合试点城市。

5 月 6 日，市商务委第一支产业发展基金——农产品流通产品发展基金成立。首期规模 2.4 亿元，存续期 10 年，用于支持农产品流通体系建设。

5 月至 11 月，市商务委联合市总工会、市妇联组织开展了“2015 北京市商业服务业服务技能大赛系列活动”。

6 月，北京跨境电子商务公共信息平台全部功能上线运行，实现了全程交易信息电子化、政府部门之间信息共享与协调联动、全程可追溯。

3 季度

7 月，市商务委制定发布了《机电产品国际招标投标活动投诉处理办法（试行）》，建立了首个全国省市商务部门机电招投标防风险机制。

8 月 13 日，市商务委与市政府外联办共同组织了以“合作共赢 走向世界”为主题的对接交流活动。95 家央地企业实现供需对接、跨界合作，现场签约近 12 亿美元，搭建了全市首个服务央企平台。

8 月 18 日，京津冀三地商务部门在廊坊联合举办了京津冀机电进出口工作交流暨联合培训会。

8 月 19 日，市商务委和市财政局联合发布《北京生活性服务业发展基金管理办法》，设立北京生活性服务业发展基金。

8 月 21 日，第四届京交会第一次部市领导会商会议召开。

9 月 13 日，商务部与北京市共同印发《北京市服务业扩大开放综合试点实施方案》，明确了 141 项具体试点任务。9 月 14 日，北京市委、市政府召开北京市服务业扩大开放综合试点动员部署大会。

9 月 19 日至 22 日，市商务委会同天津、河北商务部门组织三地企业共同组成“京津冀联合展团”参加中国国际汽车商品交易会，这是京津冀三地商务部门首次以统一形象公开亮相。

4 季度

10 月 12 日至 14 日，由市商务委主办，北京电子商务协会、北京市国际服务贸易事务中心承办的2015中国（北京）电子商务大会在京举行。

10月13日，市商务委发布公告，确定8家企业为2015年首批北京市电动物流车运营试点企业，启动北京市电动物流车运营试点工作。

11月9日，市商务委行政事务服务中心整建制入驻市政务大厅。

11月10日，第四届京交会驻华使馆及商协会交流会在亮马河大厦会议中心举办。

11月10日，市商务委召开汽车示范区企业国际化对接交流培训会，搭建了汽车企业、金融机构和境外园区沟通对接交流平台。

11月18日，北京总部企业协会成立大会召开，近百家总部企业参加了会议。

11月27日至28日，第十九届北京·香港经济合作研讨洽谈会在香港成功举办。

12月18日，由市商务委主办、市统计局支持的“北京市社零额突破‘一万亿’信息发布会”在京举行。

12月24日，商务部、中编办联合下发《商务部中编办关于商务综合行政执法体制改革试点工作指导意见》（商秩发〔2015〕499号），将北京市列为十个商务综合行政执法试点地区之一。

（石　龙）

第八部分

附　　录

北京市商务委员会组织序列

（截至2015年12月31日）

序　号	商务委处室
1	办公室
2	综合处（研究室）
3	法制与公平贸易处（世贸组织事务处）
4	流通规划处
5	流通发展处
6	流通秩序处
7	市场秩序协调处
8	服务交易处
9	储备调控处（北京市盐务管理办公室）
10	消费促进处（批发业发展处）
11	物流发展处
12	商务服务业发展协调处
13	总部经济发展处
14	电子商务处
15	外贸运行处（北京市机电产品进出口办公室）
16	贸易发展处
17	北京市服务业扩大开放综合试点工作领导小组办公室规划政策处
18	北京市服务业扩大开放综合试点工作领导小组办公室协调推进处
19	服务贸易处
20	对外经济合作处
21	外资发展处
22	外资管理处（对港澳台经济合作处）
23	安全监管处
24	财务处
25	人事处
序　号	**市政府口岸办公室处室**
1	秘书处
2	综合业务处
3	航空港处
4	陆港管理处（北京市人民政府口岸办公室丰台货运口岸管理处、北京市人民政府口岸办公室朝阳口岸管理处）
5	北京西站铁路口岸处

序　号	市粮食局（部门管理机构）
1	办公室
2	调控处
3	政策法规处
4	储备处
5	监督检查处
6	流通管理处
7	财务处
8	人事处
序　号	市商务执法监察大队（直属管理机构）
1	办公室
2	法制科
3	行政科
4	执法一队
5	执法二队
6	执法三队
7	执法四队

（余　军）

北京市商务委员会领导成员

（截至2015年12月31日）

闫立刚　党组书记、主任（2015年2月任职）
卢　彦　党组书记、主任（2015年2月调出）
闫小彦　党组成员、副主任
程玉华　党组成员、副主任（2015年10月退休）
许　康　党组成员
倪跃刚　党组成员、副主任
李广禄　党组成员
宋建明　党组成员、副主任
申金升　副主任
武玉民　党组成员、纪检组组长，直属机关工会主席（2015年3月免职）
孙　尧　党组成员、副主任，直属机关党委书记，直属机关工会主席（2015年3月任职）
张树华　副主任（2015年12月结束挂职）
王卫平　委员（正局级）（2015年2月退休）
魏忆京　委员（副局级）（2015年3月退休）
邓洪波　委员（副局级）
王洪存　委员（副局级）
袁晓鲁　委员（副局级）（2015年10月退休）
丁剑华　委员（副局级）（2015年5月任职）
刘行苍　副巡视员（2014年8月调出）
赵立宗　副巡视员

（佘　军）

北京市人民政府口岸办公室领导成员

（截至2015年12月31日）

许　康　　党组书记、主任
吴伯棠　　党组成员、纪检组长
魏登范　　党组成员、副主任
朱　雷　　党组成员、副主任
薛海涛　　党组成员、副主任

（余　军）

北京市粮食局领导成员

（截至2015年12月31日）

李广禄　　党组书记、局长

张　强　　党组副书记、副局长

杨　牧　　党组成员、副局长（2015年8月退休）

阎维洪　　党组成员、副局长

任昌坤　　党组成员、副局长

（余　军）